突破数学障碍

A BREAKTHROUGH IN MATHEMATICAL DISABILITY

数学障碍儿童工作记忆特点及综合干预研究

Mathematical Disability Children's Working Memory Characteristics and Training Research

何 壮 ◆ 著

社会科学文献出版社
SOCIAL SCIENCES ACADEMIC PRESS (CHINA)

本研究受"贵阳市财政支持贵阳学院学科与硕士点建设项目"(JK–2019)资助

前　言

　　学习是人类成为万物之灵的重要原因。作为"学习的重要器官"——人脑，堪称世界上最复杂的物质系统。但受限于技术与研究方法，人类对学习的研究一直处在思辨或外显行为层面。直到20世纪70年代认知神经科学的兴起，学习研究才上升到了神经生理层面。人类对学习的研究从纯粹的教育、哲学研究转变为跨越神经科学、教育学、心理学等多个学科的研究。时至今日，教育与认知科学的结合已经成为国际上备受关注的新兴研究领域，教育神经科学成为新的学习科学。

　　学科融合给学习科学特别是学习障碍的研究带来了新的机遇。数学障碍是最受关注的学习问题之一，但与阅读障碍相比，数学障碍这一细分领域的研究发展相对滞后。国内外研究均公认工作记忆是数学障碍的核心缺陷，因此在工作记忆四成分模型提出以后，对数学障碍发生的最主要原因——工作记忆与数学能力之间的关系应做更深入的探讨。

　　本书是笔者自2013年以来对数学障碍、工作记忆及二者关系研究的阶段性总结。该研究采取了测验法、实验法、多维Rasch模型、聚类、等值等多种研究方法和技术。首先，基于测验法，在比较多种差异模型的基础上，确定了标准分数模型与回归模型相结合的数学障碍儿童鉴别程序和排除因素，并以此为准鉴别出了数学障碍儿童。其次，以工作记忆四成分模型为指导编制了成套测验，数据分析结果表明，测验信度、效度均达到心理测量学要求。之后基于工作记忆测验结果，利用聚类分析法对鉴别出的数学障碍儿童进行了分类，并进一步分析了各类儿童工作记忆和数学能力的特点。最后，在分析了工作记忆与数学能力关系的基础上，对不同类别数学障碍儿童进行了综合干预，并对干预效果进行了评估。

研究方法和工具的发展，使得相关研究领域的学者可以从更多元的角度获得更加全面、微观的结论。这些结论可以让教师、家长、教育管理者、辅导机构重新审视学生的数学学习问题，加深对学习障碍及其有关问题的理解。

在本书的写作过程中，笔者的博士生导师韦小满老师给予了认真、细致的指导，在进行相关研究的过程中受到了贵阳市南明小学曹凤英校长、贵阳市第三实验中学石艳梅校长以及两所学校任课教师的支持，在此一并表示感谢！

学习科学的发展需要千千万万学者的共同努力，笔者仅是其中普通一员，能力有限，但仍希望能为这一领域的发展贡献自己的一份力量，书中不足之处敬请专家、学者批评指正。

何壮
2019 年 4 月　贵阳

目 录

第一章　问题提出 …………………………………………… 001
　第一节　研究背景 ………………………………………… 001
　第二节　研究目的 ………………………………………… 006
　第三节　研究意义 ………………………………………… 008

第二章　研究综述 …………………………………………… 013
　第一节　核心概念界定 …………………………………… 013
　第二节　相关研究 ………………………………………… 027

第三章　研究总体设计与创新 ……………………………… 096
　第一节　研究内容 ………………………………………… 096
　第二节　研究过程 ………………………………………… 098
　第三节　研究的重点、难点及创新之处 ………………… 099

第四章　研究Ⅰ　数学障碍的鉴别程序研究 ……………… 104
　第一节　研究目的 ………………………………………… 104
　第二节　被试选择 ………………………………………… 105

第三节　研究步骤 …………………………………………… 105

　　第四节　研究结果与数据分析 ………………………………… 106

　　第五节　讨论 …………………………………………………… 117

第五章　研究Ⅱ　工作记忆测验编制研究 ………………………… 121

　　第一节　研究目的 ……………………………………………… 121

　　第二节　被试选择 ……………………………………………… 121

　　第三节　研究步骤 ……………………………………………… 122

　　第四节　研究结果与数据分析 ………………………………… 135

　　第五节　讨论 …………………………………………………… 139

第六章　研究Ⅲ　小学生数学能力与工作记忆的关系研究 …… 147

　　第一节　研究目的 ……………………………………………… 147

　　第二节　被试选择 ……………………………………………… 147

　　第三节　研究步骤 ……………………………………………… 148

　　第四节　研究结果与数据分析 ………………………………… 148

　　第五节　讨论 …………………………………………………… 163

第七章　研究Ⅳ　数学障碍儿童分类及其特点研究 ……………… 168

　　第一节　研究目的 ……………………………………………… 168

　　第二节　被试选择 ……………………………………………… 168

　　第三节　研究步骤 ……………………………………………… 169

　　第四节　研究结果与数据分析 ………………………………… 170

　　第五节　讨论 …………………………………………………… 184

第八章　研究Ⅴ　数学障碍儿童的综合干预研究 ………………… 187

　　第一节　研究目的 ……………………………………………… 187

第二节　被试选择 …………………………………………… 188
　第三节　研究步骤和方法 …………………………………… 188
　第四节　研究结果与数据分析 ……………………………… 200
　第五节　讨论 ………………………………………………… 202

第九章　综合讨论与结论 ……………………………………… 207
　第一节　综合讨论 …………………………………………… 207
　第二节　结论 ………………………………………………… 214

参考文献 ………………………………………………………… 217

附　录 …………………………………………………………… 232
　附录1　研究Ⅳ数学能力评价试卷 ………………………… 232
　附录2　研究Ⅳ数学能力评价试卷双向细目表 …………… 238
　附录3　研究Ⅴ前测试卷 …………………………………… 242
　附录4　研究Ⅴ前测试卷双向细目表 ……………………… 245
　附录5　研究Ⅴ干预训练题（节选）………………………… 247
　附录6　研究Ⅴ参数估计软件Facets代码 ………………… 253

图目录

图 2-1　记忆的三级加工模型……………………………… 021
图 2-2　工作记忆的三成分模型…………………………… 022
图 2-3　工作记忆四成分模型……………………………… 025
图 2-4　数值-大小干扰范式……………………………… 031
图 2-5　九格图形空间位置任务示意……………………… 034
图 2-6　点矩阵任务示意…………………………………… 035
图 2-7　干预反应模式……………………………………… 056
图 2-8　作者合著知识图谱………………………………… 079
图 2-9　被引期刊知识图谱………………………………… 086
图 3-1　各研究间关系……………………………………… 098
图 4-1　三年级两种简单标准分数法比较………………… 108
图 5-1　Stroop 任务中的三种条件………………………… 124
图 5-2　简单划消测验不同分组划消能力指数比较……… 129
图 5-3　复杂划消测验不同分组划消能力指数比较……… 130
图 5-4　工作记忆成套测验设计…………………………… 134
图 5-5　工作记忆成套测验模型…………………………… 137
图 6-1　小数乘除法样题…………………………………… 151

图 6-2　图形测量样题 …………………………………………… 152
图 6-3　复式统计图表样题 ……………………………………… 153
图 6-4　应用题样题 ……………………………………………… 153
图 6-5　策略选择题目样例 ……………………………………… 157
图 6-6　图形加工选择题样例 …………………………………… 158
图 6-7　进位错误案例 …………………………………………… 160
图 6-8　口算效率低案例 ………………………………………… 161
图 6-9　角度计算样题 …………………………………………… 162
图 7-1　不同聚类数量时半偏 R^2 统计量变化趋势 ……………… 173
图 7-2　不同聚类数量时标准化均方根距离统计量变化趋势 … 175
图 7-3　两种层次聚类法结果比较 ……………………………… 175
图 7-4　不同聚类工作记忆成分比较 …………………………… 177
图 7-5　不同聚类数学能力比较 ………………………………… 178
图 7-6　心理旋转样题 …………………………………………… 179
图 7-7　无间隔错误 ……………………………………………… 180
图 7-8　间隔过大错误 …………………………………………… 181
图 7-9　图例使用错误案例 A …………………………………… 181
图 7-10　图例使用错误案例 B …………………………………… 182
图 7-11　脱式运算错误案例 A …………………………………… 183
图 7-12　脱式运算错误案例 B …………………………………… 183
图 8-1　数的认识部分样题 ……………………………………… 190
图 8-2　数的表示部分样题 ……………………………………… 190
图 8-3　脱式运算样题 …………………………………………… 190
图 8-4　数的估计样题 …………………………………………… 191
图 8-5　柯西积木排列及编号 …………………………………… 192
图 8-6　动物记忆 N-back 任务材料 ……………………………… 194

图 8 - 7　AO09 题样题 …………………………………… 196

图 8 - 8　AS1901 题作答样题 ………………………… 198

图 8 - 9　加法运算律复习样题………………………… 199

图 8 - 10　加法运算律例题 …………………………… 199

表目录

表2-1	工作记忆各成分的测量	……	028
表2-2	工作记忆的成套测验	……	041
表2-3	可用于鉴别数学障碍的工具	……	058
表2-4	国内数学障碍鉴别研究文献来源	……	062
表2-5	差异模型选择情况	……	063
表2-6	不同时期数学障碍分类研究结论汇总	……	072
表2-7	相关基金、项目信息	……	082
表2-8	共被引前十位期刊信息	……	085
表2-9	聚类分析主要结果	……	087
表4-1	被试基本情况	……	105
表4-2	简单标准分数法鉴别结果	……	107
表4-3	SDL>1.5,SDL 2<1.5的学生名单	……	108
表4-4	SDL 2>1.5,SDL<1.5的学生名单	……	109
表4-5	修订后的标准分数法鉴别结果	……	110
表4-6	两种标准分数法鉴别结果比较	……	110
表4-7	点估计回归分析结果	……	112
表4-8	点估计法鉴别结果	……	112

表 4-9	两种回归分析法鉴别结果比较	113
表 4-10	不同差异模型比较	113
表 4-11	鉴别所用数据基本统计	116
表 4-12	数学障碍鉴别结果	117
表 5-1	划消能力试测抽样	128
表 5-2	五个划消测验的鉴别力检验	129
表 5-3	工作记忆成套测验设计	134
表 5-4	工作记忆任务指标鉴别力分析	135
表 5-5	工作记忆能力指标鉴别力分析	136
表 5-6	模型拟合	138
表 5-7	测验信度检验	139
表 6-1	数学能力评价框架	150
表 6-2	数学试卷各题目拟合情况	154
表 6-3	数学能力估计结果	155
表 6-4	工作记忆各成分与数学能力的关系	155
表 7-1	离差平方和法不同聚类数时的个案数量	173
表 7-2	组间平均距离法不同聚类数时的个案数量	174
表 7-3	聚类分析结果	176
表 7-4	不同聚类学生工作记忆水平	176
表 7-5	不同聚类学生数学能力	178
表 7-6	数学障碍分类及其特点	184
表 8-1	前测测评框架	189
表 8-2	不同障碍类型学生干预任务	191
表 8-3	数字广度训练任务样题	194
表 8-4	前测题目参数	195
表 8-5	试题梯难度	197

表 8-6　学生 FXY 学业诊断结果 …………………… 198

表 8-7　学生 FXY 干预教学计划 …………………… 198

表 8-8　实验组工作记忆干预结果 …………………… 201

表 8-9　不同组别学生学科能力 ……………………… 201

表 8-10　数学障碍组前后测能力 …………………… 202

第一章

问题提出

第一节 研究背景

一 公平成为教育领域新的主题

十八届三中全会通过的《中共中央关于全面深化改革若干重大问题的决定》中有两条与教育有关的决议，在"深化教育领域综合改革"部分明确提出"大力促进教育公平""推进学前教育、特殊教育、继续教育改革发展"等内容。

"十三五"规划建议中也明确提出"促进教育公平"和"办好特殊教育"等内容。

教育公平有起点公平、过程公平和结果公平三个层次。(1) 起点公平即确保人人都享有平等的受教育权利；(2) 过程公平即提供相对平等的受教育机会和条件；(3) 结果公平即教育成功机会和教育效果的相对均等，每个学生接受同等水平的教育后能达到一个最基本的标准，包括学生在学业成绩上的实质性公平及教育质量公平、目标层面上的平等。

"确保人人都有受教育的机会"是前提和基础，"提供相对平等的受教育机会和条件"是进一步的要求,也是"教育成功机会"和"教育效果相对均等"的前提。起点公平和过程公平可以通过国家或地方制定政策,通过行政手段解决,如按事先划分的区域入学。结果公平不仅需要各种形式的监督机制、监督机构的努力,更需要教育科学研究的支持。尤其是在学习障碍领域,学习障碍儿童对教育资源的要求更高,不仅需要教师付出更多的努力,还需要教师以科学的方法、有效的教学确保他们的权益。

欧美国家也非常关注教育公平。美国在2002年通过了《不让一个孩子掉队法案》(No Child Left Behind Act,NCLB),要求学校必须确保每一个学生都获得一定质量的教育。为了实现"不让一个孩子掉队"的目标,学校专为有学习障碍的学生安排专人做个别化辅导,或在放学后将学生送至专门的补习学校接受干预。

2015年,美国又通过了《每一个学生成功法案》(Every Student Succeeds Act,ESSA),新法案改进了问责制,继续要求各州关注学生的独特需要。如果学生成绩落后,各州需要重新提供资源来帮助这些学生。

此外,美国实现教育公平的路径经历了从强调"补偿"到追求"平等"的发展过程。[①] 这表明,公众对公平的关注从关注结果逐渐向更加科学的关注过程转变。

数学障碍是学习障碍中的重要类型,不同研究报告的流行率差异很大,最低为4%,最高为18.7%,平均在10%左右。尤其在受教育人口基数巨大的中国,即使以较低的流行率计算,数学障碍人数都是非常庞大的。

教育公平不仅需要以国家政策、法律、法规的形式将特殊教育

[①] 张学众:《从强调"补偿"到追求"公平"——美国少数民族高等教育政策分析》,《内蒙古财经大学学报》2018年第1期,第112~115页。

需要学生的权益确定下来，更需要教学科研的支持。通过教育研究了解特殊需要群体的教育需要，并将研究结论应用到教学实践中，可以帮助教师有针对性地解决特殊需要学生的学习问题，实现教育公平的目标。

二 数学障碍研究发展相对滞后

自1958年美国学者Thelander提出"学习障碍"（Learning Disabilities，LD）的定义开始，[①] 学习障碍一直是教育学与心理学研究关注的主题。我国教育学与心理学研究中将学习障碍定义为：无显著智力障碍的学龄期儿童在行为与心理上表现出一种或多种异常状态，致使在学校中靠通常的教育方法不能进行有效学习的综合征。[②]

国外相关统计结果表明，阅读障碍的研究在数量、深度和广度上均领先于数学障碍。例如，1963～2001年，美国国立医学图书馆数据库中与阅读障碍有关的文献达3961篇，同时期与数学障碍有关的文献仅109篇。即使缩小检索范围，单从针对上述障碍的干预研究上看，同一时期阅读障碍干预研究的文献数量是数学障碍干预研究的5倍。

国内学者从20世纪90年代开始就关注数学障碍，但与阅读障碍相比，研究成果较少。以CSSCI数据库为例，1998～2014年，与阅读障碍相关的文献共143篇，最早的文献出现在1998年，研究涵盖了教育学、心理学、哲学、图书馆情报与文献学领域；同时期与数学障碍相关的文献仅68篇，最早的文献出现在2002年，仅在教育学、心理学领域。可以说国内数学障碍研究在研究的数量、广度上都落后于阅读障碍研究。

[①] H. E. Thelander, J. K. Phelps, E. W. Kirk, "Learning Disabilities Associated with Lesser Brain Damage," *The Journal of Pediatrics*, 1958, 53 (4): 405–409.

[②] 黄希庭、杨治良、林崇德：《心理学大辞典》，上海教育出版社，2003，第273页。

数学障碍的研究呈逐年增长趋势。在 CNKI 数据库中以数学障碍为篇名进行搜索，文献的数量从 2004 年的 30 篇增加到 2014 年的 126 篇。相关研究文献数量逐渐增加，表明国内对数学障碍的关注度在逐渐提高。数学障碍将会是学习障碍领域新的研究热点。

虽然阅读和数学是社会生活中最重要的两项基本素质，但研究者显然对阅读障碍更加"偏爱"，主要原因是数学障碍的研究遇到了困难。与数学障碍相比，对阅读障碍原因的假设更容易被接受，一般认为存在阅读障碍的被试可能存在语音意识障碍、词汇障碍、解码障碍或词型障碍。[①] 这些障碍的鉴别、干预更具可操作性。反观数学障碍研究领域，研究者普遍认为数学障碍的原因指向一些高级的认知能力缺陷，如工作记忆及短时记忆缺陷、元认知缺陷。数学障碍的鉴别涉及对工作记忆、短时记忆、元认知能力的评价，这些工作需要由脑科学、认知科学、神经科学的研究者完成。数学障碍的干预需要以上述鉴别结果为基础，同时结合数学教育知识，这就需要整合脑科学、数学教育、认知神经科学和心理学的相关知识。应该说数学障碍的鉴别与干预更加复杂，对研究者、教育者的素质要求更高，这就导致了数学障碍研究相对滞后的状况。

三 学科融合提供了新的研究途径

伴随着相关学科的发展，学习障碍研究出现了新的趋势，数学障碍研究迎来了新的机遇。

学习障碍研究涉及心理学、教育学、神经科学、遗传学等多个领域，学科的发展与融合为相关研究提供了支持。这种趋势中以"学习障碍的认知神经基础研究""与具体学科相联系的基本能力

---

① 王晓平、李西营：《发展性阅读障碍的原因及其本质研究》，《中国临床康复》2006 年第 2 期，第 138～140 页。

和知识结构研究"最为突出。

教育神经科学是当今学习障碍研究的重要理论基础。[①] 教育神经科学是20世纪70年代到20世纪末逐渐形成的一门整合心理学、脑与教育科学的学科。它拓宽了传统的教育研究范畴，不仅关注课堂中学生学习行为的变化、学习愿望和动机的激发等宏观层面，也关注脑在外部环境的刺激下形成的神经联结或者改变大脑功能等微观层面。[②]

1999年，由经济合作与发展组织（OECD）启动的"学习科学与脑科学研究"项目对教育神经科学这一学科的形成起到了推动作用。该项目联合美洲、欧洲和亚洲的科学研究力量，建立了三个研究网络，美国重点研究脑发育与读写能力，欧洲国家重点研究脑发育与计算能力，亚洲国家重点研究脑发育与终身学习。

教育神经科学在中国的发展非常迅速，国家非常重视，并给予了很大的支持。部分大学建立了专门的研究机构，北京师范大学建有认知神经科学与学习国家重点实验室，首都师范大学建有学习与认知北京市重点实验室，东南大学建有学习科学研究中心。

教育神经科学对脑的可塑性、工作记忆的特点，以及工作记忆训练对认知功能和大脑神经系统的影响做了大量的探索。新学科引入了新的研究范式、研究方法，为数学障碍研究开辟了新途径。这些研究都可以作为数学障碍研究的基础和参考。

四　基础教育资源优化配置面临新的挑战

当教育基础设施水平达到一定程度时，资源的投入－产出效率

[①] 王丹丹：《〈教育神经科学：学科建制与教育创新〉评介》，《教育生物学杂志》2018年第1期，第7~9页。
[②] 周加仙、舒新越：《教育神经科学的价值与学科发展的挑战——与国际心智、脑与教育学会会长丹尼尔·安萨里教授的对话》，《全球教育展望》2017年第6期，第3~10页。

就开始受到广泛关注。① 随着国家在基础教育领域的投入逐年大幅增加，教育资源的数量和质量都有了极大的进步，"优质教育资源分配如何最大限度地均衡化"成为基础教育资源配置面临的新挑战。②

在过去的教育实践中，普通学校中具有特殊教育需求的学生往往被忽视，尤其是非残疾的学习障碍学生，他们可以使用的教育资源更加有限。2016年，教育部发布了《普通学校特殊教育资源教室建设指南》（以下简称《指南》），对资源教室的设施设备配置提出指导意见，并附有配备目录。《指南》对特殊教育资源配置提出了更高的要求，以满足学生发展需求为中心，以安全使用、经济环保为基本标准，"软件"和"硬件"一起抓，避免出现"感觉统合化""康复训练化""心理治疗化"现象。③ 但《指南》关注的是残疾儿童，忽略了数学障碍、阅读障碍等学习障碍儿童。资源的优化配置、相关制度的完善都需要以相关领域的科研为基础。

第二节　研究目的

本书的研究目的是通过整合教育神经科学、认知科学、教育测量学理论，从开发数学障碍的评估工具与程序开始，依次完成若干个研究，各研究的具体目的如下。

第一，数学障碍儿童的鉴别程序与分类研究，为数学障碍的鉴别、分类提供新的思路。数学障碍的鉴别一直没有一个规范、完整的程序，尤其是在相关研究中，研究者往往根据研究目的调整数学

---

① 贾婷月：《公共基础教育配置效率：资源优化还是资源浪费》，《上海财经大学学报》2017年第1期，第49~60页。
② 李志慧：《"基础教育资源均衡化问题"专题研讨会会议综述》，《现代基础教育研究》2017年第4期，第236~239页。
③ 杨希洁：《特殊教育资源教室环境建设和设备配置原则》，《现代特殊教育》2016年第5期，第8页。

障碍的鉴定标准，以得到适合研究要求的被试。这样很难保证研究的外部效度，也无法为下一步的干预训练提供参考。本研究将通过比较分析，提出一套较为规范的鉴别程序，然后根据数学障碍学生的工作记忆特征进行分类，以便有针对性地实施认知干预。

第二，基于工作记忆多成分模型开发成套测验，为工作记忆能力评估、数学障碍鉴别提供新的测量工具。教育神经科学研究已经证明，数学障碍的主要原因是工作记忆某些成分的缺失或发展滞后，因此数学障碍的诊断首先要关注学生的工作记忆水平。当前工作记忆的测量主要有两种思路：一是经典实验范式或任务，二是成套量表。前者多用在实验研究中，往往只研究工作记忆的某一成分；后者多基于工作记忆的三成分模型开发。本研究将基于最新的工作记忆四成分模型开发一套测量工具。

第三，探讨工作记忆与数学能力之间的关系，为数学障碍的干预提供参考。虽然工作记忆的研究已经证实与数学障碍有直接关联，但还没有人从课程标准的角度开展相关研究。通过探讨数学课程内容与工作记忆的关系，可以帮助一线教师更好地完成教学干预。

第四，数学障碍学生的综合干预及效果评估，为解决数学障碍问题提供新的方法。对学生和老年被试的研究已经证明了工作记忆的可塑性，[1] 即工作记忆能力是可以通过训练提高的，这也为数学障碍学生的工作记忆干预提供了理论根据。本研究在了解他们工作记忆特点的基础上进行有针对性的干预，并将项目反应理论引入训练效果的评估。同时探索工作记忆训练与学科结合的综合干预模式，提出更具可操作性的数学障碍解决方案。

第五，为教育资源的进一步优化配置提供参考。国家在教育资

---

[1] 魏琴琴：《N-back 工作记忆训练在流体智力开发中的应用研究》，硕士学位论文，浙江工业大学，2009；赵鑫、周仁来：《工作记忆刷新功能的可塑性》，《心理科学进展》2014 年第 10 期，第 1521～1531 页。

源配置中对特殊教育领域的关注度逐年提高，但相关政策更多地关注残疾儿童，对阅读障碍、数学障碍群体的关注度仍有待提高。数学障碍儿童是普通学校中的一个特殊群体，数学障碍问题的解决需要资源教室、特殊教育师资等资源的支持。本研究将在明确数学障碍群体的认知特点、学业特点以及干预教学规律等基础上，为特殊教育资源的合理配置提供建议。

第三节　研究意义

一　理论意义

第一，研究的相关结论是对数学障碍、工作记忆领域相关理论的重要补充。Baddeley 于 21 世纪初提出了工作记忆四成分模型，但至今还没有人研究过各个成分与我国数学课程标准中数学学科能力之间的关系。本书的相关结论将会是这一理论研究领域的重要补充，同时也可以为了解数学障碍的核心缺陷提供证据。

第二，为数学障碍的鉴别提供了新的思路和工具。数学障碍的鉴别可以通过数学能力测试、智商测试等手段实现，但指向数学障碍核心缺陷的鉴别工具与程序还没有出现。以往的研究更多关注学业表现和智力水平，忽视了数学障碍的核心缺陷，提出的鉴别程序可操作性差。以工作记忆为核心的诊断程序为数学障碍的鉴别和干预提供了新的思路和工具，直接指向问题解决。

第三，完善了工作记忆测量技术。Baddeley 的工作记忆认知结构模型经历了从三成分模型到四成分模型的发展过程，但基于三成分模型的研究仍然占主流，这是因为相关研究者缺乏最新的测量工具。新提出的第四个成分称为情景缓冲器，这一成分从提出猜想到取得实验上的证据经历了较长的时间。直到现在，基于四成分模型的工作记忆成套测量工具还很少，适合中国学生的工具也未出现。其原因主要有两点：一是情景缓冲器成分的测量一直存在争议，直到捆绑和提取功能研究成熟才逐渐发展出了有效的测量方法；二是研究者使用较多的几个工作记忆成套测验发表时间都在 2000 年 Baddeley 提出四成分模型之前，这些工具不可能涉及最新的成分。本书编制的新测量工具可以同时测量工作记忆的四个成分，并兼顾中国学生的特点。除了上述测量成分与适应中文被试的变化，此次编制的测量工具在测量方式上也有创新。编程技术的发展和计算机的普及，使得基于计算机的评估（Computer-Based Test，CBT）成为可能。CBT 具有节省人力和时间、便于监管等特点，使得大规模测试成为可能，并能及时与常模进行比较，即时输出评估报告，形成档案。国际著名的大型测试项目如 PISA、NAEP 等都已经开始采用计算机测试的方式，这种方式已经成为当今测量学研究及应用的热点，在不久的将来也会成为主流。以往的工作记忆实验程序均基于小样本研究，不适应大规模测评的需要，不符合我国基础教育阶段实际应用的现状。本书将编制更适用于大规模施测的测验任务和计算机程序。

第四，从认知因素角度研究特殊教育问题，为特殊教育开拓新的研究视角。长久以来，特殊教育领域研究对非认知因素的关注度更高，却容易忽视导致行为问题或学业问题的认知因素。以数学障碍相关研究为例，很多研究未区分"学习困难"和"学习障碍"，因此更关注导致成绩落后的社会心理问题，如学习态度、学习机会等非认知因素。但对外在行为表现的干预应当基于深层的认知因素，这样才有可能从根本上解决问题。本书从数学障碍的核心缺陷出发，以工作记忆为核心开展教育干预，为相关研究开拓新的视角。

二　实践意义

第一，数学是人类生存必备的基本素质，扫除数学障碍关乎人的价值的实现。数学的价值表现在两个方面。一方面，数学以严密的演绎思维、逻辑推理为手段的研究方式充分发挥了人的心智功能，满足了人们求真、向善、唯美并乐于接受挑战的美好天性，使数学具备了抽象的理性价值和文化价值。另一方面，由数学的经验性和实践性衍生出来的数学应用的广泛性直接决定了数学的科学价值或者说实用价值。从古埃及时代的土地测量到当今的信息技术、数字化生存，数学的应用价值自始至终与人类文明的发展紧密联系在一起，并且发挥着越来越重要的作用。[①]

现代社会要求人类具备一定的数学素质，不论是国际的 PISA 测试还是国家层面的基础教育质量监测，都将数学作为核心内容，这也表明了数学在人的发展与价值实现中的重要地位。帮助数学障碍学生解决学习中遇到的问题不仅是完成教学目标的要求，更关乎其能否在现代社会立足。

第二，数学对青少年的心智、潜能开发功能是其他学科不能替代的，优质的数学教育关乎人才与国家的未来。数学学习对一个人推理能力的训练、严谨的科学精神的养成作用是其他学科不能替代的。推理能力和科学精神是一个人解决问题、不断创新的必要素质。对于那些关乎国家发展、社会进步的行业领域，创新精神和能力是选拔人才的重要条件。可以看到在这些行业，人们越来越青睐具有较高数学素养的人。[②]

第三，解决数学障碍问题，实现新课标中"人人学有价值的数学"的目标，提高国民素质。义务教育数学课程标准明确提出"人人学有价值（用）的数学；人人都能获得必需的数学"。解决数学

[①] 曹一鸣：《从数学本质的多元性看数学教育的价值——对新课标"人人学有价值的数学"的解读》，《中国教育学刊》2005 年第 2 期，第 45~47 页。

[②] 李忠：《数学的意义与数学教育的价值》，《课程·教材·教法》2012 年第 1 期，第 58~62 页。

障碍问题就是要帮助所有学生都能达到课程标准的要求，在接受数学教育后认识到数学的科学价值和文化价值。

第四，促进学校教学理念和特殊需要儿童教学模式的转变。在传统的教学情境中，学习障碍往往被归因为学生的心理或态度问题、教师的教学问题等。对数学障碍的研究证实，引起数学障碍的核心缺陷是工作记忆等认知能力发展滞后。将学习障碍的研究结论应用到实际教学工作中，转变教学理念，通过科学的方法鉴别数学障碍学生，并根据学生认知、知识掌握特点制订有针对性的综合干预计划。数学障碍问题的解决需要数学教师、特殊教育教师、心理与教育专家、家长的共同合作。这种合作也改变了传统的特殊需要儿童教学模式，为解决其他学习障碍提供参考。

此外，传统的评价方式忽略了一个重要的人群——学障资优生。学障资优人群在一些领域出现了学习障碍，却在另一些领域具有天赋，例如爱因斯坦、肖邦等名人都是典型的"学障资优"人士。[1] 传统的学习障碍儿童教学以补救学障科目为主，鉴别技术也不可能发现学障资优生的天赋，导致其没能在这些领域得到充分的发展。多种鉴别模型相结合的鉴别方法就有可能帮助教师发现学习障碍中的资优生。这将有利于学校转变传统的以解决课程问题为导向的培养理念，转而追求发掘人的潜能。

第五，促进学习障碍干预训练市场的健康发展，合理配置教育资源，促进教育产业与教育研究的结合。

学习障碍学生具有异质性强的特点，学生之间的认知能力、行为习惯、学习表现等差异巨大。在基础教育发达的欧美国家，学习障碍的评估与干预市场已经非常成熟。近年来，互联网、大数据等

---

[1] 邓猛、林潇潇：《干预反应模式下学障资优生的鉴定、评估与干预》，《教育研究与实验》2014年第3期，第63~68页。

技术的应用也给这一领域带来了变革。以教育干预为例，两家著名的认知训练公司 Lumosity 和 Cogmed 相继成立。Lumosity 创建于 2007 年，由斯坦福大学的三名神经系统科学家创建，主要关注认知训练，用户可以通过 PC 客户端、智能手机 App 方式进行训练，已经积累了 4000 万名用户。Cogmed 主要致力于工作记忆的训练，是培生教育集团旗下的知名品牌。

在这些公司发展壮大的过程中，鉴别程序及课程的标准化功不可没。标准化的操作流程使得干预模式的快速推广和复制成为可能。本书的目的之一是探讨标准化的数学障碍问题解决方案，方案涵盖鉴别工具、分类标准、干预训练程序和干预效果评估方法。

标准化的鉴别工具可以保证诊断结果的准确性；统一的分类标准为分类教学提供了可能，这在教育资源相对紧缺的中国更有价值；标准化的干预训练程序可以在指导教师水平存在差异的情况下保证干预的效果；统一的效果评估方法可以保护受教育者的权益。

第六，将数学障碍学生的学业表现与认知特点相联系，使得数学障碍的干预更具有针对性。小学数学教学最关注的是学业表现，以往对数学障碍学生的干预也不可避免地将重点放在数学学业表现上。但数学障碍的核心问题是工作记忆，以往的干预方式只关注数学课程本身，不解决核心缺陷，导致干预效果有限。本书通过编制测评框架，编制规范的试卷，结合多维项目反应理论分析方法，探索认知能力与学业表现之间的关系，探索认知能力、学业表现与工作记忆各成分之间的关系。根据三者之间的关系有针对性地开展干预，将课程标准、数学测验、干预训练整合在一起。通过前、后测，等值技术，使干预效果的评估更科学，让数学障碍的干预更有效。

第二章
研究综述

第一节 核心概念界定

一 学习障碍的概念及其发展

学习障碍研究之初，研究者使用的术语并非学习障碍，而是"知觉障碍"（Perception Disorder）。[①] 知觉障碍更多的是指学习障碍儿童在视、听、触等多种感知觉上存在困难。如感知觉衰退，即感觉阈限高于常人；感知觉综合障碍，即对具体客观存在的事物的本质属性或整体能正确认识，但对诸如大小、形状、颜色、距离、空间位置等个别属性出现错误的感知。

1962年，美国心理学家Kirk从心理学、教育学的角度提出了学习障碍的定义，[②] 学习障碍开始同知觉障碍明确区分开来。Kirk认为学习障碍儿童指的是"那些能看、能听又无显著的智力缺陷，

[①] E. K. Monsees, "Aphasia in Children," *Journal of Speech & Hearing Disorders*, 1961, 26 (1): 83; S. R. Rappaport, "Behavior Disorder and EGO Development in a Brain-Injured Child," *Psychoanalytic Study of the Child*, 1961, 16: 423–450.

[②] S. Kirk, J. Gallagher, M. R. Coleman, et al., *Educating Exceptional Children*, Wadsworth Publishing, 2011.

但在心理与行为上表现出相当的偏差，以致无法在家庭中有良好的适应，在学校中依靠通常的教学方法未能有效学习的儿童"。之后美国学习障碍学会（Association for Children with Learning Disabilities, LDA）成立，专业组织的成立标志着这一研究领域的研究已经初具规模。[①]

1968 年，Kirk 担任全美残疾儿童咨询委员会（National Advisory Committee on Handicapped Children, NACHC）负责人时正式提出学习障碍的定义：有特殊学习障碍（Specific Learning Disabilities, SLD）的儿童在一项或多项与理解和运用口头或书面语言有关的基本心理过程方面有障碍；这些障碍可能表现在听、说、阅读、拼写、思考或算术方面；包括感知障碍、脑损伤、轻微脑功能失调、阅读困难、发展性失语症等，但不包括从根本上讲是由视觉、听觉、运动残疾、智力落后、情感障碍或环境不利导致的学习问题。[②] 这一定义明确了学习障碍的"排他性"，将某些因素引起的学习不良排除。这表明 Kirk 认为学习障碍是一种特殊（Specific）的残疾类别，所以 NACHC 提出学习障碍的定义时，首次在 Learning Disabilities 前增加了 Specific 一词。

Bateman 在 Kirk 定义的基础上提出了新的定义：学习障碍儿童是指那些在智力潜能和实际学业水平之间表现出显著差异的儿童，他们可能伴有（或不伴有）中枢神经系统的功能失调，但不是由智力落后、教育或文化剥夺、严重的情绪困扰或感觉丧失引起的。[③]

[①] 钱洪来、谢春风：《美国学习障碍协会（LDA）介绍》，北京学习障碍国际研讨会，北京，2004 年 9 月，第 64~66 页。

[②] C. D. Mercer, C. Hughes and A. R. Mercer, "Learning Disabilities Definitions Used by State Education Departments," *Learning Disability Quarterly*, 1985, 8 (1): 45-55.

[③] B. Bateman, "Learning Disabilities—An Overview," *Journal of School Psychology*, 1965, 3 (3): 1-12; D. P. Hallahan, W. M. Cruickshank, *Psychoeducational Foundations of Learning Disabilities*, Englewood Cliffs, NJ: Prentice Hall, 1973.

Bateman 的定义接受了 Kirk "排他性"的观点，将情绪因素、感觉丧失等因素引起的学习不良排除在外，并且首次提出了学业表现与智力水平之间不一致的观点，这一观点为学习障碍的鉴别提供了思路。

这些学者对学习障碍的定义对美国的残障儿童教育立法产生了影响，1975 年颁布的《所有残障儿童教育法》（Education of All Handicapped Children Act，Public Law 94-142）在 NACHC 的定义基础上进行修改，提出了法律上的定义：特殊学习障碍是指在理解和使用口头与书面语言过程中存在一种或多种基本心理过程障碍，这种障碍可以表现为听、说、阅读、拼写、计算等方面的能力缺乏。特殊学习障碍包含知觉障碍、脑损伤、轻微脑功能失调、朗读困难、发展性失语症等，但不包括视觉障碍、听觉障碍、运动障碍、智力落后、情绪因素及环境、文化和经济处境不利造成的学习问题。[1]

另一个学习障碍的学术组织——全美学习障碍联合会（National Joint Committee on Learning Disabilities，NJCLD）于 1981 年给学习障碍的定义为：学习障碍是一个综合性（Generic）的概念，指在获得和运用听、说、读、写、推理、数学运算能力方面表现出重大困难的一组异质障碍。这些障碍对个体来说是固有的，假定是由中枢神经系统功能失调所致，并可能持续终生。自我调控行为、社会认知以及社会交往方面的问题可能与学习障碍共存，但它们本身并不构成学习障碍。尽管学习障碍可能会与其他残疾（如感觉障碍、智力落后、严重情绪困扰）或外部影响因素（如文化差异、教学不足或不适当的教学）同时出现，[2] 但这些因素不是学习障碍产

---

[1] J. J. Zettel, J. Ballard, "The Education for All Handicapped Children Act of 1975 PL 94-142: Its History, Origins, and Concepts," *Journal of Education*, 1979, 161 (3): 5-22.

[2] J. C. Abrams, "The National Joint Committee on Learning Disabilities: History, Mission, Process," *Journal of Learning Disabilities*, 1987, 20 (2): 102.

生的根本原因。NJCLD 提出的学习障碍概念是自 NACHC 提出特殊学习障碍以来，唯一一个没有使用 Specific 一词的定义。NJCLD 认为学习障碍是一种综合的而非特殊的残障类别，学习障碍的综合性表现为一系列异质的困难与障碍。NJCLD 提出学习障碍可能发生于任何年龄阶段，并可能持续终生。这一定义还将之前定义中的"基本心理过程""知觉障碍、脑损伤、轻微脑功能失调"等内容删除，认为这一描述含义太广，不够准确。但这一定义没有阐明学业水平与智力水平存在差异的观点，不利于学习障碍的鉴别；有关自我调控行为、社会认知等问题的观点也不被一些学者或组织接受。

学习障碍概念的发展过程体现了公众对导致数学障碍根本原因的认识不断深入。学习障碍首先从知觉障碍中分离出来，排除了听觉、视觉、智力落后等因素。之后的多个概念都接受了"排他性"的观点，相继排除了知觉、智力、情感、学习机会、脑损伤等因素，定义越来越具体。最后，学术组织和主要研究者又在此基础上增加了"学业表现与智力水平不一致"的观点，并获得广泛认可。

综合不同的学习障碍定义可以总结出其中的几点共同要素。一是存在学业困难或学习问题。学习障碍学生在听、说、阅读、写作、拼写、数学等某一方面或多个方面存在学习问题。二是存在心理过程的缺陷。学习是一个集感知、注意、记忆、思维等多种认知活动于一体的过程。学习障碍学生的这一缺陷是对其进行分类的重要基础，了解学生的心理缺陷对教学干预有指导作用。三是排他性。智力落后、情绪障碍、知觉障碍、社会经济地位落后、接受教育不足等都有可能引起学习不良，但这些因素引起的学习不良不属于学习障碍。四是学业水平与潜能存在不一致。虽然不同的定义对潜能的认识并不统一，有的认为潜能即智力，有的认为潜能即学习能力，但绝大多数定义都提出了学业水平与潜能之间存在较大差异的观点。这是使用差异模型鉴别学习障碍学生的基础。五是综合性和终生性。

二　数学障碍与相关概念辨析

数学学习障碍（Mathematics Learning Disability，MLD）是学习障碍的一个重要类型，在数学障碍研究的过程中出现了许多不同的概念和定义。一方面是因为数学障碍的上一级概念——学习概念本身的定义就经过了长期的发展、衍变，直到现在才逐渐形成了一个统一、明确的定义；另一方面，数学学习障碍的研究受研究方法、相关学科发展的限制，在教育神经科学等学科发展起来之前研究的广度和深度相对落后。

数学障碍常见的术语大致分为两类，一类是 Math Difficulties，另一类是 Math Disorder 和 Math Disabilities。前者常被翻译为数学困难，后者常被译为数学障碍，前者的意义比后者更广。

产生数学困难的原因可能包括病理性的因素，例如视力问题、听力问题会引起数学表现落后，数学困难中的"困难"是从数学能力的角度出发提出的。

数学障碍是从原因的角度出发来定义的。这一概念和学习障碍的概念是一脉相承的，两个定义中的"障碍"都是在排除智力、情绪、知觉等因素后出现的。

"障碍"与"困难"最大的区别在于对出现数学表现差异背后原因的认识。数学困难不区分原因，数学障碍具备一定的排他性。学习相关的任何因素都有可能成为数学困难的原因，但只有认知等核心功能缺陷才有可能是数学障碍的原因。

国内外研究者更关注的是由工作记忆这一核心认知缺陷引起的，排除了智力和学习动机等因素的数学障碍。这种类型的数学障碍还可以称为发展性计算障碍（Developmental Dyscalculia）。发展性计算障碍的概念也经历了一个较长的演变过程。

对数学能力及其结构的研究发现，计算能力是数学能力的核心之一。[1] 有计算障碍的被试在进行四则运算、大小判断、数字排序等任务时会表现出能力失调（Disorder）。人们对计算障碍的兴趣最早源于脑外伤的研究。神经学、生理解剖学的研究发现特定脑区受损会引起某些数学能力的失调，因此这些脑区被认为是数学能力的生理基础。Gerstmann 等人发现了格斯特曼综合征（Gerstmann Syndrome, GSS），该病症由 Gerstmann、Straussler 和 Scheinker 首先发现，因此以他们的名字命名。格斯特曼综合征有四种症状：计算障碍、左右方向混淆、失写症和手指失知症。他们将计算障碍症状描述为：一种与执行简单或复杂算术运算、数字排序有关的特殊障碍。[2] 这是学术研究中有关计算障碍最早的描述。对中风、脑外伤的研究也发现计算能力的丧失与某一脑区的病变、损伤有关。[3]

遗传学的研究也有所发现。Barakat 的一系列研究（包括双生子研究、性别比较研究、追踪研究）证明了数学能力失调具有遗传倾向。[4] Barkat 发现，在数学计算上，所有的被试生来都具有某种特征。

根据出现计算障碍的原因，可以将计算障碍分为两类：一是获得性计算障碍，即由脑损伤、精神疾病等引起的计算障碍；二是发展性计算障碍，即由基因或大脑先天性疾病引起的计算障碍。心理学研究对发展性计算障碍更为关注。Bakwin 于 1960 年给出了最早的定义：发展性计算障碍即数数困难（Difficulty with Counting）。[5]

---

[1] L. Kosc, "Factor Analysis of Mathematical Aptitudes," *Studia Psychologica*, 1967: 345–348.
[2] J. Gerstmann, "Some Notes on the Gerstmann Syndrome," *Neurology*, 1957, 7 (12): 866.
[3] D. Alexander, J. Money, "Turner's Syndrome and Gerstmann's Syndrome: Neuropsychologic Comparisons," *Neuropsychologia*, 1966, 4 (3): 265–273; H. Bakwin, R. M. Bakwin, *Clinical Management of Behavior Disorders in Children*, Philadelphia: Saunders, 1960.
[4] M. K. Barakat, "A Factorial Study of Mathematical Abilities," *British Journal of Statistical Psychology*, 1951, 4 (3): 137–156.
[5] H. Bakwin, R. M. Bakwin, *Clinical Management of Behavior Disorders in Children*, Philadelphia: Saunders, 1960.

Cohn 于 1968 年将发展性计算障碍定义为数字识别或数字运算障碍。① 这些早期定义存在以下四个局限。

第一，并未对发展性障碍和获得性障碍进行区分，即使是在成年后因脑外伤或病变而导致的计算障碍也被称为发展性计算障碍。

第二，没有阐明数学能力与一般心理能力的关系。发展性计算障碍是一种特殊的障碍，它仅与数学有关，不伴有智力问题。

第三，忽略了"发展性"的特点，这将会导致研究者在鉴别计算障碍儿童时出现误判。

Cohn 的研究发现，存在障碍的儿童在使用数字概念、计算能力等方面与正常儿童的发展规律相似，唯一的区别是障碍儿童需要投入更多的精力或时间。② 于是他借鉴智商的评价方法提出了"数商"（Mathematical Quotient，Math Q）：

$$Math\ Q = \frac{Math\ Age}{Chron\ Age} \times 100\% \quad (2-1)$$

Math Age：学生的数学年龄；

Chron Age：学生的实际年龄。

他指出，在判断学生是否存在障碍时必须考虑其实际年龄，而不能直接以其在数学上的表现进行判断。Cohn 提出的"结合年龄和实际水平来判断"的方法是之后研究者提出差异模型的重要来源。

第四，忽略了"不平衡性"的特点。研究表明数学能力和智力一样具有复杂的结构。③ 发展性计算障碍表现为数学能力发展的不

---

① R. Cohn, "Dyscalculia," *Archives of Neurology*, 1961, 4 (3): 301–307.
② R. Cohn, "Developmental Dyscalculia," *Pediatric Clinics of North America*, 1968, 15 (3): 651–668.
③ M. K. Barakat, "Factors Underlying the Mathematical Abilities of Grammar School Pupils," *British Journal of Educational Psychology*, 1951, 21 (3): 239–240; L. Kosc, "Factor Analysis of Mathematical Aptitudes," *Studia Psychologica*, 1967, pp. 345–348.

平衡性，即学生有可能在数学能力的某一个或多个维度上出现障碍。承认发展的不平衡性也是分类的基础，认知心理学的一系列研究也证实了这一观点，例如"三重编码理论"根据数学认知能力三个模块功能的缺失情况可以将计算障碍划分为弥漫型、言语型和阿拉伯数字型，[1] 根据数字掌握与计算能力模块功能缺失的情况可以将计算障碍划分为数字加工障碍、算术事实障碍和计算程序障碍，每种模块单独的缺失都对应一种障碍类型。[2] 这些研究都表明，发展性计算障碍存在不同的亚型，这种能力结构上的差异是由发展的不平衡性导致的。忽略这种"不平衡性"的特点会对发展性计算障碍的鉴别产生影响。例如在考查某一数学知识时，如果考查不具有针对性，不同数学能力之间的补偿机制可能会掩盖学生在某一特定数学能力上的不足。

　　随着这一研究领域的发展，研究者提出的定义也越来越完备。国内研究引用最多的定义是由 Kosc 于 1970 年提出的，他认为发展性计算障碍是一种数学能力的结构性障碍，它源于基因或大脑先天性疾病，且不伴有一般的心理缺陷。[3] Shaev 在此基础上提出了新的定义：发展性计算障碍是智力正常的儿童在计算方面所存在的特异性障碍，这种障碍多是由遗传决定的。[4] Gordon 根据 Cohn 的定义，提出发展性计算障碍就是指在计算能力的获得上存在发展性的迟滞。[5]

---

[1] S. Dehaene et al., "Sources of Mathematical Thinking: Behavioral and Brain-Imaging Evidence," *Science*, 1999, 284 (5416): 970–974.

[2] M. Mccloskey, "Cognitive Mechanisms in Numerical Processing: Evidence from Acquired Dyscalculia," *Cognition*, 1992, 44 (1): 107–157.

[3] L. Kosc, "Psychology and Psychopathology of Mathematical Abilities," *Studia Psychologica*, 1970, 12 (2): 159–162.

[4] R. S. Shalev, V. Gross-Tsur, "Developmental Dyscalculia," *Pediatric Neurology*, 2001, 24 (5): 337–342.

[5] N. Gordon, "Children with Developmental Dyscalculia," *Developmental Medicine & Child Neurology*, 1992, 34 (5): 459–463.

三 工作记忆

Baddeley 将工作记忆（Working Memory，WM）定义为一个允许同时储存和管理（加工）临时信息的有限容量系统，是使信息有益于得到更深一步加工而在活动过程中维持和管理临时信息的过程。[①]

工作记忆的研究源于对短时记忆（Short-Term Memory）的研究。有研究者提出了记忆信息的三级加工模型，[②] 后续的研究也认为短时记忆对学习来说是一个关键的工作记忆系统。[③] 记忆三级加工模型认为外界信息进入记忆系统后经历了从感觉记忆、短时记忆到长时记忆的三个加工阶段（见图 2-1）。外界信息首先以声音、图像等形式进入感觉记忆。感觉记忆的容量很大，但保持时间很短。未被选择注意的信息将会大量丢失，被选择的信息会被编码并进入短时记忆。短时记忆一般能够保持 15~30 秒，编码的形式多样。短时记忆的容量为 7±2 个单位。短时记忆内的信息通过复述等策略被转移到长时记忆，未被充分加工的信息也将丢失。长时记忆的信息存储是永久的，记忆的容量大，但也有可能消退或提取失败。短时记忆是感觉记忆与长时记忆中的缓冲器，通过复述加工将

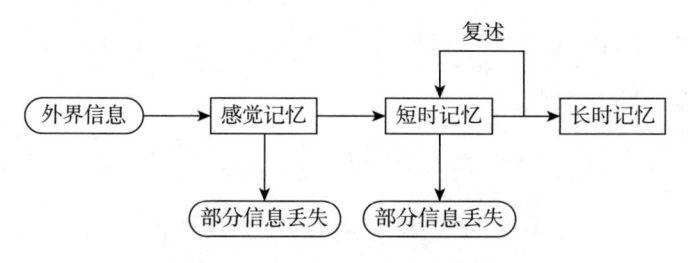

图 2-1 记忆的三级加工模型

[①] A. Baddeley, "Working Memory," *Science*, 1992, 255 (5044): 556-559.
[②] J. W. Brelsford Jr. et al., "Short-Term Recall of Paired-Associates as a Function of the Number of Interpolated Pairs," *Psychonomic Science*, 1966, 4 (1): 73-74.
[③] E. J. Davelaar, "Short-Term Memory as a Working Memory Control Process," *Frontiers in Psychology*, 2013, 4: 13.

感觉记忆中的信息储存到长时记忆中。

之后的研究使这一模型受到挑战。对短时记忆缺陷病人的研究发现，病人的数字记忆广度有所下降，但能够进行正常的长时间学习。[①] 如果短时记忆只有复述这一种功能，当短时记忆受损时，病人无法进行复述，其数字记忆广度就会明显下降。研究发现病人可以进行正常的长时间学习，这表明短时记忆作为一个缓冲器，除了复述之外还可以实现更复杂的功能。[②]

针对这些疑问，Baddeley 提出了工作记忆认知结构模型，[③] 并将工作记忆定义为一个允许同时储存和管理（加工）临时信息的有限容量系统，是使信息有益于得到更深一步加工而在活动过程中维持和管理临时信息的过程。Baddeley 提出工作记忆理论之后的 10 余年间是工作记忆模型的发展与完善期，虽然其他学者也提出了很多工作记忆结构模型，但工作记忆的认知结构模型最具影响力。

工作记忆的认知结构模型如图 2-2 所示，该模型又称为三成分模型，这是因为 Baddeley 将工作记忆分为三个子系统，即中央执行系统以及视空间模板、语音回路两个缓冲区。中央执行系统负责信息加工、注意控制和认知活动的协调等，视空间模板负责暂时性存储视觉空间信息并产生和操作心理表象，语音回路负责暂时性的言语信息存储与复述。

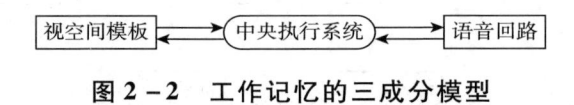

视空间模板 ⇔ 中央执行系统 ⇔ 语音回路

图 2-2　工作记忆的三成分模型

[①] 陈彩琦、李坚、刘志华：《工作记忆的模型与基本理论问题》，《华南师范大学学报》（自然科学版）2003 年第 4 期，第 135~142 页。

[②] G. Vallar, A. D. Baddeley, "Fractionation of Working Memory: Neuropsychological Evidence for a Phonological Short-Term Store," *Journal of Verbal Learning and Verbal Behavior*, 1984, 23 (2): 151–161.

[③] A. D. Baddeley, G. J. Hitch, "Working Memory," *The Psychology of Learning and Motivation*, 1974, 8: 47–89.

与记忆三级加工模型相比,三成分模型显然可以解释更多的现象。例如,短时记忆的研究仅关注复述功能,在工作记忆三成分模型提出前,记忆三级加工模型无法解释短时记忆在复杂学习中发挥的其他作用。中央执行系统和两个缓冲区的提出解决了这一问题,研究者可以解释学习过程中的注意控制、协调、表象操作等现象,也使工作记忆研究逐渐成为认知神经科学、心理学等学科研究的热门。但后续的研究逐渐发现,有些现象仍无法用三成分模型解释,三成分模型存在多个缺陷。

第一个缺陷是三成分模型中各子系统与长时记忆的分离。这种分离造成很多实验结果难以解释。例如在随机单词记忆任务中,单词随机出现,被试只能即时系列回忆出5个左右单词;但如果将这些单词改为有意义的句子形式呈现再进行回忆,被试将能够回忆出16个左右单词。[1] 在材料有意义的情况下,即时回忆对语义相似性非常敏感,甚至词频和可想象性都会影响记忆广度。这种现象表明长时记忆可能对即时回忆有一定的影响。为了进一步研究这一现象,Baddeley等人设计了另一个实验,[2] 主任务通过材料帮助被试先形成表象,并评价表象的生动性;次任务为干扰任务,通过发声抑制任务和空间抑制任务干扰被试两个子系统的工作。回忆结果表明在两个子系统受到干扰后,被试通过将工作记忆同长时记忆相结合,仍然可以完成回忆任务。这些都表明,工作记忆可能并未完全与长时记忆相分离。

第二个缺陷是三成分模型中的中央执行系统没有存储能力。因

---

[1] A. Baddeley, G. Vallar, B. Wilson, "Sentence Comprehension and Phonological Memory: Some Neuropsychological Evidence," in M. Coltheart, ed., *Attention and Performance* 12: *The Psychology of Reading*, Hillsdale, NJ: Lawrence Erlbaum Associates, Inc., 1987, pp. 509 – 529.

[2] A. D. Baddeley, J. Andrade, "Working Memory and the Vividness of Imagery," *Journal of Experimental Psychology: General*, 2000, 129 (1): 126.

此，脑损伤病人的即时回忆和延时回忆都很差，深度遗忘病人却出现了即时回忆成绩很好而延时回忆成绩很差的现象。深度遗忘病人的中央执行系统正常，在其他两个系统功能缺失的情况下仍具备即时回忆能力，这就说明还有其他成分在影响即时回忆。

第三个缺陷是语音回路和视空间模板的分离。实验证明，即使是最简单的言语单元也都是言语和视觉编码的结合。如果工作记忆中这些信息是分离的，那么这些信息在进入长时记忆系统前是在哪里整合的，现有理论无法解释。

这三个缺陷都表明，工作记忆中可能存在一个保存不同信息加工结果的次级记忆系统。据此，Baddeley 于 2000 年对三成分模型进行了调整，提出了四成分工作记忆系统，在原有系统的基础上新增加一个情景缓冲器成分。[1]

其实 Baddeley 提出的新模型是受长时工作记忆理论的影响。Ericsson 认为记忆能力强的个体通常可以保持远超过工作记忆容量的信息，这些信息并非存储在工作记忆系统，[2] 而是个体利用经验把这些信息编码成便于迅速提取的状态存储在长时记忆中，只是把极少量有助于提取的提示信息（线索）保持在工作记忆里。这样既减少了工作记忆的负担，又可以通过这些线索的提示迅速提取。这种根据提示必要时能够迅速提取目标信息的长时记忆信息叫作长时工作记忆。长时工作记忆可以用来解释记忆中的"专长效应"，即熟悉某一专门领域的专家借助其专业知识或技能可以快速有效地记忆、提取该领域的信息，如经验丰富的医生在遇到紧急情况时会广泛思考各种可能的诊断、急救方法。这些信息的容量大大超出工作

---

[1] A. Baddeley, "The Episodic Buffer: A New Component of Working Memory?" *Trends in Cognitive Sciences*, 2000, 4 (11): 417–423.
[2] K. A. Ericsson, W. Kintsch, "Long-term Working Memory," *Psychological Review*, 1995, 102 (2): 211.

记忆的容量，却能被迅速提取。

Baddeley 的四成分模型如图 2-3 所示，新模型除增加了情景缓冲器外，还解释了工作记忆与长时记忆的关系以及流体智力与晶体智力之间的关系。

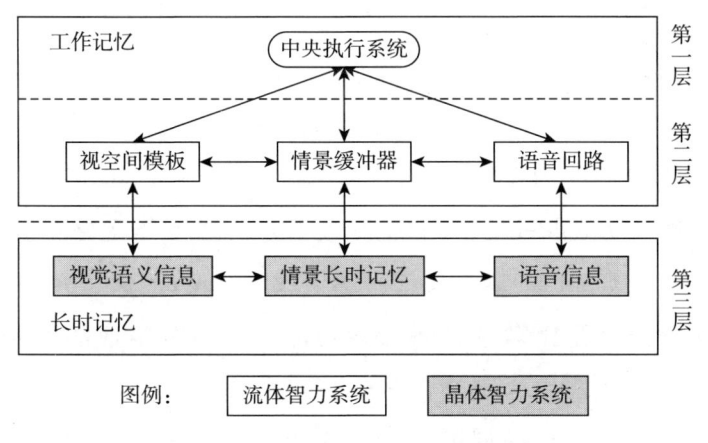

图 2-3 工作记忆四成分模型

新模型分为三个层次，第一层为中央执行系统，完成最高级别的控制功能。第二层中新增的情景缓冲器与视空间模板、语音回路一样，作为中央执行系统的次级记忆系统被置于受中央执行系统控制的信息保持系统的位置之上，情景缓冲器的作用是在中央执行系统的控制之下保持加工后的信息，支持后续的加工操作。① 第二层的功能为完成三类信息的暂时加工。第一层、第二层为工作记忆系统。第三层是长时记忆系统，包括视觉语义信息、情景长时记忆和语音信息。

新模型还描述了各成分与流体智力系统、晶体智力系统的关系。卡特尔将智力分为流体智力和晶体智力两种系统。流体智力包含"推理能力、记忆容量和信息加工速度"等认知能力和操作技

---

① 鲁忠义、杜建政、刘学华：《工作记忆模型的第四个组成部分——情景缓冲器》，《心理科学》2008 年第 1 期，第 239~241 页。

能。流体智力的发展与年龄有密切关系，一般人在 20 岁以后流体智力发展达到顶峰，30 岁以后随年龄增长而降低。流体智力表现为对不熟悉的事物能够通过迅速准确地反应来判断彼此的关系。中央执行系统和三个子系统属于流体智力系统。晶体智力则是通过掌握社会文化经验而获得的能力，受后天学习、训练和个体经验的影响作用较大，这些能力不会随年龄的增长而衰退，只是在 25 岁以后发展速度放缓。第三层中的视觉语义信息、情景长时记忆、语音信息都属于晶体智力系统。

2006 年，Badddeley 将四成分模型更名为工作记忆的多成分模型（the Multi-Component Model of Working Memory），[1] Badddeley 等人认为工作记忆是由若干具备认知功能的子成分组成的系统，不论是三成分还是四成分，都突出工作记忆的认知功能。

新模型与三成分模型最主要的变化是通过情景缓冲器把两个子系统、长时记忆中的三类信息联结起来。但模型也存在没有解决的问题：可以发现系统之间均为双向箭头，代表信息的存储与提取，即信息交换，但视空间模板和语音回路之间是否存在信息交换尚待研究。

四成分模型提出后引起了工作记忆研究领域的关注，人们可以更好地解释工作记忆与长时记忆的关系、工作记忆能力与智力之间的关系，但情景缓冲器仅作为一个概念提出，支持这一成分存在的实验研究、神经生理学证据还很少。Baddeley 利用限定性句子广度测验首次通过实验证明了这一成分的存在。[2] 句子广度任务中使用的均为主谓宾结构的有意义简单句子，短句包含 4 个单词，长句包

---

[1] G. Repovs, A. Baddeley, "The Multi-Component Model of Working Memory: Explorations in Experimental Cognitive Psychology," *Neuroscience*, 2006, 139 (1): 5.

[2] A. D. Baddeley, "Is working memory still working?" *American Psychologist*, 2001, 56 (11): 851.

含 8 个单词。测量发现被试的记忆广度在 5~10 个单词。之后进一步测量在三种干扰任务情况下的记忆广度。测量结果表明中央执行系统干扰任务、视空间干扰任务对被试回忆有意义的句子影响较大，语音回路干扰任务对被试无意义词汇的回忆影响较大。这表明存在一个成分储存来自多种通道的信息，并将信息进行整合。这个成分就是情景缓冲器，它将有意义的信息整合成句子的形式，使信息以组块形式存储，与无意义词汇相比节约了工作记忆的存储空间。[1] 之后发展起来的主要研究方法为特征捆绑任务，研究者通过这一任务发现情景缓冲器在统合多维编码过程中不太需要中央执行系统的参与，它不仅是一个存储成分，还涉及动态的加工过程。[2] 这些研究为情景缓冲器的测量提供了参考。

第二节　相关研究

一　关于工作记忆的研究

从 Baddeley 提出工作记忆的模型开始，工作记忆就成为心理学、教育学领域的热门主题。但 Baddeley 的工作记忆认知成分模型一直占据主导地位，工作记忆的理论研究都在多成分模型框架下展开，丰富性较差。与之相比，更为活跃的是工作记忆的应用研究领域。

研究主要集中在两大领域：工作记忆与学习的关系、工作记忆与思维的关系。

随着研究工具、研究方法的发展，工作记忆与学习关系的研究

---

[1] 高国娇、王晓丽：《述评工作记忆中情景缓冲器诞生的必然性》，《绥化学院学报》2013 年第 12 期，第 24~29 页。
[2] 袁婉秋：《工作记忆模型的新进展及其研究展望》，《西南大学学报》（社会科学版）2011 年第 S1 期，第 86~87 页。

不断深入，研究者开始意识到常见的阅读、数学等学习障碍都与工作记忆有直接的联系，研究的主题也开始向学习障碍或正常人群工作记忆不同成分的特点转变。

思维是高级认知活动中重要的研究内容之一，随着对工作记忆认识的加深，很多研究开始将两者结合在一起，如工作记忆与心算、推理、问题解决等的关系。工作记忆在高级思维过程中承担信息的暂时存储与加工功能，研究者认为工作记忆是很多高级思维的基础。

目前国内外对工作记忆的研究处在高速发展的阶段，出现了很多新的模型。同时，正是工作记忆研究的广度和多样性，导致研究者对工作记忆这一术语、工作记忆的测量、各成分的界定没有统一的认识。以工作记忆的测量为例，有些研究仅以工作记忆某一成分的单一实验任务为效标，就对整个成分甚至整个工作记忆做出结论。这种以偏概全的现象很普遍，其主要原因是工作记忆的测量涉及的任务很多，操作过程非常复杂。随着测量技术和成套量表的发展，这一难题正在逐步解决。

（一）工作记忆的测量

工作记忆可以通过单一任务来测量，也可以通过成套测验测量，还可以选择智力量表中与工作记忆有关的分测验测量。工作记忆的各成分又包含不同的功能，这些功能与主要测量任务、成套测验如表 2-1 所示。

表 2-1 工作记忆各成分的测量

工作记忆	功能	任务	成套测验
中央执行系统	协调	口头追踪任务、数字划消任务	
	策略转换	数字与字母连线任务	

续表

工作记忆	功能	任务	成套测验
中央执行系统	长时记忆的提取与更新（刷新）	缺项加法任务、N-back 任务	
	抑制	信号停止任务、Flanker 任务、数字 Stroop 范式、数值-大小干扰范式、数字随机生成任务	威斯康星卡片分类测验、汉诺塔问题
视空间模板	静态视觉信息储存	九格图形空间位置任务、视觉矩阵广度任务、N-back 任务	英语口头广度测验、视觉-手动延迟反应任务、房子视觉广度测验、计数回忆测验
	动态视觉信息储存	柯西组块任务、点矩阵任务	—
语音回路	语音存储	听觉数字广度、重复非词测验、句子广度测验、句子完成和回忆任务	数字排序测验、押韵任务、音素识别测验、语义联想任务
	发声复述	计算广度任务、运算-词语广度任务	完成语言加工任务
情景缓冲器	整合来自不同通道的信息并保持加工后的信息	长时提取任务、视觉捆绑任务、限定性句子广度测验、形音特征捆绑再认任务	

1. 中央执行系统的测量方法

中央执行系统具有四项功能，即任务协调、策略转换、对长时记忆中信息的更新（刷新）、抑制无关信息干扰,[1] 简称为协调、转换、刷新、抑制。

信号停止任务（Stop Signal Task）可用于考查中央执行系统的加工速度及抑制控制能力。信号停止任务中有两种任务类型，一是反应任务（Go Task），二是停止任务（Stop Task）。反应任务要求被试在屏幕中出现反应信号后迅速做出选择性反应，如屏幕中出现

---

[1] A. Baddeley, "Working Memory," *Science*, 1992, 255 (5044): 556–559.

方形按鼠标左键，出现圆形按右键。在停止任务中，反应信号出现后伴随一个听觉信号（如"滴"声）。被试在听到这一停止信号后要抑制住按键冲动，不做任何反应。这种抑制已经形成的动作反应冲动称为反应抑制。停止任务中的成功抑制率、停止信号反应时可以用于评价被试的抑制能力。成功抑制率越高，停止信号反应时越短，说明被试的抑制能力越好。反应任务中的信号反应时可用于评价被试的加工反应速度，也可以用于判断被试的一般性认知控制功能是否受损。

Flanker任务又称为侧抑制任务，要求被试只对中央的刺激（靶刺激）做出反应，忽视两侧的干扰刺激。如屏幕中出现五个箭头（→→→→→或→→←→→），中间的箭头为靶刺激，两侧为干扰刺激。要求被试判断中央的箭头朝向，箭头向左按左键，箭头向右按右键。靶刺激与干扰刺激一致时（如→→→→→），反应时较短；靶刺激与干扰刺激相反时（如→→←→→），反应时较长。侧抑制任务反映的是被试的冲突控制能力。不一致情况下的反应时越短，则冲突控制能力越好。

口头追踪任务考查的是中央执行系统的转换提取能力。实验要求被试在字母和数字两个序列中进行转换。如在数字序列（1～10）和字母序列（A～J）之间转换。被试从数字1开始，一个数字、一个字母地交替往后数：1－A－2－B－3－C……9－I－10－J。完成任务时间越快，说明转换提取能力越好。与之类似的数字与字母连线任务要求被试根据规定的对应规则，如"A－1，B－2，C－3…"的规则将数字与字母连线。任务难度越高，对被试中央执行系统的转换、协调等功能要求越高。

缺项加法任务的基本形式是"A＋B＝C＋？＝？"，如"3＋6＝4＋？＝？"。要求被试依次说出两个问号所代表的数字。被试作答该题时需要从长时记忆中提取与简单算术有关的信息，并在保持该信息的基础上进行加工运算，得到正确答案。缺项加法任务可以测量被试保持从长时记忆中提取的信息并对其进行控制加工的能力，正确作答时间越短，则该项能力越好。

N-back 任务要求被试将当前出现的刺激与前面第 n 个刺激进行比较，刺激材料一般为图形。例如，当 $n=2$ 时，被试要提取当前图形的前两个图形并进行比较。同时还要记住当前图形，以备和两个以后的图形进行比较。通过调整 n 的大小可以控制工作记忆的负荷。该任务需要被试刷新能力的参与。

从广泛意义来说，Stroop 现象是同一刺激的两个不同维度发生相互干扰的现象。Stroop 任务可以用来评价被试抑制无关信息的能力。数字 Stroop 范式和数值 – 大小干扰范式都是从经典的 Stroop 范式演变而来。典型的数字 Stroop 范式任务为判断字符串中的数字与数量是否一致，如"一致 7777777/不一致 444444"。在不一致刺激中，单个数字的含义与字符串长度之间出现冲突。被试做出正确判断需要抑制干扰刺激，例如对 4444444 字符串长度的判断需要抑制来自单个数字 4 的干扰。数值 – 大小干扰范式则是数字意义大小与其形状大小之间出现冲突。如图 2 – 4 呈现用较大字体书写的 3、较小字体书写的 8，并要求被试判断两个数字意义上的大小。被试做出正确判断就需要抑制字体大小这一干扰信息。

3̂8	38	3₈
一致	中性	不一致

图 2 – 4　数值 – 大小干扰范式

威斯康星卡片分类测验（Wisconsin Card Sorting Test，WCST）由 4 张刺激卡、128 张反应卡组成，要求被试按照主试提出的分类选出与反应卡相对应的刺激卡，分类的原则有颜色、形状、数量等。① 任务的完成需要分类概括、工作记忆和认知转移等能力的参与，在工作记忆部分尤其需要被试抑制无关信息的能力，因此该测验也被用来测量抑制能力。

典型的数字划消任务为划掉某一数字、划掉某一数字前的数字、划掉两个数字之间的数字等。数字划消需要被试集中注意力，对中央执行系统的任务协调、抑制能力均提出了要求。常用的指标有划消的正确率、反应时等。

汉诺塔问题是心理学实验研究中常用的任务之一，在移动圆盘的过程中，为了将更大的圆盘先置于指定位置，必须让较小的圆盘暂时偏离其最终位置，例如将圆盘放在"辅助"柱上；但被试往往期望"尽快"将圆盘移动到最终位置。② 辅助操作和最终目的之间的冲突需要通过中央执行系统的抑制功能来调节，因此，解决汉诺塔问题的移动次数和操作时间可以作为评价抑制功能的指标。

数字随机生成任务要求被试在听到提示音后马上随机生成一个 1~9（也可以为 0~9）的数字，并出声报告。数字生成的速度要与提示音合拍。提示音之间间隔越小，任务难度越大。一般的随机生成任务要求被试生成 100 个随机数字。有研究者提出了三个评价随机生成结果的指标，分别为随机生成指数（代表生成数字的随机性）、冗余度指数（代表偏离理想数字序列的程度）、邻近指数（代表相邻数字对在所有数字中所占的比例），并开发了相应的分析工具 RGCalc。③ 在数字随机生成过程中需要被试选择合适的生成策

---

① 季春梅：《威斯康星卡片分类测验在执行功能障碍研究中的应用》，《神经疾病与精神卫生》2005 年第 4 期，第 322~324 页。
② 张小将、刘昌：《汉诺塔问题解决的认知过程及特点分析》，《心理与行为研究》2005 年第 1 期，第 44~48 页。
③ J. N. Towse, D. Neil, "Analyzing Human Random Generation Behavior: A Review of Methods Used and a Computer Program for Describing Performance," *Behavior Research Methods, Instruments, & Computers*, 1998, 30 (4): 583–591.

略并抑制生成邻近、重复等数字的反应,[①] 所以任务体现了对干扰信息的抑制能力,该任务与汉诺塔任务的相关研究也印证了这一结论。[②]

2. 视空间模板的测量方法

视空间模板负责处理视觉空间信息,同时进行的空间任务会对视觉表象产生干扰效应。[③] 视空间模板有两个独立功能:储存静态视觉信息,如信息的颜色和类型;储存动态视觉信息,如信息的位置、方向和运动。

九格图形空间位置任务的背景图片是一个3×3的矩阵图形。简单任务实验要求被试记住目标刺激中图形出现在哪些方格中,常用的图形有"○""□"。在屏蔽刺激后向被试呈现反应刺激。最后要求被试判断目标刺激与反应刺激中图形出现的位置是否相同。在复杂任务实验中,被试不仅要判断图形出现的空间位置是否一致,还要判断图形的方向是否一致,如"》"与"《"。九格图形空间位置任务还可以通过图形中出现的图形数量调节记忆任务的广度。在图2-5中,上方为简单任务,下方为复杂任务;左侧为目标刺激,中间为屏蔽刺激,右侧为反应刺激。简单任务中使用的是圆形"○",被试只需判断目标刺激和反应刺激中"○"出现的空间位置是否一致。简单任务中出现了三个图形,因此记忆广度为3。下方的复杂任务记忆广度为4,被试除记忆图形所处的空间位置外,还要判断符号的方向。两个任务分别属于空间记忆任务和视觉表象

[①] M. Jahanshahi, G. Dirnberger, "The Left Dorsolateral Prefrontal Cortex and Random Generation of Responses: Studies with Transcranial Magnetic Stimulation," *Neuropsychologia*, 1999, 37 (2): 181–190.

[②] 张小将、刘昌:《汉诺塔问题解决的认知过程及特点分析》,《心理与行为研究》2005年第1期,第44~48页。

[③] 张积家、陆爱桃:《语音回路和视空间模板对音位流畅性和语义流畅性的影响》,《心理学报》2007年第6期,第1012~1024页。

任务，二者之间可能会出现干扰。正确率与记忆广度可以作为评价视空间模板的指标。

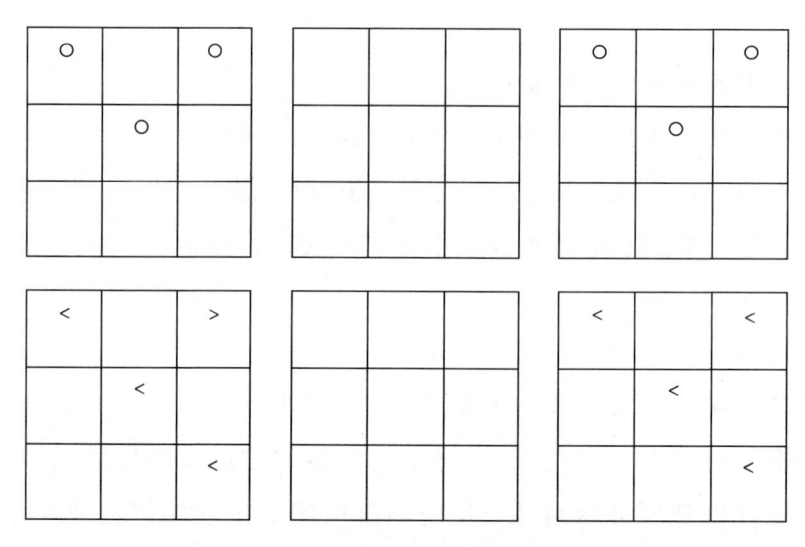

图 2-5　九格图形空间位置任务示意

视觉矩阵广度任务要求被试判断目标刺激与反应刺激之间的差别。[①] 每个实验单元都由三个屏组成。测验的变式很多，如第一屏为目标刺激，屏幕上出现一些面积相同的黑点和白点，呈现完毕后进入空白的第二屏，再出现第三屏的反应刺激。反应刺激是由第一屏的目标刺激变化而来的，要求被试找出这些变化了的点，点的多少代表记忆的广度。有些研究没有采取再认的方式，而是要求被试直接回忆。[②] 记忆广度通过点的数量来控制。完成任务需要用到视空间模板中储存颜色和位置信息的能力。

科西组块任务（Corsi Blocks Test）也称为柯西积木任务，该任务的原始材料为9个相同的木块不规则的排列在一块木板上，主试

[①] 张树东、董奇：《数字加工和计算障碍与工作记忆的关系研究》，《中国特殊教育》2012年第2期，第40~47页。
[②] 张怀英：《儿童发展性计算障碍的认知机制研究》，博士学位论文，华中科技大学，2009。

以每秒 1 个木块的速度，按照事先编排的序号指点这些木块，被试则要按照相同或相反的顺序指出同样的木块。被试顺利完成该任务需要空间位置记忆能力的支持。增加难度的柯西积木任务也可能是 16 个或 25 个木块矩阵。

点矩阵任务要求被试在完成一项简单任务的同时记住矩阵中的图形所处的位置。图 2-6 为简单任务的示意，要求被试判断矩阵中出现箭头的方向并按键。完成事先设定的记忆广度（例子中的广度为 3）任务后，将箭头出现的顺序在空白矩阵中标出。在复杂任务中，矩阵的数量、任务的数量都将更多。也可以用判断简单数学题是否正确等任务代替判断箭头方向任务。该任务主要考查视空间模板位置信息的记忆能力。

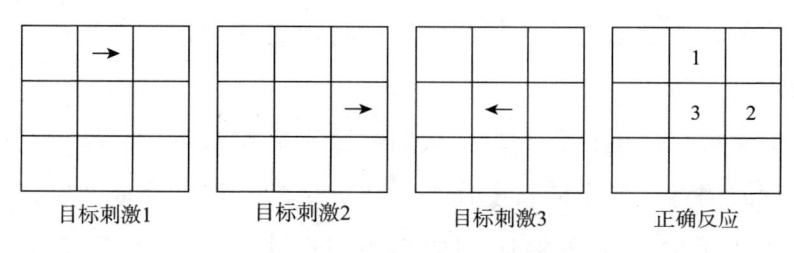

目标刺激1　　目标刺激2　　目标刺激3　　正确反应

图 2-6　点矩阵任务示意

视觉-手动延迟反应任务包括记忆和感觉控制两种任务。记忆任务中要求被试记住电脑屏幕上圆环内相继出现的圆点，每个圆点停留的时间为 200 毫秒。圆点出现的同时要求被试做一项分心任务，如朗读圆心出现的词语并按要求分类。在呈现结束后要求被试报告圆点出现的位置。完成此项任务要求被试静态视觉信息存储的能力。感觉控制任务中圆点同时出现并停留 10 秒，呈现结束后同样要求报告圆点的位置。由于记忆任务中的圆点是相继呈现的，为了控制视空间模板中动态感知的成分才设计了感觉控制任务。

房子视觉广度测验以不同形状的房子图形为目标刺激呈现给被试，然后将这些房子混入相等数量的房子图形，要求被试将目标房子辨认出来。目标房子数量从 1 个到 5 个，呈现房子的数量越多难度越高。

计数回忆测验要求被试记住一组或多组红色圆点的数目，圆点的数量为 3~6 个。测验从一张卡片开始，逐次增加。正确回忆的组数越多，代表视空间模板静态视觉信息存储能力越好。

3. 语音回路的测量方法

语音回路有两个独立功能，分别为语音存储装置和发声复述装置。语音存储装置保持以语音或言语为基础的材料的痕迹，保持时间在 2 秒之内就会衰退。为保留这些信息，需要发声复述装置进行复述。听觉形式的语音信息可以直接进入语音存储装置，视觉形式的语音需要通过发声复述装置转化为听觉形式。[①] 发声复述装置有两个功能，一是通过默声复述刷新即将消退的记忆，二是对视觉语音信息进行转化。

听觉数字广度任务要求主试朗读数字，被试听完后将听到的数字顺背或倒背。数字的长度代表工作记忆的广度。完成数字广度任务需要发声复述装置对听到的信息进行复述，否则记忆将快速消退。

英语口头广度测验由 42 个单音节词组成。测试时，以 10 毫秒/个的间隔逐个呈现单词，每个单词呈现 1 秒，每组 2~6 个词。呈现完毕后要求被试根据这组单词造句，以句子中用到单词的数量为测验成绩。

重复非词测验与听觉数字广度任务类似，但记忆材料变为了无意义词。音节数的多少代表工作记忆的广度。国内研究一般使用无意义汉语拼音代替无意义单词。

[①] 鲁忠义、张亚静：《工作记忆中的语音回路对汉语阅读理解的影响》，《心理学报》2007 年第 5 期，第 768~776 页。

在阅读广度任务中，主试呈现一系列句子，要求被试阅读并判断句子是否合乎逻辑，或回答句子中的问题，同时记住每个句子的最后一个词语。句子呈现完毕后，被试要按照顺序回忆这些词语。因此，阅读广度任务又称句子广度任务。回忆词语的正确数量代表记忆的广度。Gaulin 和 Campbell 编制的完成语言加工任务（Competing Languange Processing Task，CLPT)[①] 就是典型的句子广度测验，测验由4个练习句子和42个测试句子组成。在每个广度水平上，句子长度、语法复杂性和词语都保持一致。与听觉数字广度任务不同，句子广度任务不仅需要对记忆不断刷新的能力，还需要对视觉信息进行转化的能力。和句子广度任务类似，在句子完成和回忆任务中，主试呈现一组句尾缺少一个单词的句子，要求被试补充完整，并在完成一组句子后回忆他所补充的词语。

计算广度任务要求被试计算一组简单算术题，并记住算术题中某一位置的数字（如第二个数）。计算结束后，将这组数字依次报告出来。与这些数字有关的记忆任务需要复述能力的参与。

在运算－词语广度任务中，主试向被试呈现一些算式－词语串，如"2＋3＝5 北京"，要求被试先判断算式是否正确，再朗读并记住之后的词语。一组测试结束后要求被试按顺序回忆这些词语。它与句子广度任务的逻辑类似，只是将判断任务改为算式；它与计算广度任务的区别在于要求回忆的不是数字而是词语。

在数字排序测验中，主试向被试口头呈现由7个数字组成的数字序列，要求被试以升序方式回忆这些数字。[②] Cooper 等人编制的

[①] C. A. Gaulin, T. F. Campbell, "Procedure for Assessing Verbal Working Memory in Normal School-Age Children: Some Preliminary Data," *Perceptual and Motor Skills*, 1994, 79 (1): 55–64.

[②] K. Werheid, C. Hoppe, A. Thöne, et al., "The Adaptive Digit Ordering Test: Clinical Application, Reliability, and Validity of a Verbal Working Memory Test," *Archives of Clinical Neuropsychology*, 2002, 17 (6): 547–565.

数字排序测验由15个数字序列组成，呈现速度为每5秒一组。数字排序测验的变式很多，如数字序列宽度（长短）的变化、呈现速度的变化、降序报告等。数字排序测验可以看作听觉数字广度任务的升级版，在后者的基础上要求对数字进行排序。这就需要中央执行系统在长时记忆中提取与数字大小顺序有关的知识协助完成任务。

押韵任务包括9套2～14个长度不等的单词系列，单词均为押韵词，如 car、star、bar、far。[1] 测试中主试以口语方式、2秒/个的速度向被试呈现这些单词。呈现结束后先问被试某个特定的单词是否包含在系列中，然后回忆这些单词。测验以正确回忆的组数为测量指标。

音素识别测验包括一系列2～5个音节的假字对，要求被试发现并指出假字对中不同的音节，如/pa/‑/ba/和/pa/‑/ga/。测验以口语形式进行，鼓励被试复述。任务的完成需要语音存储能力的参与。该测验由 Norrelgen 等人开发，每组12对，共48组。[2]

语义联想任务给被试呈现一组词语，同时问一个有关加工的问题，然后要求被试回忆并归类单词。[3] 难度水平从2类、每类2个单词到5类、每类4个单词，以正确回忆的词组数为测量指标。语义联想任务需要语音存储和提取能力的参与。

4. 情景缓冲器的测量方法

限定性句子广度测验是最早用来测量情景缓冲器的测量方法，

---

[1] H. L. Swanson, C. Sachse-Lee, "A Subgroup Analysis of Working Memory in Children with Reading Disabilities Domain-General or Domain-Specific Deficiency?" *Journal of Learning Disabilities*, 2001, 34 (3): 249–263.

[2] F. Norrelgen, F. Lacerda, H. Forssberg, "Temporal Resolution of Auditory Perception and Verbal Working Memory in 15 Children with Language Impairment," *Journal of Learning Disabilities*, 2002, 35 (6): 540–546.

[3] 杨利霞等：《维吾尔族人汉字语义联想任务的功能 MRI 研究》，《中华放射学杂志》2010年第3期，第239～242页。

任务中使用的均为主谓宾结构的有意义简单句子，短句包含 4 个单词，如"Peter cleaned the new car"；长句包含 8 个单词，如"John, the angry lawyer instantly borrowed the red book from Lucy"。实验包括两个阶段：第一阶段使用这些材料测试被试的工作记忆广度，第二阶段则是含有干扰任务的测验。三种干扰任务分别破坏语音回路、视空间模板和中央执行系统。这种方法只是对情景缓冲器的初步探索，只能从实验的角度证明这一成分的存在，将其发展成有效的测量方法还需要进一步研究。[①]

Baddeley 认为情景缓冲器涉及工作记忆不同子系统之间信息的整合，还涉及意识注意，工作记忆与长时记忆的联系是通过情景缓冲器完成的。因此，从长时记忆中提取信息的速度、不同编码特征的整合捆绑就可以作为两个反应情景缓冲器能力的重要指标。[②]

测量从长时工作记忆中提取信息速度的任务称为长时提取任务，又称为语义流畅性任务。[③] 要求被试在 1 分钟内说出代表某类事物的词语，通常为动物或食物，例如在 1 分钟内尽自己可能说出动物的名称。主要的统计量为词汇量、聚类大小或转换次数。如产词量，即 1 分钟内说出的不重复词语数量。

工作记忆中的捆绑是指个体把外界物体知觉为一个整体，而不是个别零散的特征。[④] 通过情景缓冲器将这些分散的信息整合起来，提高了存储和提取的效率。常用的视觉捆绑任务是在柯西组块任务、视觉广度任务的基础上发展起来的。以柯西组块任务为例，一

[①] 鲁忠义、杜建政、刘学华：《工作记忆模型的第四个组成部分——情景缓冲器》，《心理科学》2008 年第 1 期，第 239~241 页。
[②] 陈海侠：《小学生工作记忆的干预研究》，硕士学位论文，华东师范大学，2011。
[③] 姚颖蕾：《小学生工作记忆的发展及其在数学学习中的作用》，硕士学位论文，华东师范大学，2011。
[④] 马娟子：《小学生工作记忆测验的编制与信效度分析》，硕士学位论文，华东师范大学，2011。

般的柯西组块任务中主试点击积木的轨迹是随机的。捆绑实验中柯西组块任务有两个水平，第一个水平中被试点击组块的轨迹是不规则的，第二个水平中被试点击组块的轨迹是对称的。如果被试在第二个水平的任务中通过情景缓冲器将点击规律和组块捆绑，则其第二个水平的记忆广度将会大于第一个水平。两个水平的记忆广度差异可以代表被试的捆绑能力。这种捆绑属于视觉信息内部的捆绑，事实上跨通道的捆绑如"视觉－触觉捆绑""视觉－听觉捆绑"也有可能出现，类似的研究任务或范式还很少。

形音特征捆绑再认任务属于视觉－听觉捆绑任务。任务中向被试呈现无意义文字与读音，在呈现完一组目标刺激后判断反应刺激中的文字与读音是否为刚才匹配出现的。[1] 目标刺激中一般有三对文字与读音。文字材料一般选用不常用的外语字符或无法命名的特殊符号，如Ц、Л、ю、э，符号的笔画数都非常简单。声音材料均为双音节的单声母、单韵母音节，如 pu、re、ka。可以通过调整文字与读音的相似性来控制任务难度。再认的正确率可以作为捆绑是否产生的指标，正确率越高表明被试的捆绑能力越高。

5. 工作记忆的成套测验

除了上述工作记忆的任务或单项测验，还有研究者编制了一些成套测验，如 Susan 等人编制的工作记忆三成分测验，[2] Swanson 编制的工作记忆测验，McLean 和 Hitch 编制的工作记忆成套测验。[3] 这些测验大多参考了上述常用的实验范式或任务（见表2-2）。

---

[1] 钟姝等：《视觉和语音加工难度对汉语识字困难儿童形音特征捆绑的影响》，《中国特殊教育》2011年第7期，第60~63页。

[2] S. E. Gathercole, S. J. Pickering, "Assessment of Working Memory in Six-and Seven-Year-Old Children," *Journal of Educational Psychology*, 2000, 92（2）: 377 – 390.

[3] 张拉艳、周世杰：《工作记忆及其评估》，《中国临床心理学杂志》2005年第3期，第360~362页。

表 2 – 2　工作记忆的成套测验

名称	作者	介绍
工作记忆三成分测验	Susan 等	共 13 个分测验：测量中央执行系统的有听觉回忆、计数回忆、倒背数字；测量语音回路的有词语系列回忆、非词系列回忆、数字系列回忆、词语系列再认、非词系列再认、非词重复；测量视觉空间模板的有静态矩阵、动态矩阵、静态迷宫、动态迷宫
工作记忆测验	Swanson	共 8 个分测验：数字阅读速度任务、语音删除任务、数字广度任务、句子广度任务、听觉数字排序任务、故事复述任务、视觉矩阵任务、地图和方位任务
工作记忆成套测验	McLean 和 Hitch	共 8 个分测验：数字广度任务、非词重复任务、视觉矩阵任务、柯西模块任务、连线任务、划消任务、缺项加法任务、加法广度任务

工作记忆成套测验的优点在于考虑了将不同任务组合在一起形成一套测验时的结构效度。因此，这些成套测验在国外的工作记忆相关研究中比较流行，基于这些测验的研究获得的结论更具外部效度，更受相关研究者和一线数学教师的青睐。

成套测验的模式是工作记忆能力测量中最科学、合理、容易推广的，但其编制的难度也是最大的，如果再为测验编制常模，则需要耗费的时间和精力将会更多。

6. 智力量表中的工作记忆测验

斯坦福 - 比内智力量表是迄今为止最著名的智力量表之一，最新的版本为第 5 版。量表中有 3 个测量工作记忆的测验：语句记忆、数字记忆、物品记忆。[①] 语句记忆任务要求主试把长度不等的句子逐个念出，被试每听完一个句子要进行复述。这一任务体现了语音回路的语音存储功能。数字记忆任务要求被试听完一串数字后按照顺序或倒序复述出来。这是典型的听觉数字广度任务。在物品记忆测

---

① 韦小满：《特殊儿童心理评估》，华夏出版社，2006。

验中，主试按照一定的顺序呈现一些常用物品，要求被试按照顺序在图片中指认。物品的记忆需要视空间模板对静态信息记忆能力的参与。

韦氏儿童智力量表最新版为第 4 版，工作记忆部分包含背数测验、字母-数字排序测验。背数测验是典型的听觉数字广度任务；字母-数字排序测验与数字-字母连线任务类似，可用于测量中央执行系统的策略转换功能。加工速度测验中的划消测验与数字划消任务类似，但材料为图形形式，分为随机划消和结构性划消。划消过程需要中央执行系统的任务转换与协调功能参与。补充分测验中的算术测验同时需要听觉记忆广度和转换与协调能力的参与。

考夫曼儿童智力测验（Kaufman Assessment Battery for Children，K-ABC）最新版为第 2 版，共有 6 个分量表。[①] 在继时性加工量表的数字回忆测验中，主试按照一定时间间隔念若干个数字，被试按照相同或相反顺序重复。这是典型的听觉数字广度任务。在词序测验中，主试先说出 2~5 个物体的名称，然后呈现给被试一张绘有这 5 个物体的图片，要求被试按照主试口述的顺序依次指出这些物体。该任务与斯坦福-比内量表中的物品记忆测验类似。但在含有干扰条件的词序测验中，主试在口述后、呈现图片前，会给被试呈现一张与测验无关的干扰图形。这一过程需要中央执行系统参与对听觉与视觉两种任务进行转换与协调，还要抑制无关刺激。测试结果反映了中央执行系统的多项能力。在同时性加工量表中的位置记忆测验中，主试向被试呈现一张绘有 1~7 个图形的纸片，要求被试在另一张同样大小的打有方格的空白纸片上指出呈现图片中所有图形的位置。这与再认形式的视觉矩阵广度任务类似，完成任务需要用到视空间模板的静态视觉信息储存能力。测验中数字的长度、

[①] 王廷琼：《考夫曼成套儿童评价量表第二版简介》，《吉林省教育学院学报》2014 年第 4 期，第 93~94 页。

物体的数量、图形的数量反映了短时记忆的容量。

伍德库克-约翰逊认知能力量表（Woodcock Johnson Tests of Cognitive Abilities，WJ COG），最新版为第四版。[①] 量表由10个标准测验和8个扩展测验组成，标准测验中的倒背数字、口语注意都是测量工作记忆的测验。倒背数字要求被试将听到的数字以相反的顺序报告出来，属于听觉数字广度任务的范畴。在口语注意测验中，主试以口语方式给被试呈现一段话，这段话中包含若干数字和动物，之后被试根据这段话回答主试的问题。句子越长，其中包含的数字与动物等信息越多，对工作记忆的容量要求越高。为了更好地记住句子中的关键信息，需要中央执行系统的控制执行功能、抑制功能的参与。该任务在语音回路的测量上与阅读广度任务类似，由于提供的记忆材料是语音形式的，仅需要语音回路的复述功能的参与。扩展测验中的物体-数字排序要求被试对听到的一系列数字和物体重新排序。听觉形式材料的记忆可以测量语音回路，物体和数字的数量代表了工作记忆的容量。

（二）工作记忆测量存在的问题

目前相关研究中工作记忆的测量主要存在如下几个问题。

第一，实验任务或测验中过多地使用"双任务范式"存在争议。

Baddeley认为工作记忆的测量任务需要满足"任务需要同时进行数据的加工与存储"，[②] 本文介绍的部分任务并未同时涉及两项操作。如数值-大小干扰范式、数字Stroop范式，被试在完成任务的过程中只需要数据加工，没有信息存储成分参与。研究列举的一部分任务属于双作业任务，即被试需要同时或相继完成主任务和次任务。如信号停止任务中，反应任务体现了被试的加工速度，在此基

[①] E. M. Laforte, K. S. Mcgrew, F. A. Schrank, *WJ IV Technical Abstract* (*Woodcock-Johnson IV Assessment Service Bulletin No.2*), IL Riverside: Rolling Meadows, 2014.

[②] A. Baddeley, "Working Memory," *Science*, 1992, 255 (5044): 556-559.

础上进行的停止任务则体现了被试的抑制能力。有学者认为双任务实验存在逻辑问题。① 一是反应瓶颈问题。被试在双任务情境下不可能同时对两种反应都做出选择，这样对工作记忆功能依赖比较大的任务就会对另一个任务造成严重干扰。如数字生成任务要求被试快速生成数字，而对认知资源的需求较大，就会干扰中央执行系统的抑制功能。二是策略权衡问题。尽管任务规定了哪个是主任务，哪个是次任务，但被试总是倾向于关注更难的任务。如果被试将更多的认知资源投入次任务，测量结果的代表性就会受到影响。

第二，现有的成套测验均基于三成分模型开发。

在工作记忆相关研究中，采用单一测量方式的较多，使用成套测验的较少，导致研究所选指标的代表性不足，评估结果可推广性受到限制。不仅如此，本文介绍的工作记忆测量工具发布时间都非常早，例如 Swanson 的量表发布于 20 世纪 90 年代，Susan 等人的量表发布于 2000 年。这些量表都是以三成分模型为基础编制的，都不能测量新增加的情景缓冲器成分。

第三，测验材料跨文化公平性、跨年龄的效度有待检验。

测验常见的材料有数字、图形、文字、无意义音节等。数字和图形具有较高的文化公平性，中央执行系统的测量材料基本都是数字、字母、图形形式。但视空间模板和语音回路中部分测验采取文字和无意义音节材料，这些材料的文化公平性较差。除跨文化效度之外，测验跨年龄组等效性也有待检验。不仅如此，采用单项测验的研究中也很少有人检验过测验的信度和效度。

第四，部分测验，尤其是智力测验中的工作记忆分量表，一个任务同时涉及多个成分。例如伍德库克－约翰逊认知能力量表的口

---

① 陈彩琦、李坚、刘志华：《工作记忆的模型与基本理论问题》，《华南师范大学学报》（自然科学版）2003 年第 4 期，第 135~142 页。

语注意测验需要中央执行系统的控制执行功能和抑制功能的同时参与。测试结果能够反映被试的智力水平，但无法精确反映工作记忆内部不同成分的水平。

第五，大部分测验需要主试严格按照操作要求以一对一形式完成，测验对操作环境、主试心理测量学知识都有较高要求。在实际操作过程中，主试或被试必须有充分的沟通，否则极易造成操作失误，导致测验失败。

第六，测验任务需要的时间因人而异。以广度测验为例，数字广度测验采取阶梯测验方式，逐步增加题目难度；结束规则为连续3次复述错误。被试的工作记忆广度越大，回答的问题越多，耗时越久。长时间测试造成的疲劳可能会导致测验表现低于实际水平。被试之间施测时间差异还会影响测验的大规模应用，导致一名主试同时关注的被试数量大大减少，限制测验的普及。

若要解决上述问题，则有必要编制一个基于四成分模型、具有文化公平性、符合国情的测量工具，以保证有关工作记忆能力的研究结论可以扩展到后续及其他相关研究中。

（三）工作记忆的干预训练

工作记忆训练的主要逻辑为：寻找工作记忆所对应的脑区，通过工作记忆的训练重塑脑区，恢复或促进相应认知功能的发展。

通过功能性磁共振成像（fMRI）、事件相关电位（ERP）等脑成像研究发现，许多皮质在工作记忆的过程中发挥着很重要的作用，其中前额叶皮质的作用最为突出。[1] 除此之外，在动态空间工作记忆中顶叶和背侧前额叶的协同激活，提示这些区域的协同作用是空间工作记忆的基本特征。语言工作记忆中包括顶叶、楔前叶、

---

[1] 吴永明、舒斯云：《工作记忆与脑的功能磁共振成像》，《中国神经科学杂志》2002年第2期，第539~542页。

次级运动区、额眼区、丘脑、小脑、颞叶神经皮质和岛回等在内的多个脑区都非常活跃。[1] 这些研究都表明，工作记忆是一个由前额叶主导、多个脑区协调才能完成的复杂的高级认知活动。

从教育神经科学的视角来看工作记忆与学习障碍的关系，就是通过改变工作记忆对应脑区的功能，帮助学习者完善工作记忆功能，解决学习障碍问题，即通过弥补脑区的缺陷来改变外显的行为。

相关的研究也证明了这一设想的可行性。通过工作记忆训练，儿童的工作记忆水平有所提高，相应的脑区激活增加，脑电等神经生理指标有所增强。这些研究都证明，工作记忆功能的可塑性是数学障碍学生工作记忆干预训练研究的前提和基础。[2]

以往有关工作记忆的训练或干预的研究大多采用两类方法：一是通过练习工作记忆任务来提高工作记忆能力，二是通过训练记忆策略来提高工作记忆能力。

特殊教育需要学生一直是干预训练相关研究的主要目标群体，以注意力缺陷多动障碍（Attention-Deficit Hyperactivity Disorder, ADHD）为例，有研究者利用视觉空间工作记忆、数字广度任务、词语广度任务、选择反应时任务为干预训练任务对ADHD儿童进行了为期五周的训练。[3] 训练的强度为每天20分钟以上，每周4~6

---

[1] 张增强等：《数字工作记忆的脑功能磁共振定位研究》，《第三军医大学学报》2008年第16期，第1575~1577页。
[2] 周加仙、董奇：《学习与脑可塑性的研究进展及其教育意义》，《心理科学》2008年第1期，第152~155页。
[3] T. Klingberg, E. Fernell, P. J. Olesen, et al., "Computerized Training of Working Memory in Children with ADHD-A Randomized, Controlled Trial," *Journal of the American Academy of Child & Adolescent Psychiatry*, 2005, 44 (2): 177 – 186; T. Klingberg, H. Forssberg, H. Westerberg, "Training of Working Memory in Children with ADHD," *Journal of Clinical and Experimental Neuropsychology*, 2002, 24 (6): 781 – 791; T. Klingberg, H. Forssberg, H. Westerberg, "Increased Brain Activity in Frontal and Parietal Cortex Underlies the Development of Visuospatial Working Memory Capacity during Childhood," *Journal of Cognitive Neuroscience*, 2002, 14 (1): 1 – 10.

天。训练过程中采用阶梯训练法。① 所谓阶梯训练法就是遵循工作记忆能力从低到高的发展规律,承认低层次能力是高层次能力基础的事实,引导学生在发展工作记忆能力的过程中循序渐进地学习相关知识,培养相关能力。"阶梯"有两层含义:一是工作记忆宽度、任务强度等循序渐进,通过测试及时了解学生当前的能力水平,适度增加难度;二是在训练的基础上培养自学、迁移能力,引导学生将学习到的知识迁移到不同难度水平的任务或相似任务中。针对 ADHD 儿童的一系列研究表明,通过训练,儿童的工作记忆能力显著提高并产生了迁移,即没有经过训练的工作记忆任务也显著提高。

对成年被试和老年被试的研究也很流行。有研究者采用复述策略、意象策略和语义策略等适合成年人的方法进行训练。复述策略要求被试大声复述记忆任务中的内容,意象策略要求被试将记忆内容想象成一幅图片并出声描述,语义策略要求被试将记忆内容编成一个句子并朗读。研究结果表明被试的记忆广度显著提高,复述策略对低工作记忆能力群体的效果更好,工作记忆与阅读能力之间的相关也有所提高。②

除了大声复述,低声复述也被证明对胎儿酒精综合征(Fetal Alcohol Spectrum Disorders, FASD)被试的工作记忆提高有效。③ 通

---

① H. Westerberg, T. Hirvikoski, H. Forssberg, et al., "Visuo-Spatial Working Memory Span: A Sensitive Measure of Cognitive Deficits in Children with ADHD," *Child Neuropsychology*, 2004, 10 (3): 155 – 161.
② B. Carretti, E. Borella, R. De Beni, "Does Strategic Memory Training Improve the Working Memory Performance of Younger and Older Adults?" *Experimental Psychology*, 2007, 54 (4): 311 – 320; C. Loomes et al., "The Effect of Rehearsal Training on Working Memory Span of Children with Fetal Alcohol Spectrum Disorder," *Research in Developmental Disabilities*, 2008, 29 (2): 113 – 124.
③ C. Loomes et al., "The Effect of Rehearsal Training on Working Memory Span of Children with Fetal Alcohol Spectrum Disorder," *Research in Developmental Disabilities*, 2008, 29 (2): 113 – 124.

过训练，FASD儿童的言语工作记忆广度显著提高，并且在日常生活中使用复述策略的次数也显著增加。

阶梯训练法也被运用到了成年被试的训练中，有研究使用时空工作记忆任务、倒背数字和字母广度任务训练了成人被试的工作记忆。[1] 对训练效果的评估使用了两种效标，一是延迟匹配实验，二是脑电。延迟匹配任务的研究结果表明训练产生了效果，脑电研究表明工作记忆相关脑区激活有所增强。

中国的珠心算也被证明可以用到工作记忆的训练中，且可以取得良好的效果。台湾研究者使用珠心算训练作为干预手段，对儿童的工作记忆进行训练。训练每周一次，每次1.5小时，持续一年时间。后测结果表明简单空间广度任务成绩有了明显的提高。[2]

研究证明工作记忆训练对智力的提高有促进作用。[3] 研究者使用N-back任务训练成年被试的工作记忆，采用阶梯训练法每天训练25分钟，训练时间8~19天不等。后测结果表明，参加干预训练的被试瑞文高级推理测验水平显著提高。

二 关于数学障碍的研究

（一）数学障碍的核心缺陷

自学习障碍成为学术研究领域的重要主题以来，国外研究者先

---

[1] P. J. Olesen, H. Westerberg, T. Klingberg, "Increased Prefrontal and Parietal Activity after Training of Working Memory," *Nature Neuroscience*, 2004, 7 (1): 75-79; Westerberg, H., H. Jacobaeus, T. Hirvikoski, et al., "Computerized Working Memory Training after Stroke-A Pilot Study," *Brain Injury*, 2007, 21 (1): 21-29; H. Westerberg, T. Klingberg, "Changes in Cortical Activity after Training of Working Memory—A Single-Subject Analysis," *Physiology & Behavior*, 2007, 92 (1): 186-192.

[2] Y. Lee, M. Lu, H. Ko, "Effects of Skill Training on Working Memory Capacity," *Learning and Instruction*, 2007, 17 (3): 336-344.

[3] D. E. Moody, "Can Intelligence be Increased by Training on a task of Working Memory?" *Intelligence*, 2009, 37 (4): 327-328.

后提出四种理论试图解释学习障碍出现的原因。[①]

第一种理论认为,学习障碍是由学习相关的神经系统官能缺陷引起的。如儿童在同时加工视觉、听觉等通道的信息过程中出现冲突,导致信息处理效率低,出现学习障碍。第二种理论认为学习障碍是由注意力缺陷引起的,认为注意力尤其是抑制无关信息的能力是影响学习效果的关键能力,注意力难以集中就会产生学习障碍。第三种理论认为学习障碍是学习动机等社会心理因素引起的。第四种理论认为学习障碍与信息加工过程中的某些环节有关,如信息编码错误、储存困难、提取失败等。

随着技术进步和研究的不断深入,对学习障碍原因的认识逐步从学习动机、学习机会等社会因素转向神经系统、信息加工过程等神经、发展因素。目前,学术界对数学障碍核心缺陷的认识逐步统一,国内外研究者都公认工作记忆是数学障碍的核心缺陷。

但工作记忆对数学障碍的影响仍存在一定争议,争议主要集中在工作记忆对数学障碍的影响是领域一般性还是领域特殊性。研究者针对不同年龄段、不同母语、不同程度数学障碍的被试进行了研究,结论并不统一,但研究的主要结论都印证了"数学障碍的核心缺陷是工作记忆"这一假设。

(二) 学习障碍的鉴别及其发展

学习障碍的鉴别方法一般可以分为三类:成绩临界点法、差异模型法、干预反应模式与动态测验法。成绩临界点法就是利用一次学业考试如数学考试的成绩,将学生从高到低排序,处于某一临界点以下的学生就被判定为数学障碍。这一临界点的设定比较主观,没有统一标准,可以根据研究者需要设定。这种方式显然不合理,

---

[①] 吕雪:《5—6岁儿童数学学习困难的鉴别与诊断研究》,硕士学位论文,华东师范大学,2013。

因此已经逐渐被研究者放弃。目前比较流行的是差异模型法和干预反应模式。[①]

根据"学业水平与潜能存在不一致"的描述，当前数学学习障碍的鉴别主要以"能力－差异模型"（简称差异模型）为基础。模型的发展先后经过了年级水平离差法、期望公式法、标准分数法、回归分析法等阶段。[②]

年级水平离差法是应用最早的差异模型，该模型以学校考试成绩代表学生的实际年级水平，以智力测验代表预期年级水平，计算预期年级水平与实际年级水平之间的差异。如果两者差异显著，例如实际年级水平落后预期年级水平两个年级，则认为学生存在学习障碍。这种做法在六七十年代非常流行，[③] 然而这样的"代表"并不精确，同时也忽略了不同地区、年级之间教学内容、考试难度、教学水平不同所导致的差异。

期望公式法改进了年级水平离差模型，增加年级、年龄或其他调整变量为权重，力求提高预测的精确性。美国教育总署（United States Office of Education，USOE）提出的期望公式[④]为：

$$SDL = CA\left(\frac{IQ}{300} + 0.17\right) - 2.5 \qquad (2-2)$$

SDL：严重差异水平（Severe Discrepancy Level）；

CA：实际年龄（Chronological Age）；

IQ：智商。

---

① 干预反应模式和动态测验的原理一致，因此将他们归为一类。
② 毕远、张丽锦：《以能力－成绩差异模型鉴别数学困难的问题与对策》，《中国特殊教育》2014 年第 5 期，第 49~54 页。
③ K. A. Kavale, S. R. Forness, "Discrepancy Models and the Meaning of Learning Disability," *Advances in Learning & Behavioral Disabilities*, 2001, 15 (1): 187-235.
④ S. Sulzbacher, L. A. Kenowitz, "At Last, A Definition of Learning Disabilities We Can Live With?" *Journal of Learning Disabilities*, 1977, 10 (2): 67-69.

之后的研究发现，期望公式与其他鉴别方法相比，有64%的被试不一致，[①] 易造成误报或漏报。期望公式法中最不确定的因素就是增加的调整变量和权重，这些设定没有广泛认可的标准。公式中不恰当的权重或变量会造成系统误差，影响鉴别结果的准确性和稳定性。

为解决不同测验之间标准差不同的问题，标准分数法将智力测验、学绩测验分数转换为标准分。标准分数法的基本逻辑为：首先将智力分数和学绩测验分数转换为标准分，使得二者可比；再计算二者间差距，智商标准分高于学绩测验标准分一定程度时则判定为学习障碍。这种鉴别逻辑和方法在国内的相关研究中还非常流行。

$$SDL = \frac{IQ - M_{IQ}}{SD_{IQ}} - \frac{TS - M_{TS}}{SD_{TS}} \qquad (2-3)$$

SDL：严重差异水平，该标准为研究者主观设定；

IQ：智商；

TS：考试成绩；

SD_{IQ}：智商测试的标准差；

M_{IQ}：智商测试的均值；

SD_{TS}：考试成绩的标准差；

M_{TS}：考试成绩的均值。

标准分数法的前提假设是智商与考试成绩的相关为1。但实际上智商与阅读、数学之间的相关并不为1。之后为提高标准分数法的准确性，有研究者进一步考虑了智商测验、成就测验的信度，修订后的公式为：

[①] 吴燕、隋光远：《美国学习障碍鉴别研究综述》，《中国特殊教育》2005年第12期，第64~69页。

$$Z_{dif} = \frac{Z_x - Z_y}{\sqrt{(1 - r_x) + (1 - r_y)}} \qquad (2-4)$$

Z_{dif}：标准分差异，与 SDL 含义相同；

Z_x：智商测试标准分数；

Z_y：成就测验标准分数；

r_x：智商测验信度；

r_y：成就测验信度。

尽管标准修订后的标准分数模型准确性有所提高，但仍未解决智商与成绩之间相关的问题。回归分析法弥补了标准分数法的缺陷，在不同 IQ 水平上建立经过回归校正的预期学业成绩，[1] 因此更贴近实际，由此成为成绩差异模型的最佳计算方法。[2]

回归分析模型的基本逻辑为：将具有同等年级、能力甚至性别的群体学业成就得分作为常模，建立智商与学业成就的回归方程；用智商预测学生的期望分数，然后计算期望分数与实际分数之间的差异，以判断学生是否存在学习障碍。

最早的回归分析需要获得全样本的智力和学业成绩，然后借助回归方法，用智力预测学业成绩。利用得到的回归方程可以计算出学生的期望成绩，如果学生的实际成绩低于期望成绩，并且这种差异达到 1 个或 1.5 个标准差以上就可以判定为学习障碍。

例如，用学业成绩与智商之间的回归方程为：

$$Y = 0.532X + 0.355 \qquad (2-5)$$

Y：由智商预测的期望成绩；

---

[1] L. Shepard, "An Evaluation of the Regression Discrepancy Method for Identifying Children with Learning Disabilities," *The Journal of Special Education*, 1980, 14 (1): 79–91.

[2] L. R. Wilson, T. Cone, "The Regression Equation Method of Determining Academic Discrepancy," *Journal of School Psychology*, 1984, 22 (1): 95–110.

X：智商测试成绩。

这种回归模型考虑了智商测试与学业成绩之间的回归现象，但最终对学习障碍的判定以群体的标准差为重要参考，期望成绩为点估计，没有考虑到误差。

Shepard 提出的回归分析法更加科学。

首先要计算成就测验的误差：

$$SEM = SD_x \sqrt{1 - r_{xy}} \qquad (2-6)$$

SEM：测量误差；

SD_x：成就测验（考试）成绩的标准差；

r_{xy}：成就测验（考试）与智商测试成绩的相关。

根据得到的 SEM 计算置信区间 CI：

$$CI = x \pm z(SEM) \qquad (2-7)$$

CI：置信区间；

x：成就测验分数；

z：正态分布下不同置信水平对应的值，可以查表获得，如置信水平 95% 时对应值为 1.96。

计算回归方程的估计误差 SEE（Standard Error of Estimate）：

$$SEE = SD_x \sqrt{1 - r_{xy}^2} \qquad (2-8)$$

SD_x：成就测验的标准差；

r_{xy}^2：成就测验与智商测试成绩相关的平方。

由于智商与学业成就之间并非完全相关，即一名学生学业智商很高，并不意味着他在学业测试中同样会获得极高的分数，而是趋向于总体的平均值。在用智商预测学业成就时出现的这种现象被称为回归效应。计算期望分数公式为：

$$\hat{y} = r_{xy} \frac{SD_y}{SD_x}(IQ - M_y) + M_x \qquad (2-9)$$

$\hat{y}$：期望分数；

r_{xy}：智商测试与学业成绩的相关；

SD_y：智商测试标准差；

SD_x：学业成绩标准差；

M_y：智商测试平均分；

M_x：学业成绩平均分。

学生的实际测验分数 y 应当大于期望分数 $\hat{y}$，即

$$(y - \hat{y}) > SD_y \cdot z \cdot \sqrt{1 - r_{xy}} \qquad (2-10)$$

智商测试与学业成绩的相关可以根据实际测验成绩得到，但有些研究并未同时获得研究总体的智商和学业成绩，尤其是智商成绩一般只对存在学习障碍倾向的学生进行测试。这些研究可以参考其他研究得到的相关系数。

从年级水平离差模型到回归模型，差异模型经过了一个漫长的完善过程，模型逐渐复杂，这是回归模型普及要面临的主要问题。但随着统计方法和软件的逐渐普及，它在应用上的阻力也在逐渐降低。与其他模型相比，回归模型有以下优点。

（1）从个体的智商出发，在此基础上考虑智商与成就的关系，计算出的期望分数可以有效地区分学习障碍与成绩落后，甚至还可将超出预期能力的超常儿童鉴别出来。

（2）鉴别过程考虑了学生所在群体的总体水平，因此排除了学习机会造成的落后。

（3）考虑到测量误差的同时计算了期望分数的置信区间，比以

往的差异模型更准确。

（4）智商测验的均值及标准差可以参照相关常模。

但即使是最新的回归差异模型也很难解决测验效度的问题，例如，选择的智力测验、成就测验本身极易受到社会文化环境、经济差异、教学水平等的影响。公式中需要用到智商测验和学业测验的常模，智力测验常模相对容易获得，学业测验的常模比较难得。以欧美教育发达国家为例，为解决这一问题，美国各州都会进行统一的测验，并公布本州的常模，家长、教师、学生可以在相关网站上查询。但中国受教育人口数量巨大，东西部、城乡差异极大，建立和修订这样的学业测验常模需要大量的财力、人力、物力和时间。短时间内参照国外做法，不具有可行性。

因此，在学习障碍的鉴别上，教师、家长、专业组织、立法机构等逐渐达成的共识是：学习障碍的诊断需要接受过专门训练的医学、心理学、教育工作者及其他有资格进行评价的专家共同参与；[1]同时，诊断过程中不能只采用一个标准或方法，而是要将临床表现、标准化测验、教师评定等多种方法结合，互相验证。

美国残障者教育法案（Individuals with Disabilities Education Act，IDEA）禁止使用单一模型作为学习障碍儿童的认定标准。当前学习障碍鉴别的发展趋势是鉴别过程同预防与干预的联系日益紧密。

干预反应模式是指在普通学校中实施的，通过层次递进式的评估和干预来鉴别和满足学生教育需要的系统。[2] 干预反应模式的所有评估与干预活动都在学校内完成，非常适合普通学校。评估通常

---

[1] 张树东、董奇：《发展性计算障碍的诊断与矫治》，《中国特殊教育》2004年第2期，第21~25页。
[2] 韦小满、杨希洁、刘宇洁：《干预反应模式：学习障碍评估的新途径》，《中国特殊教育》2012年第9期，第9~12页。

包括三个层次结构,① 如图 2-7 所示。一级干预是针对全体学生的,通过课程本位测量进行筛查,每月 1~2 次。一般情况下,核心教学对 80% 的学生是有效的。大约 20% 的学生未达到要求,会被认定为"高危学生",进入第二层干预。二级干预以目标小组的形式开展,干预计划根据学科和学生特点制订。二级干预在补救性教学后,会频繁地使用课程本位测量,根据结果判断哪些学生可以返回第一层。大约 15% 的学生能够获得较好的干预效果,剩下 5% 的学生进入第三层干预。三级干预为个别化、高强度的干预,每天都要安排干预课程,并且更频繁地使用课程本位测量、运用单一被试法、绘制成绩变化图来评定干预效果。

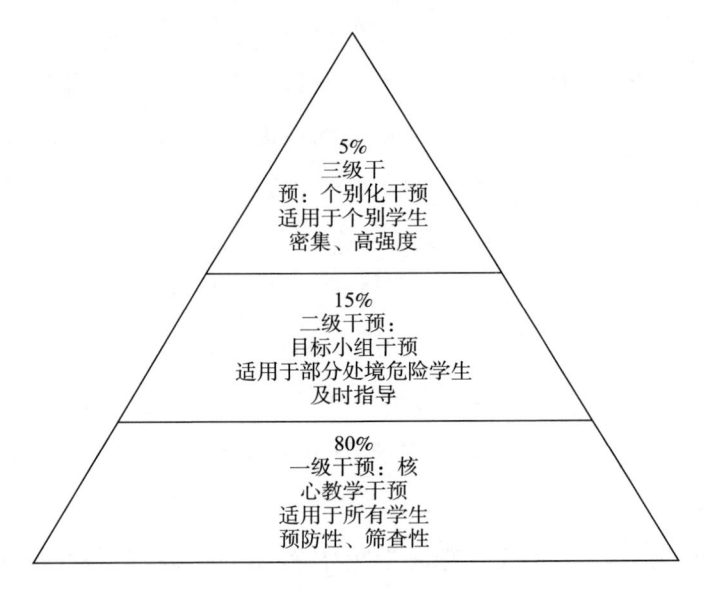

图 2-7 干预反应模式

如果说差异模型关注的是学生与同伴之间"静态"的差别,那么干预反应模型关注的就是学生接受干预前后的"动

---

① 杨希洁、韦小满:《为全体学生提供有效的教育服务——"干预反应"模式的发展及影响》,《中国特殊教育》2012 年第 6 期,第 3~10 页。

态"差别。① 干预反应模型的目的为解决学习障碍，与差异模型鉴别学习障碍的"等待失败"相比，将评估与干预相结合，层层递进，是真正的"追求成功"。

干预反应模型也存在一些问题："反应"到底是什么并没有统一的定义；相关研究集中在低年级的阅读障碍领域，缺乏对其他领域的实证研究；干预的实施没有统一的方案，如课程本位测量的频率、干预的强度等。因此结合多种鉴别模型的优点进行鉴别很有必要。

（三）数学障碍诊断成套测验

除使用上述三种模型进行诊断外，还有研究者开发了专门的学习障碍诊断测验，试图通过测验直接鉴别。与成绩临界点法不同，数学障碍诊断测验中的测验任务同时考查学生的数学能力和相关认知能力。将测验结果与常模或正常学生相比较，显著落后的学生则被确定为数学障碍儿童。如 Aster 等人的数字加工和计算能力测验（Neuropsychological Test Battery for Number Processing and Calculation），② 包含数点、倒着数数、听写数字、心算、朗读数字、确定数字在数字线上的位置、数字广度、口头数字比较、数量的感知估计、算术问题解决和书面数字比较，共 12 个子测验 103 个题目。③ 测验是根据 Dehaene 等人的数字认知模型④编制的，12 个子测验分别测量了数字认知能力的类比表征模块、听觉 – 母语编码模块、视觉 – 阿拉

---

① 刘宇洁、韦小满：《干预—反应（RtI）模型：美国教育政策理念架构的新趋势》，《比较教育研究》2012 年第 11 期，第 86~90 页。
② M. von Aster, "Developmental Cognitive Neuropsychology of Number Processing and Calculation: Varieties of Developmental Dyscalculia," *European Child & Adolescent Psychiatry*, 2000, 9 (S2): 41–57.
③ 张树东、董奇：《数字加工和计算能力测验的修订及信效度检验》，《中国特殊教育》2006 年第 5 期，第 62~66 页。
④ S. Dehaene, "Varieties of Numerical Abilities," *Cognition*, 1992, 44 (1): 1–42.

伯语编码模块。

除数字加工和计算能力测验之外,还有一些用于鉴别数学障碍的工具(见表2-3)。

表2-3 可用于鉴别数学障碍的工具

测验名称	首次发表时间	适用被试	测验内容
数学能力诊断测验(Key Math Diagnostic Arithmetic Test)	1971年	学前儿童至六年级	内容(数学、分数、几何与符号3个分测验)、运算(加、减、乘、除、心算、数学推理6个分测验)、应用(文字题、补充、货币、测量、时间5个分测验)三大板块
斯坦福成就测验(Stanford Achievement Test)数学测验	1923年	一至六年级	数学运算、图形、关系、代数、几何与测量、数据、统计、概率、在交流和陈述中切入问题、估计、数学关联、合理性及问题解决等
广义成就测验(Wide Range Achievement Test 4,WRAT 4)	1930年	学前儿童至老年	句子理解,单词阅读、拼写,数学计算
伍德库克-约翰逊心理教育测验(Woodcock-Johnson Psycho-Educational Battery)	1989年	2~80岁	包括认知能力测验、学业成就测验和口语测验。认知能力测验含10个标准测验和8个扩展测验;学业成就测验包括11个标准测验和9个扩展测验,测量口语表达、听力、书面表达、阅读、数学等内容;口语测验包含12个分测验
德国海德堡大学小学生数学基本能力测试	2000年	一至六年级	数学运算领域,包括加、减、乘、除、大小比较、填空6个分测验,评定数学概念、运算速度及计算准确性;逻辑思维与空间-视觉领域,包括续写数字、目测长度、方块计数、图形计数、数字连接5个分测验,评定数学逻辑思维、规律识别、空间立体思维、视觉跟踪能力。另外,还有一个数字抄写测验,施测时首先测试该测验,作为热身测验,不计入总成绩

续表

测验名称	首次发表时间	适用被试	测验内容
早期儿童数学能力测试（Test of Early Mathematics Ability, TEMA）	1983 年	3~6 岁	非正式数学能力部分，包括数数能力、数字比较、简单运算、数概念掌握 4 个分测验，正式数学能力部分，包括数字读写能力、掌握数字事实、运算技能、理解数学概念共 4 个分测验

数学能力诊断测验是由 Connolly 等人编制的，首次发表于 1971 年，有美国常模，可以从总体水平、分领域水平、分测验水平、项目水平四个层次水平上对被试进行评估，并且每个层次都根据常模配有侧面图，每个项目配有相关的行为目标清单供教学干预计划设计者参考。[①] 斯坦福成就测验自 1923 年发布，经多次修订，已成为包含阅读、数学、语言、科学等八个部分的标准化学绩测验，已在美国 20 多个州应用。其中的数学部分可以作为评价数学能力的工具。[②] 广义成就测验也是成套测验，其中的数学计算部分可以作为数学障碍的鉴别工具。测验建有常模，常模年龄为 5~94 岁。测验具有两个平行的副本，可以分别作为前测和后测，用于评估干预效果。[③]

伍德库克-约翰逊心理教育测验也称为伍德库克-约翰逊智力测验，最新版为第四版（简称 WJ-IV），根据 Cattell-Horn-Carroll 流体-晶体理论（简称 CHC 理论）编制。WJ-IV 包括认知能力测验（简称 WJ-IV COG）、成就测验（简称 WJ-IV ACH）和口语测验（简称 WJ-IV OL）。认知能力测验分为 10 个标准测验和 8 个扩展测

---

① A. J. Connolly, W. Nachtman, E. M. Pritchett, *Keymath：Diagnostic Arithmetic Test*, American Guidance Service, 1971.
② E. F. Gardner et al., *Stanford Achievement Test Series*, Psychological Corporation, Harcourt Brace Jovanovich, 1989.
③ G. S. Wilkinson, G. J. Robertson, *Wide Range Achievement Test (WRAT 4)*, Lutz, FL: Psychological Assessment Resources, 2006.

验，测验内容包括词语理解、空间关系、声音混合、概念形成等。根据 CHC 理论，完成这些测验的过程体现了被试的长时储存和提取、短时记忆、流体或晶体智力、视听觉加工、加工速度等相关能力因素及水平。成就测验包括 11 个标准测验和 9 个扩展测验，其中的计算（Calculation）和数学基础知识（Math Facts Fluency）分测验可以作为数学能力的测评工具。测验建有常模，且具有三个版本，A 版本用于学业成就评价，B 版本用于学业诊断，C 版本用于评估干预效果。成就测验的结果可以用来鉴别数学障碍学生，认知能力测验可以用来了解数学障碍学生的内部能力差异信息，为教学干预提供更详细的参考信息。早期儿童数学能力测试适用于 3～6 岁儿童，最新版为第二版，国内研究者将其汉化，并在上海的 5～6 岁儿童中进行了测试。[1] 德国海德堡大学小学生数学基本能力测试可以测量学生的数学运算和逻辑思维与空间-视觉能力。贵阳医学院黄列玉等人将其引入中国，[2] 并制定了贵州常模。[3]

伴随着计算机技术的发展，研究者们修订量表内容的同时也变革了施测的方式，斯坦福成就测验、伍德库克-约翰逊心理教育测验等都已经实现了计算机辅助测试，方便了大规模抽样和施测。伴随着教育测量学的发展，测验结果的报告也不再是仅报告原始分数，而是结合等值、项目反应理论等技术，给出详细的报告和干预建议。测量学技术的发展与应用使得数学测试的主要功能不再是单纯的排名、选拔，而是对测试信息的深度挖掘，为提高教学质量、促进学生发展提供支持。

---

[1] 康丹等：《〈早期儿童数学能力测试（中文版）〉对上海市 5～6 岁儿童的适用性研究》，《幼儿教育》2014 年第 18 期，第 39～45 页。
[2] 黄列玉、邓冰：《小学生数学基本能力测试量表在贵州省的应用分析》，《贵阳医学院学报》2006 年第 5 期，第 424～426 页。
[3] 黄列玉等：《小学生数学基本能力测试量表的贵州常模制订》，《中国学校卫生》2009 年第 7 期，第 586～587 页。

除了上述测验，国内也有研究者根据中国的课程标准编制鉴别量表。最早的研究可以追溯到 20 世纪 80 年代，由赵裕春领导的研究小组编制了一套针对低、中、高三个年级学段的小学生数学能力测验。[1] 刘经兰、戴海琦以数学课程标准为指导编制了小学四年级数学诊断性测验。[2] 国内也有使用现代测量技术编制的测验，如李峰等人基于规则空间模型编制的小学四、五年级数学诊断性测验。[3]

对国内外主要鉴别量表进行比较，可以发现如下问题。

（1）量表适用的被试以学龄前儿童和小学生为主，适用于中学、成年甚至老年被试的量表较少。数学障碍有可能发生在任何年龄段，因此，已有量表应尽可能开发适用于各年龄段的版本，以适应不同被试需求。

（2）量表发布的年代较早，国外的相关量表中，最新的《海德堡大学小学生数学基本能力测试》发表时间为 2002 年;[4] 国内相关量表中，最新的《小学四、五年级数学诊断性测验》发表时间为 2009 年。且上述工具均未进行过修订，在当今数学课程变化较大的背景下，这些工具在实际研究中的作用有待检验。

（3）国内外绝大多数量表均未建立常模，基于这些工具开展的研究缺乏对照工具。国外量表除 WJ-IV ACH 外，均未建立常模，且国外常模基于以英语为母语的被试编制，在国内应用的效果尚未经过论证。国内有研究者曾建立过德国海德堡大学小学生数学基本能力测试的区域常模，但适用范围仅在贵州省范围内，对相关研究

---

[1] 赵裕春：《小学生数学能力的测查与评价》，教育科学出版社，1987。
[2] 刘经兰、戴海琦：《小学四年级数学诊断性测验的编制与研究》，《心理学探新》2003 年第 3 期，第 57~59 页。
[3] 李峰、余娜、辛涛：《小学四、五年级数学诊断性测验的编制——基于规则空间模型的方法》，《心理发展与教育》2009 年第 3 期，第 113~118 页。
[4] 吴汉荣、李丽：《小学生数学能力测试量表的编制及信效度检验》，《中国公共卫生》2005 年第 4 期，第 473~475 页。

的价值较小。

（4）上述工具大多专注于数学障碍的鉴别，但忽略了鉴别后的干预环节。干预环节最重要的工作是对干预效果进行评估，若使用同一工具进行前测和后测，则会产生学习效应，对评估过程产生影响。WJ-IV ACH 的设计值得借鉴，该测验有三个平行版本，其中 B 版和 C 版分别用于诊断（前测）和评估（后测）。

（四）国内数学障碍鉴别方法综述

数学障碍研究多集中在基础教育阶段。国内的基础教育在班级组织、教学内容安排、师资状况等方面都具有比较鲜明的特点。受这些特点影响，国内数学障碍鉴别研究与国外也有一定差别。因此，有必要对国内数学障碍鉴别的相关研究做进一步整理、分析。

1. 文献来源

以"数学困难""数学障碍""数学学困生""发展性计算障碍""数学学习不良"等为关键词，在 CSSCI 数据库中检索，经筛选后共获得符合要求的文献 68 篇。这些文章主要发表在《中国特殊教育》（28 篇，占总数的 41.2%）和《心理科学》（15 篇，占总数的 22.1%）上（见表 2-4）。

表 2-4　国内数学障碍鉴别研究文献来源

单位：篇，%

期刊	文章数量	比例
《中国特殊教育》	28	41.2
《心理科学》	15	22.1
《心理科学进展》	5	7.4
《心理学报》	4	5.9
《心理发展与教育》	3	4.4
《中国心理卫生杂志》	2	2.9

续表

期刊	文章数量	比例
《北京师范大学学报》（社会科学版）	2	2.9
《应用心理学》	2	2.9
《心理学探新》	2	2.9
《中国临床心理学杂志》	1	1.5
《南京师大学报》（社会科学版）	1	1.5
《外国中小学教育》	1	1.5
《心理与行为研究》	1	1.5
《比较教育研究》	1	1.5
合计	68	100.0

注：文献检索日期是 2017 年 10 月 20 日。

2. 模型选择

除去理论及综述类文章，共有 35 篇涉及数学障碍鉴别的实证文章，使用的模型涵盖了成绩临界点法、差异模型法等。差异模型的发展先后经历了年级水平离差法、期望公式法、标准分数法、回归分析法等阶段。模型选择情况如表 2-5 所示。

表 2-5 差异模型选择情况

单位：篇，%

	成绩临界点法	期望公式法	标准分数法	回归分析法	未报告
数量	23	0	6	0	6
比例	65.7	0	17.1	0	17.1

受年级、教学进度、教学内容等因素的影响，数学考试成绩尤其是单次考试成绩很难代表被试的实际年级水平。因此，成绩临界点法作为最早的模型，在国外高水平研究中已经很少使用。但它是所有模型中计算过程最简单的一个，因此在国内相关研究中仍最为

流行。在筛选出的35例研究中，有23例使用了成绩临界点法，占总数的65.7%。

该模型的基本思路为：将成绩转化为百分位数，判定成绩排在最后一定比例的学生为数学障碍学生。这一比例往往是研究者根据研究目的、学生成绩分布状况等因素确定的，没有一个公认的标准。国内相关研究中使用到的比例包括5%、10%、20%、25%等，其中10%最常见。

另有6例研究使用了标准分数法，占总数的17.1%，但其中仅有2例研究使用的是修订后的模型。[1]

回归分析法经过了点估计和区间估计两个发展阶段。区间估计模型将智力测试与数学成绩之间的相关纳入模型中，是能力－差异模型的最佳计算方法。但因其算法比较复杂，对数据的要求更高，因此国内尚未出现使用这一模型的研究。

最后，国内研究中有6例没有报告选择了哪一种模型。

分析结果说明国内在数学障碍鉴别上与国际主流研究相比有一定差距。鉴别是后续研究或教育干预的基础，对学生的判定应尽可能准确。因此，国内相关研究者、教育者需要逐渐普及更先进的模型和程序。

3. 智商、成绩校标的选择

数学成绩的选择对鉴别结果影响很大，成绩越稳定，鉴别的准确性越高。对于未考虑测验信度的年级水平离差法、简单标准分数法而言，选择多次考试成绩取平均值代表性更高。本文筛选出的研究案例中，有10例使用单次考试成绩，占总数的30%；9例选择了两次及以上的数学考试成绩，占总数的27%。9例研究中，选择

---

[1] 陈英和等：《7—8岁数学学习困难与正常儿童加法策略比较研究》，《中国特殊教育》2004年第11期，第3~7页；俞国良、曾盼盼：《数学学习不良儿童视觉－空间表征与数学问题解决》，《心理学报》2003年第5期，第643~648页。

期中、期末等重大考试的研究有6例，两次考试时间跨度一般为3个月，试题质量较其他考试更高。有关考试次数及时间跨度尚未形成一个公认的标准，但成绩的稳定性是研究者必须考虑的。分析结果表明，国内研究对这一细节问题的关注较少。

智力量表的选择对鉴别结果同样有很大影响。数学障碍的鉴别一般以班级、年级、学校等为单位，需要进行大规模的团体测试。因此，选择的智力量表也以适合团体测试的量表为主。有26例使用了瑞文标准推理测试，占79%；有3例使用了金瑜团体儿童智力测验。瑞文测验的优点在于适用的年龄范围广，测验对象不受文化、种族和语言的限制，具有文化公平性，测验适合研究者大规模、团体施测。[①]

4. 排除学习动机、机会等相关因素

ICD-10和DSM-IV中已有明确要求，因学习动机、机会、视听残疾等因素引起的成绩落后应予以排除。与这些因素有关的数据一般通过问卷调查或主观评定的方式获得。因此，学习障碍的鉴别需要教师、家长和受过专门训练的医学、心理学、教育工作者及其他有资格进行评价的专家共同参与。本文筛选出的研究中有13例排除了相关因素，这些研究均采用教师主观评定法，占研究总数的37.1%。国外相关研究更倾向于使用规范的调查问卷、体检报告等。虽然国内外研究选择的排除因素一致性很高，但国外的研究方法更加科学，值得国内研究借鉴。

（五）数学障碍儿童的工作记忆特点及其分类

1. 数学障碍儿童工作记忆的特点

对数学障碍儿童进行鉴别与分类，最终的目的是了解他们的特

---

① 何壮、韦小满、李刚：《我国数学障碍研究的科学计量学分析》，《中国特殊教育》2015年第12期，第47~50页。

点，并有针对性地开展干预训练。数学学习的研究早已阐明了工作记忆在数学学习过程中的重要作用，工作记忆缺陷或发展滞后被公认为是数学障碍的重要原因。[1] 因此，数学学习过程的研究越来越多地与工作记忆联系在一起。Hitch 与 Baddeley 共同提出了工作记忆的三成分结构模型，他们也是较早研究工作记忆在数学学习过程中作用的心理学家。Hitch 首先研究了工作记忆与心算之间的关系。[2] 他研究了在控制了进位、呈现方式（听觉形式或视觉形式）、书写方式（从右往左即从低位往高位，从左往右即从高位往低位）等情况下，儿童被试与成年被试完成三位数加法问题时的表现。研究发现视觉呈现方式的作答情况优于听觉呈现方式，从低位往高位书写时的作答情况优于从高位往低位书写，需要进位的次数越多作答情况越差。Hitch 发现被试在运算中出现错误的主要原因是忘记了部分运算结果或忘记了最开始的信息，因此他认为工作记忆在心算过程中起了很大的作用。但是 Hitch 并没有明确影响心算成绩的是工作记忆整体还是某一成分。

在 Hitch 之后探讨数学障碍的认知机制已经成为数学障碍研究的重要主题，有关文献计量学研究表明，在国外重要心理学、教育学期刊上发表的数学障碍相关研究中，工作记忆及干预研究的数量位列第一。[3]

了解数学障碍儿童的工作记忆特点是制定干预方案的重要基础。如果能够将他们的认知特点同成绩优秀学生、中等学生相比

---

[1] 卜清：《对数学学习障碍儿童工作记忆的研究》，《湖南医科大学学报》（社会科学版）2009 年第 5 期，第 130~132 页；周世杰等：《数学障碍儿童的工作记忆研究》，《中国临床心理学杂志》2006 年第 4 期，第 352~354 页。

[2] G. J. Hitch, "The Role of Short-Term Working Memory in Mental Arithmetic," *Cognitive Psychology*, 1978, 10 (3): 302–323.

[3] J. K. Torgesen, C. Dice, "Characteristics of Research on Learning Disabilities," *Journal of Learning Disabilities*, 1980, 13 (10): 5–9.

较，还可以为制定干预反应模式不同干预等级的"标准"提供参考。

2. 数学障碍儿童的分类研究

一名学生被确定存在学习障碍后，需要针对其实际情况进行干预。在学校环境中，如果鉴别出的学生较多，先将学生按某种标准进行分类，再按类别进行干预是最可行的。尤其是在教育资源相对紧缺的中国，师生比远小于欧美教育发达国家，分类教学可以更有效地实现教育干预。

基于分类方法开展亚型研究在学习障碍研究领域非常流行，数学障碍的相关研究也不例外。亚型研究可以帮助研究者明确学习障碍学生的缺陷，制订干预方案。学习障碍研究领域常见的分类方式为数学障碍、阅读障碍、双重障碍等。国内以学习障碍亚型为基础开展的研究均为这种分类方式。如张修竹等人一系列的研究，对不同学习障碍类型学生的认知功能、[1] 认知行为特征、[2] 情绪理解特点、[3] 社会信息加工特点进行了研究。[4] 研究表明在上述心理特征上，学习障碍学生，尤其是阅读与数学双重障碍学生均显著低于正常学生。但部分研究发现，不同学习障碍学生之间心理特征的差异并不显著。出现上述现象的原因可能是分类过于简单。阅读障碍和数学障碍还可以细分为不同的亚型，不同亚型之间的心理特征区别较大，过于简单的分类有可能会导致统计检验无显著差异的结果。

数学障碍的分类有两种取向。一种是以是否伴有其他并发症，

---

[1] 周世杰等：《不同学习障碍亚型儿童的认知功能比较》，《中国临床心理学杂志》2007年第3期，第266~269页。
[2] 郑惠等：《不同亚型学习障碍儿童的认知行为特征》，《中国儿童保健杂志》2009年第6期，第664~666页。
[3] 佟月华：《不同亚型学习障碍儿童情绪理解特点研究》，《中国特殊教育》2009年第9期，第43~47页。
[4] 张修竹等：《不同亚型学习障碍儿童社会信息加工特点》，《中国学校卫生》2014年第4期，第540~543页。

如语言障碍、视觉障碍、听力障碍、特定脑区病变等为依据。这种分类方法简单易操作，但在学校开展的数学障碍研究中极少出现有上述并发症的学生。因此，第一种分类取向的可推广性很低，相关研究也很少。另一种是以数学障碍所表现出的认知缺陷模式为依据。认知缺陷又分为基于认知行为缺陷的和基于工作记忆的两种情况。

基于认知行为缺陷的分类方法主要从学生在数学相关任务上的表现出发，如 Hecaen 根据学生在不同计算任务上的表现，将数学障碍划分为空间障碍型、数字失读或失写型、失算型（计算无能）三种类型。[1] 空间障碍型主要表现为在列竖式时无法对齐数字，在处理含小数的数字时很难记住小数点的位置；数字失读或失写型主要表现为不能阅读或书写数字，却可以正常阅读或书写语言文字材料；失算型主要表现为不能进行数学运算。借助于 fMRI、ERP 等脑神经科学的研究方法，Hecaen 等人发现空间障碍可能是大脑右半球出现损伤导致的，数字失读或失写和失算可能都是大脑皮层后部右侧的损伤导致的。

Kosc 提出了发展性计算障碍的概念，在相关的亚型研究中将发展性计算障碍划分为六种类型。[2] Kosc 的分类方法受成人获得性计算障碍的启发。获得性计算障碍是指脑损伤引起的计算障碍，脑损伤的区域不同，其外在表现形式也不同。获得性计算障碍根据脑损伤病人在数学任务中的表现分类。认知模块化的观点认为数字加工过程是一个多成分、多阶段的认知加工过程。按照认知模块化的观

---

[1] H. Hecaen, R. Angelergues, S. Houillier, "The Clinical Varieties of Acalculias during Retrorolandic Lesions: Statistical Approach to the Problem," *Revue Neurologique*, 1961, 105 (105): 85.

[2] L. Kosc, "Developmental Dyscalculia," *Journal of Learning Disabilities*, 1974, 7 (3): 164–177.

点，在数字加工过程中，任何成分、阶段出现障碍都会表现出独特的症状，根据这些症状就可以划分不同的类型。虽然 Kosc 提出的类型比较多，但前四种与 Hecaen 提出的三种类型相似。除此之外，Kosc 提出了两种不同类型的数学障碍：实践型和观念型。实践型数学障碍在处理图形相关信息时出现困难，也无法处理四则运算、估计数量等，但对空间、颜色、文字等信息的处理正常。观念型数学障碍在理解数量概念时出现困难，如简单心算困难、颜色分辨困难。Kosc 的分类将发展性计算障碍与数学障碍区分开来。出现数学障碍的原因除了脑区病变外还有可能受基因遗传、生化系统、社会心理因素、物理环境等影响。但发展性计算障碍只与特定的脑区发展滞后或病变有关，并且这些脑区仅与数字加工能力相联系，其他认知加工过程不受影响。所以，Kosc 提出的六种发展性计算障碍类型均为数学障碍中的一种特殊类型。

Kosc 之后，对发展性计算障碍的分类以 McCloskey 和 Dehaene 两人提出的方法应用最为广泛。与学习障碍研究源于脑损伤病例相同，McCloskey 的分类也源于对脑损伤病人的研究。McCloskey 发现脑损伤病人对数的概念掌握与计算能力之间存在双分离的特点。[1]根据这一特点，他认为存在数字抽象表征和算数加工两个独立的系统。前者通过将数字符号转化后用于心理加工，数字的产生、读写等也通过这一系统；后者负责加工运算事实和计算程序。两个系统之间相互独立，一个模块的损伤不会对另一个模块产生影响。Temple 在 McCloskey 理论的基础上将发展性计算障碍划分为三种类型：数字加工障碍型、算术事实障碍型、计算程序障碍型。[2] 数字加工

---

[1] M. McCloskey, "Cognitive Mechanisms in Numerical Processing: Evidence from Acquired Dyscalculia," *Cognition*, 1992, 44 (1-2): 107-157.

[2] C. M. Temple, "Cognitive Neuropsychology and Its Application to Children," *Journal of Child Psychology & Psychiatry & Allied Disciplines*, 1997, 38 (1): 27-52.

障碍出现在数字理解与产生过程，算术事实障碍出现在算术事实的记忆与提取过程，计算程序障碍出现在计算策略与规则的运用上。

　　Dehaene 根据与计算相关的心理表征，提出了"三重编码模型"。[①] 三重编码模型认为数学认知能力由三个互相独立的功能模块组成，不同的数学任务由不同的功能模块完成。数量表征模块负责理解数字的意义，如比较数字大小、快速估计数量、估算等。言语表征模块又称为听觉-母语编码模块，负责加工以母语形式（包括口头语与书面语两种形式）呈现的数学任务，如听、写数字，算术，数数等相关知识的存储与提取。数字编码模块主要负责处理阿拉伯字母形式的信息，如奇偶判断、多位数运算等。模块之间互相独立、互不影响，不同的模块损伤不会影响其他模块，因此特定的模块损伤会出现特定的计算障碍。例如数量表征模块负责较为复杂的数学运算，该模块受损的被试无法正确比较数字的大小，但对乘法表等只需机械记忆的算术事实掌握良好。简单且只需凭借机械记忆的数学运算则由言语表征模块完成。该模块受损的被试在数学任务上的表现与数量表征受损被试相反，可以判断数字大小，但无法完成简单的算数。

　　很多研究结论符合"三重编码模型"假设。Aster 将数学障碍划分为数字型、言语型、弥散型。[②] 言语型数学障碍对应 Dehaene "三重编码模型"中的言语表征模块，表现为数数困难。数字型数学障碍对应视觉-数字表征模块，表现为数字读写困难。弥漫型数学障碍则在所有的数字加工和计算任务上均存在严重问题。Geary 将数学障碍划分为计算程序困难型、语义记忆困难型、视觉空间困

[①] S. Dehaene, "Varieties of Numerical Abilities," *Cognition*, 1992, 44 (1-2): 1-42.

[②] M. von Aster, "Developmental Cognitive Neuropsychology of Number Processing and Calculation: Varieties of Developmental Dyscalculia," *European Child & Adolescent Psychiatry*, 2000, 9 (2): S41-S57.

难型。计算程序困难型儿童会在运算规则的选择上出现错误，尤其是在步骤较多的复杂运算中，这类儿童无法正确选择各个步骤的顺序。这一类型对应"三重编码模型"中的数字编码模块。语义记忆困难型儿童主要表现为算术算法事实的提取错误。这一类型对应"三重编码模型"中的言语表征模块。视觉空间困难型儿童主要表现为数字之间关系（如大小比较）、空间表征等困难。这一类型对应"三重编码模型"中的数量表征模块。

国内唯一有关数学障碍分类的研究来自张树东和董奇，他们翻译了 Aster 的数字加工和计算能力测验。[①] 在中国小学 1~4 年级的 410 名学生中施测，将数学障碍学生分为四个亚型。视觉型障碍儿童在视觉阿拉伯数字编码有关功能上出现问题，听觉型障碍儿童在与听觉母语编码有关的功能上出现问题，类比型障碍儿童在量的类比编码相关功能上出现问题，听觉-类比型障碍儿童在与数字的听觉编码、与数字量的类比相关功能上出现问题。

除此之外，还有根据数学障碍程度的划分方法。有的研究者将发展性数学障碍划分为深度障碍和次级障碍。深度障碍出现在与数字自身加工与运算有直接关联的环节上。次级障碍则出现在工作记忆、语言、视空间信息加工等特定环节，且可能与其他认知障碍存在重叠。

对主要分类研究结论进行汇总（见表 2-6），可以发现如下特点。

①分类的理论基础从外在表现转向认知、运算等潜在能力，逐步在外部表现与认知能力、相关脑区之间建立了联系。

②类别数量在 3~6 类，其中分为 3 类的研究居多。这为后续研究提供了重要参考，数学障碍分类的目的是指导干预教学计划的

[①] 张树东、董奇：《一~四年级小学生发展性计算障碍的亚类型研究》，《心理发展与教育》2007 年第 2 期，第 76~81 页。

制订，分类数量过多过少都会对干预的执行产生影响。

③命名规则从以外在表现为准，转向以感知觉、认知能力缺陷为准。早期的命名关注读、写、算等外在行为，近期的命名则关注听觉、视觉等感觉通道和言语、类比等认知能力。

表 2-6　不同时期数学障碍分类研究结论汇总

单位：类

研究者	年份	理论基础	类别数	分类描述
Hecaen	1961	计算任务表现	3	空间障碍型、数字失读或失写型、失算型
Kosc	1974	认知模块化理论	6	前四种与 Hecaen 的分类相似，另外增加了实践型、观念型
Temple	1997	数与计算能力双分离理论	3	数字加工障碍型、算术事实障碍型、计算程序障碍型
Aster	2000	三重编码模型	3	数字型、言语型、弥散型
Geary	2004	三重编码模型	3	计算程序困难型、语义记忆困难型、视觉空间困难型
张树东、董奇	2007		4	视觉型障碍、听觉型障碍、类比型障碍、听觉-类比型障碍

分类研究表现出上述特点，最根本的原因是人们对数学障碍核心缺陷的认识越来越清晰。数字加工与运算是一个复杂的模块化过程，主流的分类方式特别强调个体在数字加工上所表现出来的不同缺陷。且所有的研究都表明，数学障碍群体是一个异质性很高的群体，具备分类的条件。所以，关注缺陷模式的分类研究为后续制定干预策略提供了明确的方向，应当在干预研究中推广、普及。

（六）领域一般性与领域特殊性

数学障碍儿童的工作记忆研究领域最大的争论是领域一般性和

领域特殊性问题。这一问题直接关系到干预计划的制订。

这一领域的研究者进行了大量的研究，得到的结论不尽相同。主要的观点有三种：领域一般性、领域特殊性、领域一般性和领域特殊性相融合。

领域一般性认为数学障碍是中央执行系统缺陷导致的。已有研究表明学习障碍儿童存在执行功能缺陷。学习障碍的程度与执行功能的受损程度相关。领域特殊性认为数学障碍儿童的执行功能与正常儿童没有差别，但是他们无法处理数字信息、视空信息和语言信息。也就是说，他们有数学障碍的主要原因是工作记忆子系统的缺陷。领域一般性和领域特殊性相结合的观点主张从工作记忆整体机制进行研究，认为数学能力受中央执行系统、视空间模板和语音回路的交互作用。一般来说，中央执行系统具有领域一般性的特点，即中央执行系统在任何数学任务中都发挥重要作用，各种数学能力缺陷背后都有中央执行系统的影响；视空间模板和语音回路具有领域特殊性，即在特定的数学任务中会对最终成绩产生影响，尤其是在与工作记忆容量有关的数学任务中二者的影响较大。[①] 但上述观点并未在所有研究中达成一致，领域一般性和领域特殊性的观点之争仍在继续。

（七）数学障碍的教学干预

胥兴春对数学障碍儿童的教育干预取向做了总结，认为存在认知、行为、同伴中介及信息技术辅助四种基本研究取向。[②]

认知取向以信息的认知加工为基础，主要目的是通过干预训练补救数学障碍学生的认知缺陷。认知取向认为，出现数学障碍的原

[①] 蔡丹：《初中生数学学习困难的认知加工特点》，博士学位论文，华东师范大学，2010。
[②] 胥兴春：《数学学习障碍干预研究的取向及发展走向》，《中国特殊教育》2005年第10期，第3~7页。

因是学生在执行与数学相关任务的过程中出现了认知障碍。因此，认知取向试图提高数学障碍儿童的某些认知能力，并产生迁移，最终提高其数学成绩。认知取向在数学障碍儿童的干预领域非常流行，持有这一观点的研究者认为对特定的认知缺陷进行有针对性的补救可以改善数学障碍学生的数学表现。认知取向的主要局限在于其干预需要较长的时间，很难大规模进行。

行为取向是为了解决认知取向耗时、不适用于大规模开展训练的特点而提出的。行为取向的干预针对特定的行为。数学学习障碍儿童在数学任务执行过程中会出现不合理的行为，如错误的选择数数策略。因此，行为取向在干预过程中为儿童提供示范、范例，培养学生正确应用方法的能力。从具体形象的示范开始，逐渐帮助儿童掌握范例中的程序、技巧，迅速提高学生的数学成绩。这一取向是四种取向中最简单、最容易出效果的。加上范例教学与传统的教学方式非常接近，所以在教师群体中很受欢迎。这种方式的局限性在于，学生习得的技巧、程序的迁移性不足。因此，有研究者认为这一取向难以从根本上解决数学障碍问题。

合作学习小组是近几年在学习研究领域逐步兴起的，同伴的辅导与习作对数学障碍的解决有帮助。因此，近年来出现了同伴中介的干预取向。将数学优秀、数学障碍、数学中等水平的儿童组成学习小组，让数学障碍儿童通过观摩、交流、协作等活动逐步解决数学学习问题。教师则从干预的直接参与者转变成小组学习的支持者，必要时对数学障碍儿童进行个别指导。研究发现，同伴不仅在数学学习上为数学障碍儿童提供帮助，还能在学习信心上给予支持。

信息技术的发展为数学障碍的干预提供了新的途径，于是出现了另一种新的取向——辅助教学取向。计算机辅助教学、学习行为数据的收集与分析等手段可以根据数学障碍儿童的特点提出有针对性的干预方案，可能取得不错的效果。

数学学习障碍形成的原因是复杂的，且不同类型的数学学习障碍之间异质性很强。在教育实践中，数学障碍还往往伴有其他行为、心理、社会文化、家庭经济条件、学习机会等问题。因此，绝大多数研究都是采取多种方法取向相结合的方式。已有研究表明单独型干预模式对数学障碍儿童的能力提升效果十分有限，但"有针对性的学科教学"和"认知训练"相结合的综合干预模式或混合模式效果较好。

（八）教育神经科学对数学障碍干预研究的影响

教育神经科学是将脑科学、认知科学与教育学整合起来的一门新兴学科，[①] 关注认知、学习、情绪等高级认知活动，遵循发现问题、提出假设、验证假设、形成科学的知识体系的严格程序。对于存在学习障碍的儿童，教师和研究者都希望通过干预训练的途径，帮助其走出困境。数学障碍与工作记忆缺陷有关，所以在数学障碍儿童的教育干预中必然包含工作记忆能力的训练内容。通过干预任务提升工作记忆能力的前提是——人脑是可以被塑造的，即脑的可塑性。所谓可塑性是指人脑可以被环境或经验所修饰，具有在外界环境和经验的作用下不断塑造其结构和功能的能力。[②] 进一步的研究表明，脑的可塑性是贯穿终生的。

教育神经科学在脑、心智与行为之间架设了"桥梁"，为教育科学研究提供了新的路径。有趣的是，学习障碍的研究就是从对脑损伤病人的研究开始的。脑科学、认知科学的研究为学习障碍的研究提供了丰富的结论和全新的研究思路。以数学障碍为例，研究者

[①] 周加仙：《教育神经科学：创建心智、脑与教育的联结》，《华东师范大学学报》（教育科学版）2013年第2期，第42~48页。

[②] 杨雄里：《脑科学和素质教育刍议》，《教育理论与实践》2002年第2期，第1~10页。

普遍认为数学障碍的原因是大脑的结构功能失调，特别是顶叶和额叶区域功能失调很有可能是造成数学障碍的主要原因。[1]

这些结论也进一步影响了学习障碍的教育干预。目前的教育干预策略都直接指向提升学业成绩。国内外的干预研究可以分为三个层面：神经机能层面、心理—教育层面、个性—社会性层面。[2] 神经机能层面的教育干预措施重点在提高或充分发挥脑神经机能上，个性—社会性的教育干预措施重点在个体特征、神经机能层面社会环境等因素上。

国外相关干预研究中更加关注神经机能层面，该层面也被认为是最直接有效的一个层面。

国内对学习障碍的干预研究主要集中在心理—教育层面，干预的重点是通过改进教师的教学方法，使学生在学习兴趣、认知能力、思维能力方面有所改善，从而提高学生的学业成绩。国内研究常见的教育对策主要集中在教师和家长方面，对数学学习障碍形成的最主要原因——脑结构功能失调却极少关注。提出的教育对策主要集中在学校方面，改变教学方法成为最主要的对策之一。这就使得教育干预忽视了最关键的认知因素。这样的研究对数学学习障碍的原因探讨存在边缘化的特点，只是阐明了障碍形成的可能的外部原因，并没有说明障碍的核心缺陷。

教育神经科学的发展与普及为数学障碍的干预提供了全新的路径，将传统的以改善考试成绩为导向的干预转变为以弥补核心缺陷为导向的干预。弥补核心缺陷不仅可以解决学生的数学障碍，还有可能同时解决阅读障碍等以工作记忆为核心缺陷的学习障碍，促进

---

[1] 赵晖、路浩、张树东：《发展性计算障碍的最新研究进展》，《心理发展与教育》2013年第4期，第441~448页。
[2] 谢立培、张树东：《国内数学学习障碍研究进展》，《现代特殊教育》2015年第8期，第30~34页。

教学改进和学生个人的全面发展。

(九) 导致数学障碍的其他因素研究

在教育神经科学形成之前，研究者对数学障碍的认识存在争议，研究的主题更接近于数学困难。苏联教育学家苏霍姆林斯基认为学习困难的成因多在于教育，而非学生自己。教育不当是导致学生学习动力缺失的主要原因。他认为外部因素如学校、教学、家庭等非智力因素，对学生的心理过程起着启动、导向、维持与强化作用。[1] 因此研究者还从学校、家庭和心理等角度讨论了出现障碍的原因。

在学校教育中，教师的教学方式、行为与观念被认为是学习障碍的首要影响因素。教师能否给予学习障碍学生足够的关爱和帮助对学生的学业表现有很大的影响。教师的精力有限，因此班级规模也成为相关的影响因素，班级规模越小，教师对每名学生的关注越多。此外，同伴关系也是班级内的主要影响因素，同伴互助、同伴支持可能是影响学习障碍学生成绩的重要因素。[2]

家庭环境中影响数学障碍的主要因素包括父母教养方式、家庭社会经济地位、子女关系等。父母的教养方式体现在父母的教育观念、对子女的期望上。父母的教养方式直接影响子女的学习理念、学习动机。教育方式能否最大限度地激发子女的学习动机，对学生成绩有一定的影响。学习障碍学生可能存在学习动机问题。还有研究者比较关心受教育机会对学习障碍的影响，学生平时能够接触的阅读材料、阅读时间和阅读量与阅读障碍有一定的关系，同样学生接触正规数学教育的情况对数学障碍有一定的影响。受教育机会往

---

[1] 〔苏〕苏霍姆林斯基：《给教师的建议》，杜殿坤编译，教育科学出版社，1984。
[2] 江娥：《数学学习困难学生合作学习的研究——ATI 模型》，硕士学位论文，华东师范大学，2006。

往与家庭社会经济地位有直接联系。

个人心理因素中与数学障碍有关系的主要包括元认知水平、自信水平、情绪、学习方式等。国内对元认知与数学障碍的研究较多，研究表明元认知在数学焦虑与数学考试成绩之间起中介作用。[①] 数学障碍儿童在应用题解决过程中缺乏监控过程和检查结果的元认知技能，执行的有效性差。[②]

随着工作记忆与数学障碍关系研究的逐渐深入，研究者对其他因素的研究热度不断降低。发展到今天，对上述因素的研究虽仍在继续，但未出现特别集中的因素或领域。工作记忆与数学障碍的关系及其干预已经成为这一领域的绝对主流。

（十）国内研究的科学计量学分析

为进一步厘清国内相关研究的主要特点，笔者采用科学计量学的方法对国内高水平研究进行了分析。科学计量学是用定量统计方法发现科学知识增长规律的一门学科。引文分析法是科学计量学中的重要研究方法。近年来，将引文分析算法同可视化技术相结合绘制的知识图谱悄然兴起，成为一种有效的知识管理工具。狭义的知识图谱分析是指运用科学计量学方法，通过文献知识单元分析来可视化科学知识的结构、关系与演化过程。在我国，使用科学知识图谱方法开展的研究呈逐年增长的趋势，知识图谱分析法在教育学和心理学领域逐渐流行。

本书的相关数据来源为 CSSCI 期刊。CSSCI 是国内公认水平最高的科技文献检索系统，被广泛应用于高校机构与基地评估、成果评奖、项目立项、名优期刊评估、人才培养等方面。

[①] 周双珠、韩瑽瑢、陈英和：《数学焦虑影响数学学业成就的作用机制——数学元认知的中介作用》，《数学教育学报》2014 年第 5 期，第 14~18 页。

[②] 郝嘉佳、齐琳、陈英和：《小学六年级数学困难儿童的元认知特点及其在应用题解决中的表现》，《中国特殊教育》2011 年第 2 期，第 52~57 页。

常用的知识图谱绘制工具有 SPSS、Ucinet、Pajek、Bibexcel、Citespace 等。其中，Citespace 是最流行的软件之一，基于 Java 平台开发，允许用户通过设定不同的参数，绘制包括共被引文献、共被引期刊、作者合作、聚类等知识图谱。本书所使用的 Citespace 为 3.9 版。

1. 发文作者与机构分析

科研合作是科研产出的重要途径，有利于科研资源的优化配置。绘制科研合作知识图谱可以了解该领域的核心作者团体、核心科研机构。图 2-8 是数学学习困难研究领域的作者合著知识图谱，考虑到图像的简洁性，图中仅列出发文在 2 篇以上的作者。图中以颜色代表发表时间，颜色越接近黑色发文时间越近，越接近白色发文时间越早。节点之间的连线代表作者的合著关系。作者名称的大小代表发文的数量。

从图中可以发现，该领域主要有五个团队。

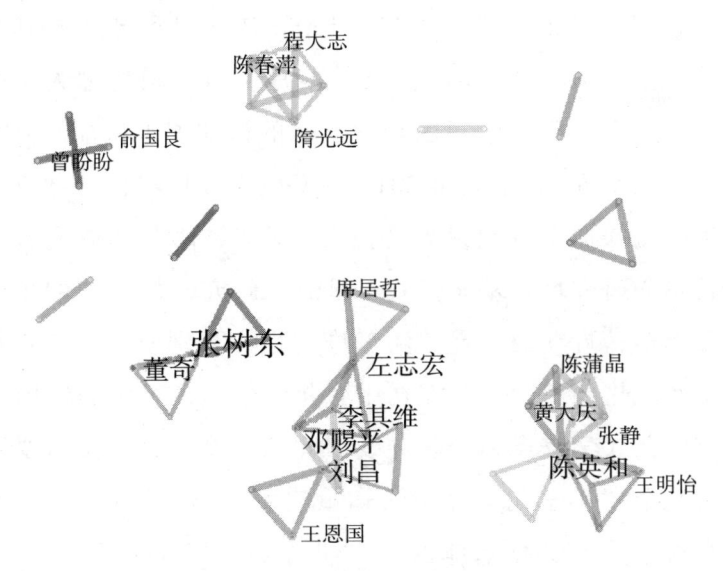

图 2-8　作者合著知识图谱

北京师范大学董奇、张树东团队发表了 9 篇文章。董奇担任了国家攀登计划专项项目"儿童脑高级功能开发与素质教育的若干重要问题研究"的首席科学家，还负责教育部科学技术重点项目"儿童数学障碍及其认知、脑机制研究"和科技部国际合作重点项目"数学认知发展与脑机制研究"。该团队发表的9篇文章多数由这些项目支持。董奇、张树东团队主要关注发展性计算障碍，尤其是发展性计算障碍与工作记忆关系的研究。这9篇文章中有6篇为文献综述，另外3篇为基于数字加工和计算能力测验的一系列实证研究。首先修订了国外的《儿童数字加工和计算能力成套神经心理测验》；之后利用该测验对310名一年级至四年级小学生进行了测验，将学生分为听觉型、视觉型、类比型和听觉－类比型共四个亚类；最后在分类的基础上研究了不同亚类与工作记忆三个子系统之间的关系。

华东师范大学李其维团队发表了9篇文章，支持这些研究的项目有：李其维主持的国家自然科学基金资助项目"认知发展性障碍的领域特殊性及其脑基础：基于PASS理论的研究"，邓赐平主持的上海市教育科学重点研究项目"PASS认知过程评估及其在小学生学习困难鉴定和干预中的应用"，蔡丹主持的教育部人文社会科学研究青年基金项目"学习困难中学生的认知加工特征及其与学业智力关系模型研究"，上海市2011年度晨光计划项目"数学学习困难中学生的认知加工机制发展特点"。李其维团队的研究包括两个主题。较早的研究均为基于PASS理论的研究，从认知的角度研究数学学习困难；近期的研究关注工作记忆，分别研究了工作记忆的广度、工作记忆的不同成分在初中各年级学习内容中的作用等。

北京师范大学陈英和团队共发表8篇文章，这些文章受到国家自然科学基金"小学儿童算术认知策略发展与促进研究"、教育部人文社会科学重点研究基地课题"儿童认知策略的发展与促进研究"、教育部"十五"人文社会科学研究项目"小学儿童认知策略发展的影响因素及促进研究"、北京市"十五"教育科学规划课题"儿童认知策略发展的心理机制"的支持。陈英和团队的研究集中在数困生的工作记忆与算术认知上。4篇综述性文章分别介绍了工作记忆的容量与算数认知的关系、工作记忆三成分与儿童算数认知的关系以及数困儿童的解题策略。该团队的实证研究对象均为小学生。使用实验法对比了数困生与正常学生的加法使用策略、数量估计能力，使用问卷法研究了小学六年级学生元认知的四个成分与应用题问题解决的关系。值得一提的是，国内有关工作记忆的研究多以工作记忆三成分模型为基础，陈英和团队将Oberauer提出的同中心模型引入数学学习困难领域，为国内工作记忆与数学学习困难的研究者提供了新的思路。

南京师范大学刘昌团队共发表文章5篇。刘昌是国家自然科学基金"认知发展过程中工作记忆的作用及脑事件相关电位研究"的主持人。这些文章多数受到这项基金的资助。刘昌团队的研究关注工作记忆，3篇综述性文章介绍了工作记忆与学习困难的研究进展和学习困难的ERP研究。与其他研究者相比，刘昌团队更关注优秀学生与学习困难学生之间的差异。他们用实验法研究了数优生与数困生在工作记忆三个成分上的差异，以及工作记忆和加工速度对数学学习困难的影响。并且他们在实验研究中引入了重复测量方差分析、协方差分析、效应量等统计技术，将工作记忆与加工速度对数学学习困难的影响分离。与其他研究仅使用t检验、F检验相比，统计技术和实验设计上更精密。

浙江师范大学隋光远团队共发表文章4篇，其中一篇综述性文章受到浙江省教育厅"小学儿童几何图形识别中认知策略发展的眼动研究"项目资助。隋光远团队研究的主要特点是使用ERP和眼动技术。他们用眼动法研究了数困生在数字比较中的心理效应，如数字距离效应、大小效应、意义一致性效应、大小一致性效应、符号效应、SNARC效应。两篇基于ERP技术开展的实验研究都发现了N270效应。N270是ERP中反映大脑对信息冲突进行加工的指标，他们的研究以该成分为标志，比较数困生与正常学生在波幅及潜伏期上的差异，以判断数困生在特定认知能力上是否存在缺陷。

本次研究所涉及的文献中有 40 篇受到基金、项目的资助，占全部文献的 65%。基金项目的等级从国家级到校级。这些基金、项目中最多的是国家自然科学基金，共有 24 篇文章受到国家自然科学基金支持，占总数的 39%。表 2-7 为部分可查基金项目的基本信息，按照国家自然科学基金的三级分类标准，这些基金都集中在"一级：神经科学、认知科学与心理学""二级：心理学"中，备注中为第三级类别。8 项自然科学基金中有 6 项属于教育心理学类，另外 2 项为发展心理学和认知心理学。这些基金、项目中，部分项目直接关注数学学习困难，部分项目关注更广泛的学习困难，还有部分项目关注儿童认知发展及其大脑神经机制。

表 2-7 相关基金、项目信息

负责人	学校	项目类型	项目名称	备注
董奇	北京师范大学	国家攀登计划专项项目	儿童脑高级功能开发与素质教育的若干重要问题研究	—
		教育部科学技术重点项目	儿童数学障碍及其认知、脑机制研究	—
		科技部国际合作重点项目	数学认知发展与脑机制研究	—
李其维	华东师范大学	国家自然科学基金	认知发展性障碍的领域特殊性及其脑基础：基于 PASS 理论的研究	教育心理学
邓赐平	华东师范大学	上海市教育科学重点研究项目	PASS 认知过程评估及其在小学生学习困难鉴定和干预中的应用	—
蔡丹	华东师范大学	教育部人文社会科学研究青年基金项目	学习困难中学生的认知加工特征及其与学业智力关系模型研究	—
		上海市 2011 年度晨光计划项目	数学学习困难中学生的认知加工机制发展特点	—

续表

负责人	学校	项目类型	项目名称	备注
陈英和	北京师范大学	国家自然科学基金	小学儿童算术认知策略发展与促进研究	教育心理学
		教育部人文社会科学重点研究基地课题	儿童认知策略的发展与促进研究	—
		教育部"十五"人文社会科学研究项目	小学儿童认知策略发展的影响因素及促进研究	—
		北京市"十五"教育科学规划课题	儿童认知策略发展的心理机制	—
刘昌	南京师范大学	国家自然科学基金	认知发展过程中工作记忆的作用及脑事件相关电位研究	教育心理学
隋光远	浙江师范大学	浙江省教育厅	小学儿童几何图形识别中认知策略发展的眼动研究	—
俞国良	北京师范大学	国家自然科学基金	学习不良儿童信息加工特点和影响因素研究	教育心理学
	中国人民大学	国家自然科学基金	学习不良儿童心理行为问题及其矫正	教育心理学
张丽锦	宁夏大学	国家自然科学基金	基于干预反应范式的儿童数感行为及认知神经机制研究	发展心理学
		国家自然科学基金	弱势儿童认知能力发展的动态测验与干预	教育心理学
潘运	贵州师范大学	国家自然科学基金	视觉选择性注意对数字加工影响的认知神经机制及发展特点研究	认知心理学

2. 共被引文章及期刊分析

由于此次分析涉及的文章数量相对较少，所以共被引文章的引用频数相比其他研究较低。高被引文章一般被认为是具有奠基作用的重要论文。共引次数最多的是 Kosc 和俞国良、曾盼盼的文章，被引次数为 7 次。Kosc 提出了发展性计算障碍（Developmental Dyscalculia）的概念，这是我国研究者在数学学习障碍领域最关注的主题之一。Kosc 的定义明确了发展性计算障碍是排除智力和教育差异、认知功能等因素后，数字加工及计算能力仍落后于同龄人水平。这一定义为发展性计算障碍的鉴定提供了理论根据。[1] 俞国良、曾盼盼是国内较早关注数学学习困难的学者，《数学学习不良儿童视觉－空间表征与数学问题解决》这篇文章最早从工作记忆的角度研究数学学习困难。[2] 在此之后，数学学习困难与工作记忆的关系成为国内学习困难研究领域的重要主题，该文也多次出现在相关研究的综述中。被引频次为 6 次的文章有 6 篇，除张树东、徐速的文章为研究综述外，[3] 其他文章的主要内容为：Geary 讨论了数学困难与阅读困难的流行率，认为二者的共生率在 50% 左右；[4] Passolunghi 研究了抑制过程中的侵入性错误，指出数学困难与无关信息的抑制功能缺陷有关；[5] Bull 的研究认为数学学习困难源于加工速度缺陷，而非短时记忆，这一结论被该领域的研究者所接受，他们开始关注工作记忆对数学困难的影响；[6] 程灶火、龚耀先针对学习障碍儿童的记忆开展了一系列的研究，发现相比语文成绩，工作记忆与数学成绩的相关更高。[7]

---

[1] L. Kosc, "Developmental Dyscalculia," *Journal of Learning Disabilities*, 1974, 7 (3): 164–177.

[2] 俞国良、曾盼盼：《数学学习不良儿童视觉－空间表征与数学问题解决》，《心理学报》2003 年第 5 期，第 643~648 页。

[3] 张树东、董奇：《发展性计算障碍的诊断与矫治》，《中国特殊教育》2004 年第 2 期，第 21~25 页；徐速：《西方数学学习困难研究的综述》，《心理科学》2005 年第 1 期，第 143~145 页。

[4] D. C. Geary, C. O. Hamson, M. K. Hoard, "Numerical and Arithmetical Cognition: A Longitudinal Study of Process and Concept Deficits in Children with Learning Disability," *Journal of Experimental Child Psychology*, 2000, 77 (3): 236–263.

[5] M. Chiara Passolunghi, Linda S. Siegel, "Short-Term Memory, Working Memory, and Inhibitory Control in Children with Difficulties in Arithmetic Problem Solving," *Journal of Experimental Child Psychology*, 2011, 80 (1): 44–57.

[6] R. Bull, Rhona S. Johnston, "Children's Arithmetical Difficulties: Contributions from Processing Speed, Item Identification, and Short-Term Memory," *Journal of Experimental Child Psychology*, 1997, 65: 1–24.

[7] 程灶火、龚耀先：《学习障碍儿童记忆的比较研究 Ⅰ. 学习障碍儿童的短时记忆和工作记忆》，《中国临床心理学杂志》1998 年第 3 期，第 4~10 页。

通过绘制高共被引期刊的知识图谱可以了解该领域内比较有影响力的核心期刊。数据显示，此次研究所涉及的共被引期刊共有288种，其中中文期刊48种。表2-8为共被引频次前十位的期刊。可以发现，我国关注数学学习困难的学科领域涵盖了教育学、心理学、康复学等。尤其是心理学研究领域，研究者从实验心理学、教育心理学、发展心理学等多个角度开展了研究。

表2-8 共被引前十位期刊信息

共被引频次	期刊名称	首次被引年份	期刊等级	影响因子	期刊类别及排名
37	Journal of Learning Disabilities	1997	SSCI	2.025	Education, Special (4/39); Rehabilitation (9/70)
21	Journal of Experimental Child Psychology	1990	SSCI	2.549	Psychology, Developmental (20/68); Psychology, Experimental (25/85)
19	《心理科学》	2000	CSSCI		心理学
18	Child Development	2000	SSCI	4.061	Psychology, Educational (1/55); Psychology, Developmental (5/68)
18	《中国特殊教育》	1999	CSSCI		教育学
17	《心理发展与教育》	1997	CSSCI		心理学
16	Journal of Educational Psychology	1987	SSCI	3.518	Psychology, Educational (4/55)
15	Science	1997	SCI	33.611	Multidisciplinary Sciences (2/56)
13	《心理学报》	1992	CSSCI		心理学
12	Psychological Bulletin	1993	SCI	14.756	Psychology (2/76); Psychology, Multidisciplinary (3/129)

图 2-9 为国内数学学习困难研究领域的期刊共被引知识图谱。从图谱中可以看出被引期刊只形成了一个明显的聚类。代表期刊的引文历史年轮越厚表明引用次数越多，年轮外的颜色接近黑色说明近年来期刊仍被引用。从图形中可以发现上述分析中所列的期刊被引仍很活跃，说明这些期刊一直受到国内数学学习困难领域研究者的关注。

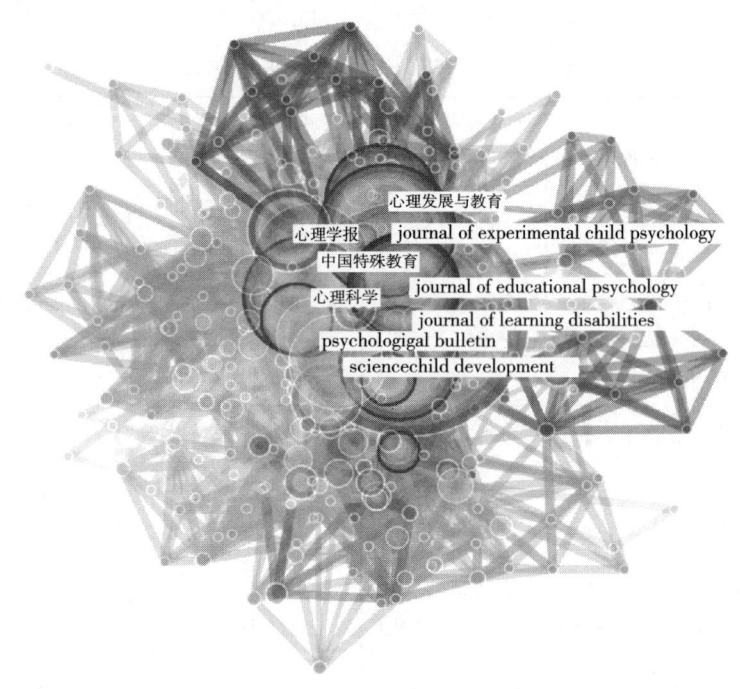

图 2-9　被引期刊知识图谱

3. 主要研究领域的聚类分析

科学计量学可以通过对文章的共引文献、主题、摘要、关键词等分析，将具有高度相似性的文章聚集在一起形成聚类。每个聚类可以看作该研究领域下的一个主题。表 2-9 为聚类分析结果。我国数学学习困难研究的热点主题主要有工作记忆、数学问题解决、大脑神经机制、PASS 理论、学习困难的鉴别与分类。除此之外，还有 5 篇研究综述对整个研究领域进行了总结。

表 2-9　聚类分析主要结果

单位：篇

聚类名称	包含文章数量	研究方法		
		文献综述	实验法	问卷调查法
工作记忆	26	10	16	—
数学问题解决	18	5	8	5
大脑神经机制	8	6	2	—
PASS 理论	7	1	5	1
研究综述	5	5	—	—
鉴别与分类	4	2	—	2
合计	68	29	30	9

注："研究综述"是指以"数学学习困难"整个领域为研究的文章。

对国内研究的科学计量学分析可以发现，国内研究具有以下几个特点。

①研究团队间普遍具有师承关系，从科研延续性的角度，这类科研团队具备更大的优势。

②研究领域间的差异性较大，采取的研究方法、研究被试和研究方向都有较大的区别。其好处是研究领域更加多元，坏处是不利于研究向更深层次发展，研究交流也可能因此受影响。

③综述研究偏多，实证研究较少。说明该领域研究仍有较大完善空间，仅对国内外研究做介绍、引入相关理论对数学障碍问题的解决显然是不足的。

三　数学障碍的主要研究方法

（一）实验法

实验法是这一领域最常见的研究方法，尤其是在心理学研究中这一方法更加流行。以国内研究为例，CSSCI 上的数学障碍实证研究共 39 例，其中 30 例有实验，占实证研究的 77%。

为全面了解数学障碍学生的认知特点，这些研究一般设计多个实验任务对工作记忆或其他变量进行测量。实验研究的主要特点是聚焦在某一变量上，充分讨论某一变量的不同水平，对其他变量采取恒定法进行控制。如研究工作记忆刷新功能时，研究者可能使用 N-back 任务，通过调整任务难度，观察学生在不同难度水平上的表现。这样的研究对单一变量的讨论非常详细，但距离应用到实际的学习情境中解决教育问题还远远不够，往往是多个研究组合在一起才能完成对工作记忆的一个成分的讨论。

实验任务需要根据被试的实际表现来评价其背后的认知能力，常用的能力效标为反应时和正确率。除此之外，在策略研究中常根据被试的口语报告进行编码。认知神经科学取向的研究还会将 ERP、EEG、fMRI 等脑电指标作为指标。

实验中仅设置学习障碍儿童一个实验组往往不足以全面了解他们的特点，一般还要设置对照组。对照组的选择应当从研究的目的出发，如：评价干预效果的研究，应当与学习成绩一般的正常学生组进行比较；了解数学成绩优异学生与数学成绩差的学生之间差异的研究，应当选择数学成绩优秀的数优组。一项研究如果能报告被试及对照组的选择标准及原因，将会对读者及后续的研究者有很大帮助。对照组的设计需要遵循一定的匹配原则，常见的匹配策略为根据性别、年龄、智商等。除将学习成绩正常的被试作为对照组以外，常见的对照组还有学习成就优秀的学优生对照组、阅读障碍对照组、阅读数学双重障碍对照组等。

与其他研究相比，实验研究对被试数量的要求较小，以国内 CSSCI 上的研究为例，被试数量最少的 16 人，数量最多的 168 人，平均 66 人。需要说明的是，这一人数是包含对照组在内的。也就是说，如果以一个对照组推算，国内研究中平均每例研究中抽样的数学障碍学生约为 33 人。

（二）测验法

采用测验方式开展研究的做法在数学障碍研究领域也很常见，差异模型就是一种基于大规模测验的数学障碍鉴别方法。

测验需要的被试数量较大，国内研究中抽样人数最少为 40 人，数量最多为 391 人，平均 151 人。测验法对抽样的要求较高，被试的代表性往往决定了研究结论的外部效度。抽样时，从多个年级抽样，可以从发展的角度了解不同年级学生的学习困难状况及其影响因素。因此，按年级分层抽样也成了研究设计时的重要内容。

国内有 5 例研究采用了测验法，按年级分层抽样。从年龄上看，被试年龄跨度为 6~14 岁。小学阶段与初中阶段的比为 4∶1。小学阶段研究最集中的年级为四年级。根据我国的课程标准，小学四年级是义务教育第二学段（四年级至六年级）的开始。在这一学段，学生接触到比上一学段更抽象的知识技能，是形成数感和空间概念等的重要阶段，同时，也开始接触更复杂的问题解决过程。这些知识和技能是下一学段数学学习的重要基础。学生之间数学成绩的差异开始增大，因此教育工作者对第二学段的数学学习非常重视，相关研究也就更多。

对抽样地区进行分析，主要抽样地区在东部地区（包括北京、上海、南京等），约占全部研究的 1/2；其次集中在中部地区（主要为河南省）；仅有 1 例研究在西部（重庆）进行抽样。我国东西部教育水平差异较大，研究的结论在不同地区之间的可推广性有待检验。此外，东西部地区、城乡之间的比较研究也很有实际意义，目前国内还没有类似的比较研究。

(三) 个案研究法

很多学习障碍研究都是从特殊被试（如脑颅外伤、脑病变）的个案研究开始的。从个案研究中得到的结论虽然不一定具备较高的外部效度，却有可能会为进一步研究提供重要线索。国内仅有几例研究中使用了这一方法。例如四年级数学障碍儿童的元认知训练个案研究表明，元认知训练对数学应用题解题能力有显著作用，并且元认知训练结束后一段时间训练效果仍然存在。[①]

四 数学能力与工作记忆的关系研究

(一) 数学能力的评价

相关研究最容易忽视的是对数学能力的评价。已有研究对数学能力的评价存在两个问题。

一是以原始分数代表数学能力。在数学障碍鉴别或数学能力与工作记忆关系研究过程中，研究者均以数学测验原始总分为指标。这些原始分数的计算基于经典测量理论。经典测量理论具有理论易懂、指标易理解、算法易操作的特点，因此在国内应用广泛。但经典测量理论也存在诸多局限。

（1）统计指标与实际意义相悖。以难度为例，经典测量理论以正确率代表难度，难度值越大反而代表题目越简单。

（2）题目属性分析依赖于被试能力分布。以难度为例，同一个题目在不同的群体中施测，得到的难度系数不同。

（3）以加权累积方式合成分数。如果权重设定不合理，则通过加权累积获得的原始分数很难代表学生的数学能力，甚至会造成不公平。

（4）分数不等距。即低分段的1分与高分段的1分所体现的能

[①] 付佳：《元认知训练对小学数学学习困难学生解题干预的个案研究》，硕士学位论文，东北师范大学，2012。

力有差异。因此，在不同分数段之间进行均值比较、相关、回归等统计分析时应特别谨慎。

（5）学生能力与题目难度两个指标含义不统一。学生能力以试卷上的所有题目为量尺，题目难度则以所有作答学生在这一题目上的实际表现为量尺，二者不能直接比较。

二是数学能力的概念过于笼统，忽略了次级能力。

从课程标准到相关研究都公认数学能力包括多种二级能力。以国内最早系统研究数学能力的赵裕春等人的观点为例，数学能力的本质是对数学信息进行编码、加工、重组、转换、再存储等。[①] 林崇德则认为数学能力是以数学概况为基础的开放性动态系统，是三种基本数学能力与五种思维品质互相交叉构成的统一体。[②] 张春莉在总结了国内外著名学者及 TIMSS、PISA 著名评价项目的评价框架后，提出了三大思维水平、四大内容领域、两大核心能力的三维能力架构。[③] 所有这些研究均表明，数学能力是多维、多水平的，以单一的指标代表数学能力是不合理的。

解决这两大问题，应当从测量理论入手，将以 Rasch 模型为代表的现代测量理论应用到数学能力的评价上。

项目反应理论是由 Lord 在 1952 年针对经典测量理论的局限性提出的。[④] 项目反应理论又称潜在特质理论（Latent Trait Theory），是 Rasch 模型、逻辑斯蒂模型等一系列心理统计模型的总称。

项目反应理论模型通过复杂的迭代方法，将题目难度、学生能力统一在同一量尺上，量尺单位为 Logit。通过将绝然模型升级为概

[①] 赵裕春：《小学生数学能力的测查与评价》，教育科学出版社，1987。
[②] 林崇德：《学习与发展——中小学生心理能力发展与培养》，北京师范大学出版社，2003。
[③] 张春莉：《小学生数学能力评价框架的建构》，《教育学报》2011 年第 5 期，第 69~75 页。
[④] 〔美〕M. 罗德、〔美〕R. 诺维克：《心理测验分数的统计理论》，叶佩华译，福建教育出版社，1992。

然模型，解决了经典测量理论的诸多缺陷。

以 Rasch 模型为例，学生答对或答错题目不再是绝对的，而是基于一定的概率，将题目难度和被试能力统一在同一个量尺下，实现了题目难度与学生能力之间的直接比较。解决了经典测量理论题目难度与学生能力两个指标含义不统一的缺陷。

Rasch 能力估计仅基于学生的作答模式，在此基础上进行参数估计，得到的学生能力未经过人为加权操作，解决了经典测量理论以加权累积方式合成分数的缺陷。由于未经过加权和人为赋值，所以 Rasch 模型的学生能力和题目难度可以真实体现不同能力水平的差距，解决了经典测量理论分数不等距性的缺陷。

Rasch 模型估计出的题目难度和学生能力的理论取值范围为 $[-\infty, +\infty]$，量尺的 0 点可以根据研究目的做调整。当研究者将所有题目的平均难度设定为 0 时，题目的难易度可以通过数值大小来表示，数值越大难度越高，数值越小难度越低。这就解决了经典测量理论难度指标与实际意义相悖的缺陷。

最后，项目反应理论还具有参数不变性的特点。例如同一题目在不同学校施测，分别计算出的题目难度是稳定的。这就解决了经典测量理论难度估计受被试群体能力分布影响的缺陷。

项目反应理论通过更加严谨的概然模型、参数估计等过程解决了经典测量理论的诸多局限性，是对经典测量理论的重要发展与补充。因此在国际重要的学生能力测评项目，国家基础教育质量监测，托福、雅思等全球性语言测试中都得以广泛应用。这一方法也应当应用到数学障碍学生的能力估计中，在此基础上进行的相关、回归、中介等分析也会更加合理。

（二）数学能力与工作记忆水平的相关

国内外大量的研究证明，工作记忆缺陷是造成数学障碍的根本原因之一。① 因此，工作记忆与数学水平之间的关系成了这一研究领域重要的主题。

相关研究源自 Hitch 等人，他们研究发现心算成绩与工作记忆有关，认为心算错误是被试对与问题有关信息的记忆困难造成的。②之后这一研究主题逐渐成为工作记忆领域的热门。

国外相关研究均为数学障碍被试，研究思路比较清晰，均为工作记忆某一成分与数学任务表现的关系。如 Sigel 等人通过简单的数学计算任务发现数学学习障碍是工作记忆广度不足导致的。③ 在工作记忆的亚型研究中，研究者也谈论了数学能力与工作记忆的关系，甚至在为不同类型命名时也参考了学生在数学任务上的表现。例如，Geary 等人将数学障碍分为计算程序困难型、语义记忆困难型、视觉空间困难型。④ 每种类型在数学任务上的表现都与其他类型有显著差异。不同类型在数学任务上表现的分析对数学障碍的干预策略制订有很强的指导意义。

国内相关研究起步较晚，在 CSSCI 上查阅相关文献仅有 14 例研究属于这一主题。其中 4 例为综述类研究、1 篇为元分析。

国内研究主要集中在小学学段，9 例研究中除 1 例研究大学生、1 例研究初一学生外，其他研究对象均为小学三年级至六年级学生。7 例以小学生为对象的研究均集中在第二学段（四年级至六年级），其中六年级出现次数最多，共出现 4 次。

被试人数从 34 人至 205 人不等，平均 132 人，标准差 62 人。

---

① 王恩国、刘昌：《数学学习困难与工作记忆关系研究的现状与前瞻》，《心理科学进展》2005 年第 1 期，第 39~47 页。
② G. J. Hitch, E. Mcauley, "Working Memory in Children with Specific Arithmetical Learning Difficulties," *British Journal of Psychology*, 1991, 82 (3): 375–386.
③ L. S. Siegel, E. B. Ryan, "The Development of Working Memory in Normally Achieving and Subtypes of Learning Disabled Children," *Child Development*, 1989, 60 (4): 973–980.
④ D. C. Geary, "Mathematics and Learning Disabilities," *Journal of Learning Disabilities*, 2004, 37 (1): 4–15.

不同研究之间的人数差异较大，与研究设计有关。9例研究中5例研究未区分被试是否存在数学障碍，4例研究为数学障碍组匹配了对照组。国内数学障碍的相关研究中有一半以上的研究未区分被试是否存在数学障碍。这些研究在选择被试阶段采取完全随机的方式。数据分析环节在未区分被试是否为数学障碍的情况下进行，如果被试中存在数学障碍学生，分析结果的准确性将受到较大影响。如果研究的目的是找到数学能力与工作记忆之间的关系，显然以数学能力正常学生为被试更为合理。

虽然此次研究所收集的文献均为数学障碍与工作记忆的关系研究，但对文章进行进一步分析后发现，多数研究都仅以工作记忆的部分成分或部分数学能力为代表，研究结论存在一定的局限性。

在工作记忆方面，仅2例研究涉及工作记忆的所有成分，且基于工作记忆的三成分模型，尚未有研究基于工作记忆的四成分模型。除此之外，国内研究者最关注的工作记忆能力为工作记忆广度，有6例研究以工作记忆广度水平代表工作记忆能力，仅有1例研究以视空间模板能力代表工作记忆能力。

在数学能力方面，研究者最关心的是计算/心算能力和应用题问题解决能力，以这两种能力代表数学能力的研究各有4例。

在研究方法上，国内研究在工作记忆的测量上均使用了实验法，以经典实验范式为基础，做适当修改，作为工作记忆某一成分的测量任务。在数学能力的测量上，有7例研究采用了测验法，使用自编数学问卷或问题代表数学能力，仅有一例研究使用了规范的量表《中国小学生数学能力测试量表》来代表数学能力。在数学能力指标的选择方面，所有研究都直接以原始分数为指标，且对数学试卷的信度和效度未做报告。

在数据分析方法上，相关法、回归法、均值比较各3例。通过这些研究所使用的统计方法，可以将这些研究的数据分析逻辑总结如下。

如果数学能力与工作记忆之间存在显著相关，且数学障碍学生与非数学障碍学生之间在工作记忆整体或某一成分上存在显著差异，则认为工作记忆或其某一成分与数学能力间有较强关联。以此推论，工作记忆能力局限可能导致数学成绩落后。

此外，3例使用回归法的研究仅对数学总成绩做了回归预测。但数学能力包含多个维度，研究结论的丰富性不足。这也可能与工作记忆的"领域一般性还是领域特殊性"争论有关。这些争论的焦点在于工作记忆是怎样影响数学能力的。领域一般性观点认为，工作记忆各个成分对数学学习都有重要影响；领域特殊性观点则认为只有一部分工作记忆系统对数学能力有影响。如果从领域特殊性观点出发，使用多个工作记忆成分对数学总成绩进行回归预测就是不合理的。另外，从数学任务本身来看，以小学数学为例，课程标准上要求培养的数学能力包括"数与代数""图形与几何""统计与概率""综合与实践"共四种能力，各种能力之间的异质性较高，用回归方法仅对总分做预测显然不合理。

数学学习是一项复杂的任务，数学问题解决过程中需要多种认知能力的协同。如果可以对数学能力做进一步细分，以细分能力为基础进行分析就有可能得到更符合实际情况的结论，也能为之后的干预教学指明方向。

第三章

研究总体设计与创新

第一节 研究内容

一 概念界定

综合文献综述中国内外研究对数学障碍的定义,本研究将数学障碍的概念界定如下。

1. 学业与潜能不一致

以智力代表潜能,以考试成绩代表学业水平,建立回归方程,用智力预测考试成绩,如果实际成绩低于预测成绩,则代表学业与潜能不一致。

2. 数学成绩落后

即单次或多次数学考试成绩的排名均处在较低水平,成绩出现明显落后的情况。

3. 存在心理过程缺陷

工作记忆缺陷是数学障碍的核心缺陷,因此,本研究界定的数学障碍儿童应当在工作记忆的一个或多个成分上存在明显缺陷。

4. 排他性

鉴别数学障碍时还应排除因阅读障碍、智力障碍、视听障碍、情绪问题、学习机会缺乏等原因导致的数学成绩落后。

二 研究设计

根据研究目的及文献综述，将此次研究分解为三部分、多个具体任务，主要研究内容如下。

第一部分为被试选择及工具开发。

研究Ⅰ，数学障碍的鉴别程序研究。主要内容是对几种主流的数学障碍鉴别模型进行比较，并增加排除因素、标准等。最终目的是为本次研究筛选符合要求的被试，同时构建数学障碍儿童鉴别的标准化程序及各环节对应的标准和排除因素。研究Ⅱ，工作记忆测验编制研究。主要内容是根据工作记忆四成分模型，编制适合中国学生的工作记忆成套测验。编制完成后的测验是本研究工作记忆能力测量的重要工具。

第二部分为数学障碍儿童工作记忆特点及其与数学能力的关系研究。

研究Ⅲ，小学生数学能力与工作记忆的关系研究。主要内容包括数学能力评价、数学能力与工作记忆各成分的相关研究。在数学能力的评价上，引入以多维 Rasch 模型、布卢姆教育目标分类理论为指导的教育质量监测模式。从数学课程标准的四个领域评价学生数学能力，并分析各项能力与工作记忆四成分之间的关系。不同类型数学障碍儿童工作记忆及数学能力的特点是制订干预方案的重要依据，工作记忆与数学能力的关系是干预方案设计的重要参考。研究Ⅳ，数学障碍儿童分类及其特点研究。主要研究内容是对鉴别出的数学障碍儿童进行聚类分析。在综合运用多种聚类分析算法的基础上对数学障碍儿童进行分类，并分析各类别的数学障碍儿童工作记忆和数学能力特点。

第三部分即研究Ⅴ为数学障碍儿童的综合干预研究。

干预研究以数学障碍儿童的不同类别为准分组进行。本研究采用的综合干预模式是指同时进行数学知识教学和工作记忆训练。在数学知识教学内容的选择上，引入基于 Rasch 模型的学业诊断技术，确保教学内容的针对性，提高干预效率。在干预效果的评估上，引入基于 Rasch 模型的等值技术，通过在前测、后测之间设置锚题，实现前测、后测试卷的等值，评价学生真实的能力变化。

第二节 研究过程

各研究间关系及主要研究方法如图 3-1 所示。研究Ⅰ使用测验法研究数学障碍的鉴别问题，为后续研究提供鉴别程序。研究Ⅱ使用实验法和结构方程模型构建工作记忆四成分成套测验，为研究Ⅲ和研究Ⅳ提供测验工具。研究Ⅲ使用实验法和测验法讨论工作记忆各成分与各数学领域能力之间的关系，为研究Ⅴ制订干预训练方案提供参考。研究Ⅳ在研究Ⅰ和研究Ⅱ的基础上，使用聚类分析和测验法对数学障碍儿童分类，并为研究Ⅴ提供被试。研究Ⅴ在前四个研究的基础上，通过实验法和测验法对数学障碍儿童进行干预训练并评估效果。

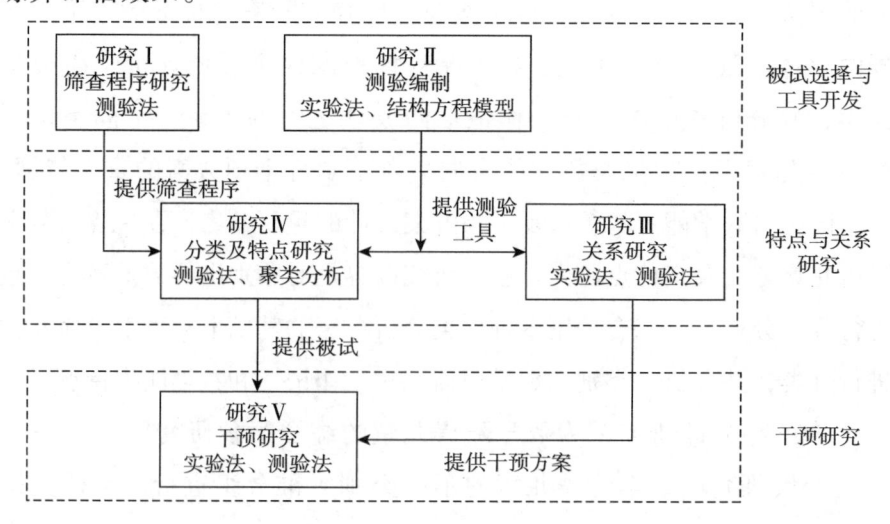

图 3-1 各研究间关系

第三节 研究的重点、难点及创新之处

一 研究的重点

第一,工作记忆的测验编制、对学生工作记忆的准确测量是本研究的基础。数学学习障碍学生的主要认知缺陷就是在工作记忆上,之后的干预训练计划制订与效果评估也要以工作记忆测验为基础。

第二,数学障碍学生的工作记忆特点及其与正常学生的比较。学习障碍学生的核心缺陷是工作记忆,但他们的工作记忆水平在结构和绝对水平上与其他学生存在什么样的差异还没有人系统研究过。这些研究得出的结论不仅是对相关研究的补充,也是干预训练的重要参考依据。

第三,数学障碍儿童的干预训练共包括两项内容,一是工作记忆能力的心理干预,二是数学教学干预。这是将工作记忆研究结论应用到实际的教学情境中,帮助教师解决实际问题,检验综合干预模式的效果,也是本次研究想要解决的核心问题。

二 研究的难点

1. 基于四成分模型的工作记忆测验编制

工作记忆测验编制过程中可供参考的成套测验很少,并且这些测验材料多适用于以英文为母语的被试。测验均为基于三成分模型开发,新增加的情景缓冲器成分测量只有一些实验任务可供参考。基于四成分模型的成套测验不是直接在三成分模型基础上增加情景缓冲器成分,而是需要考虑整个测验的信度、效度。同时,为适应大规模鉴别的需要,还应尽可能选择适合团体测验形式的测验任务。开发一套具有高信度、高效度且适合中国被试的工作记忆四成分模型测验极具挑战性。

此外，现有的工作记忆测验多是以一对一的形式施测，测量的效率较低。开发计算机程序，并确保施测过程标准化，尽可能地适应大规模测验、推广的需要，降低测验对主试测量学专业能力的要求，是此次研究需要解决的一个难点。

2. 数学障碍鉴别程序的研究

目前国内数学障碍的诊断标准还不统一，主要表现在采用的智力量表、鉴别模型中的相关标准不统一。主要原因是从未有研究者或机构采用几种不同的模型互相验证它们的鉴别效率。本研究希望提出一套标准的数学障碍鉴别程序和诊断标准。

3. 现代测量理论在数学障碍研究领域的应用

以往研究在涉及数学能力评价的部分均以原始分数为代表，且未考虑数学能力中的各种维度，对经典测量理论局限性带来的影响也未做讨论。本书将探索以多维 Rasch 模型为代表的现代测量理论在数学能力评价中的应用，从课程标准的四个领域出发，更详细、深入地研究二者的关系。

在干预方案的制订上，有关数学知识教学内容的选择非常依赖教师个人经验。新任教师受限于经验不足，很难准确把握教学重点。本书将探索基于 Rasch 模型的学业诊断方法，为教师制订教学干预方案以备参考。

在干预效果的评估上，涉及前、后测的研究往往以原始分数为基础。这就要求前、后两次测验必须为平行测验，且各自具备较高的信度、效度。这在实际的教学实践中很难实现。本书将基于 Rasch 模型的等值技术应用到测验环节，为干预效果评估提供新思路。

三 研究创新

1. 编制基于工作记忆四成分模型的成套测验

工作记忆四成分模型提出后一直没有研究者编制高质量的成套

测验。国内外相关研究中仍以实验任务为工作记忆的主要测量方式，测验集中在研究者关心的功能上，测量的形式与内容都非常有限，测验结果并不能代表被试的整个工作记忆水平。部分测验虽然使用了成套测验，但这些测验开发时间较早，均以工作记忆三成分模型为基础，不能评估情景缓冲器成分。

本书基于工作记忆四成分模型编制成套测验，为这一领域的研究提供了新的工具。另外，国内相关研究中的任务都是在国外研究的基础上改编而来，最普遍的做法是使用类似的中文材料直接取代国外研究中使用的英文材料，但从未论证过这种方法的科学性。本书通过项目分析、信度和效度等指标进行检验，可以为相关研究提供参考。

本书编制的成套测验在测验方式上也有所创新，使用正确率、反应时等指标代替传统的广度指标，统一了测验所需的时间，使得测验更适用于大规模施测，符合我国基础教育阶段班额较大的基本国情。

2. 现代测量理论在学习障碍领域的应用

国内外工作记忆与数学能力关系的研究中涉及数学能力的部分均基于经典测量理论。经典测量理论在分数合成、难度标定、能力估计等方面存在一定的局限性。

随着现代测量理论的发展，以项目反应理论（Item Response Theory，IRT）为代表的技术已经逐渐成为考试数据分析的主流。[1]项目反应理论具有能力参数与项目难度参数配套、参数等距、参数不变性等优势。这些优势在学习障碍诊断这样的高风险情境中，能够提高诊断的效度，且对猜测作答、作弊等情况还可以给出拟合参

---

[1] 何壮、袁淑莉、赵守盈：《教育考试中短测验的分析方法——基于两种项目反应理论方法的比较研究》，《中国考试》2012年第10期，第18~24页。

数，帮助教师准确评估学生能力。

本书将 Rasch 模型引入数学障碍研究领域，拓展了现代测量理论的应用范围，提高了数学障碍鉴别的效度，是这两个领域的应用创新。

另外，多维 Rasch 模型与课程标准相结合，从课程标准的四个领域评价数学能力，改变了以往研究仅评价数学总成绩的局面，从四个维度评价数学能力，实现从单纯讨论数学能力高低到讨论数学能力结构差异的转变。

3. 基于等值技术的前测、后测设计

前测、后测实验设计是干预效果评估的主要方法，对试卷开发的要求极高。

要保证前、后两个不同版本的试卷具有可比性，必须开发平行测验。但在教育实践中，获得平行测验的难度较大。

等值技术从另一个角度解决了这一难题。等值就是在两个及以上测试版本的成绩之间建立成对关联，使之具有同样的意义而设计的一系列程序。[①] 本研究在数学成绩的前测、后测中加入外锚题目，将前、后两次考试链接起来，实现等值，解决了平行测验开发的难题。等值的前测、后测成绩更精确地反映学生的真实能力，有利于帮助教师准确评价学生数学能力的进步程度。

4. 数学障碍儿童的综合干预训练

国内家长、教师对学习障碍的认识较浅，在普通学校就读的学习障碍学生的教育需求容易被忽视，甚至某些学习障碍被错误地归因为学习态度问题。这与家长、教师面临学习障碍没有好的干预方案有很大关系。

---

① 〔美〕瑟夫·M. 瑞安：《基于经典测量理论和项目反应理论的等值与连接——等值设计和经典测量理论等值程序》，杜承达译，《考试研究》2011 年第 2 期，第 80~94 页。

本书将数学课程教学与工作记忆训练相结合，形成了数学障碍综合干预训练模式，可以为教师和家长解决数学障碍问题提供参考。尤其在确定数学干预内容上，本书引入了基于 Rasch 模型的学业诊断方法，与经典测量理论相比，诊断结论细化到知识点和认知层次，为教师制订教学方案提供建议。

第四章

研究Ⅰ 数学障碍的鉴别程序研究

第一节 研究目的

研究Ⅰ的目的是选择符合研究要求的对象。本研究要求在学生总体中鉴别出存在数学障碍的儿童,并进行特征分析及干预研究。根据国内外研究者提出的一系列数学障碍概念、国际疾病分类手册第10版(ICD-10)以及心理障碍诊断和统计手册第4版(DSM-Ⅳ),数学障碍的鉴别应遵循一定的标准和程序。数学障碍鉴别的基本逻辑为:一般智力的发展与特殊数学能力的发展失衡,即一般推理能力与正常的同龄儿童无显著差异,但数学能力低于正常同龄儿童。

基于这一基本逻辑,目前在临床和教育的研究中的鉴别方法都以诊断模型为核心展开,应用最广泛的诊断模型是差异模型,并且形成了一套基本的鉴别程序。这套鉴别程序可以总结为:①根据数学测试成绩,应用差异模型,确定有可能存在数学障碍的学生;②通过智力测验排除智力因素;③通过测验、体检和教师评定,分别评价学生的动机、情绪、视力和听力,排除这些因素导致的成绩落后。

但国内外研究在成绩指标、差异模型和排除因素的选择上都有不合理之处，导致鉴别出的数学障碍学生与普通学生之间差异不明显，研究对象选择不科学，研究结论外部效度差。

研究 I 的主要目的就是遵循这一基本程序开展数学障碍的鉴别，探讨相关环节最佳的模型和标准，确定必要的排除因素，鉴别出真正存在数学障碍的学生。另外，该研究确定的鉴别程序也将进一步规范国内数学障碍的鉴别行为，为相关研究者或机构提供参考。

第二节 被试选择

被试选自贵州省贵阳市一所小学三、四、五年级的学生。三年级 7 个班，四年级 8 个班，五年级 6 个班，每班人数约 50 人。各年级参加鉴别的人数及有效数据如表 4-1 所示。

表 4-1 被试基本情况

年级	班级数量（个）	参加人数（人）	有效人数（人）	有效比例（%）	年龄（岁）	男女比例（%）
三年级	7	380	313	82.4	9.1 ± 0.33	53，47
四年级	8	425	409	96.2	10.0 ± 0.32	50，50
五年级	6	334	323	96.7	11.0 ± 0.32	52，48

第三节 研究步骤

一 考试及智力数据收集

本研究以一个学期内两次最重要的数学考试——期中、期末考试成绩代表数学学科能力，两次考试时间分别为 2017 年 4 月、6

月，存在2个多月的时间跨度。

在排除因阅读能力导致的数学成绩落后时，使用的是同时期的语文考试成绩。

智力测试选择的是张厚粲等人修订的瑞文标准推理测验。施测时间为6月5日~6月9日，被试年龄的计算均以此日期为准。

二 排除相关因素

邀请教师、家长采取主观评定方式排除因学习机会、学习动机引起的学习落后；收集体检信息，排除因视觉、听觉障碍导致的学习落后。

第四节 研究结果与数据分析

一 几种差异模型鉴别效果比较

成绩临界点法和年级水平离差法简单地将排名处在最后的部分学生判定为数学障碍学生，这种做法是最不科学的。在年级水平离差法的基础上发展出来的期望公式法仅增加了权重和更多相关因素，虽然提高了鉴别的科学性，但仍有较大缺陷，这类方法在国外相关研究中已被淘汰。因此，本次研究仅对标准分数法、回归分析法做比较分析。

（一）简单标准分数法

标准分数法需要比较智商测试与数学成绩的标准分，二者之差称为严重差异水平（Severe Discrepancy Level，SDL）。通常将SDL > 1.5的被试判定为存在数学障碍。

在数学成绩的选择上，可以选择单次考试成绩，也可以选择一段时间内多次考试的平均成绩。本次研究对两种方法进行了对比，根据期中考试数据求得的严重差异水平为 SDL，根据期中、期末两次考试平均分求得的严重差异水平为 SDL2。两种鉴别方法结果如表 4-2 所示。

表 4-2　简单标准分数法鉴别结果

年级	期中成绩（分）	平均成绩（分）	SDL>1.5 人数（人）	SDL>1.5 比例（%）	SDL2>1.5 人数（人）	SDL2>1.5 比例（%）	鉴别结论一致 人数（人）	鉴别结论一致 比例（%）
三年级	89.2±9.50	89.1±8.00	19	6.1	21	6.7	12	3.8
四年级	88.8±8.98	88.2±8.40	27	6.6	20	4.9	17	4.2
五年级	88.9±11.02	86.3±11.94	25	7.7	28	8.7	20	6.2

基于期中考试成绩进行数学障碍鉴别，以 SDL=1.5 为临界值，SDL>1.5 时则认为存在数学障碍。三个年级鉴别出的数学障碍比例分别为 6.1%、6.6% 和 7.7%。

基于期中、期末两次考试成绩均值进行数学障碍鉴别，以 SDL2=1.5 为临界值，SDL2>1.5 时认为存在数学障碍。三个年级鉴别出的数学障碍比例分别为 6.7%、4.9% 和 8.7%。

各年级两次鉴别结果一致性很高。以三年级为例，基于期中考试成绩的鉴别结果显示有 19 人存在数学障碍，基于平均成绩的鉴别结果显示有 21 人存在数学障碍。两次鉴别结果中相同的人数 12 人，占全年级人数的 3.8%（见图 4-1）。

基于期中成绩的鉴别结果显示有 19 人存在数学障碍，其中 7 人的鉴别结论与基于平均成绩的鉴别结论不同：SDL 值显示他们存在数学障碍，SDL2 值显示他们不存在数学障碍（见表 4-3）。对数据进行进一步分析可以发现，这些学生期中考试与期末考试相比，成绩波动较大，均表现为期中考试成绩低于期末考试成绩，成

108 \ 突破数学障碍

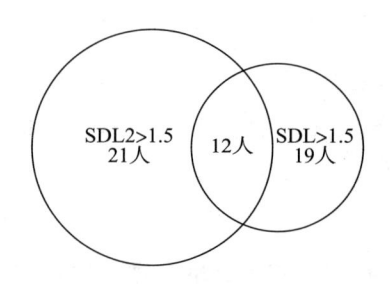

```
   SDL2>1.5    12人    SDL>1.5
    21人              19人
```

图 4-1　三年级两种简单标准分数法比较

绩波动在 [8, 30.5]。以 3127 号学生为例，期中成绩 65.0 分，与期末成绩 95.5 分相差 30.5 分。

表 4-3　SDL > 1.5，SDL 2 < 1.5 的学生名单

单位：分

编号	期中数学成绩	期末数学成绩	数学平均成绩	SDL	SDL2
3127	65.0	95.5	80.25	2.25	0.80
3222	83.0	94.0	88.50	1.98	1.40
3223	87.0	100.0	93.50	2.28	1.50
3228	83.0	91.0	87.00	1.61	1.22
3236	75.0	86.0	80.50	1.73	1.31
3303	72.0	91.0	81.50	1.87	1.00
3526	78.0	98.0	88.00	2.32	1.28

基于平均成绩的鉴别结果显示有 21 人存在数学障碍，其中 9 人的鉴别结果与基于期中成绩的鉴别结论不同。SDL2 值显示他们存在数学障碍，SDL 值显示他们不存在数学障碍。对数据进行进一步分析可以发现，这些学生期中与期末考试成绩悬殊，成绩波动在 [2, 43]，均表现为期末考试成绩低于期中考试成绩（见表 4-4）。以 3636 号学生为例，期中成绩 87 分，期末成绩 44 分。该学生成绩波动极大，期末成绩比期中成绩低 43 分。因此，该学生在基于期中成绩的

鉴别中表现正常，但在基于平均成绩的鉴别中被判定为数学障碍学生。

表 4-4 SDL 2 >1.5，SDL <1.5 的学生名单

单位：分

编号	期中数学成绩	期末数学成绩	数学平均成绩	SDL	SDL 2
3235	88.5	72.0	80.25	0.49	1.52
3310	67.0	60.0	63.50	0.95	1.80
3316	84.0	62.0	73.00	0.96	2.43
3402	73.0	71.0	72.00	1.40	1.83
3413	86.0	63.0	74.50	0.21	1.70
3433	75.0	48.0	61.50	0.28	2.24
3439	85.0	81.0	83.00	1.22	1.54
3617	87.0	80.0	83.50	1.37	1.84
3636	87.0	44.0	65.50	0.10	2.82

对两种简单标准分数法结论的比较可以发现，以单次考试为成绩指标时，所有成绩波动较大的被试在两种算法上的结论均有明显不同。成绩不稳定是出现截然不同结论的主要原因，其根源是单次考试的偶然性，避免这种现象的最佳方案是取多次考试平均分，以平滑多个考试成绩，降低成绩波动产生的影响。

（二）修订后的标准分数法

基于考试成绩开展数学障碍鉴别的过程中，成绩的信度与成绩的稳定性同样重要。简单标准分数法不考虑成绩数据的信度，这对鉴别结果的准确性产生了很大的影响。修订后的标准分数法在简单标准分数法的基础上，将智力测验和数学测验的信度纳入模型中，以提高鉴别的准确性。

根据式（2-4），以 $Z_{dif} = 1.5$ 为数学障碍的临界值，$Z_{dif} > 1.5$ 则认为学生存在数学障碍。三个年级鉴别结果如表 4-5 所示。瑞

文测验和数学期中考试的信度在［0.729，0.85］，达到了心理测量学的要求。

表 4-5 修订后的标准分数法鉴别结果

年级	信度		$Z_{dif} > 1.5$	
	瑞文测验	期中数学成绩（分）	人数（人）	比例（%）
三年级	0.798	0.764	34	10.9
四年级	0.841	0.729	53	13.0
五年级	0.850	0.766	45	13.9

修订后的标准分数法需要使用智力测验和数学测验的信度，因此不具备同时使用多次考试数据的可能。

简单标准分数法可以通过使用平均成绩解决学生成绩波动的问题，修订后的标准分数法可以解决智力测验、数学测试工具质量的问题，但二者无法同时兼顾。

将修订后的标准分数法鉴别结果与基于平均成绩的简单标准分数法鉴别结果相比较，如表 4-6 所示。数据分析结果表明，修订后的标准分数法鉴别出的比例均高于简单标准分数法。修订过程只是增加了两个测验的信度，未进行更复杂的运算，所以两种鉴别方法的一致性较高。以三年级为例，基于平均成绩的简单标准分数

表 4-6 两种标准分数法鉴别结果比较

单位：人，%

年级	有效人数	$Z_{dif} > 1.5$		SDL 2 > 1.5		鉴别结论一致	
		人数	比例	人数	比例	人数	比例
三年级	313	34	10.9	21	6.7	19	6.1
四年级	409	53	13.0	20	4.9	20	4.9
五年级	323	45	13.9	28	8.7	25	7.7

法鉴别出的 21 人（即 SDL2 > 1.5）中有 19 人 $Z_{dif} > 1.5$。四年级 SDL2 > 1.5 的 20 人中，所有学生 Z_{dif} 都超出了设定的临界值，即 $Z_{dif} > 1.5$。五年级 SDL2 > 1.5 的 28 人中有 25 人 $Z_{dif} > 1.5$。这表明，两种方法的一致性较高，但修订后的标准分数法较简单标准分数法更为灵敏，更容易鉴别学生是否存在数学障碍。

（三）回归分析法

回归分析法同时解决了测验之间标准差不同无法直接比较、能力和成绩之间存在回归效应、不同测验存在各自误差等重要问题，是目前公认最科学、合理的差异模型。

回归分析法经过了点估计和区间估计两个发展阶段。回归分析法需要收集样本的智力测验和数学考试数据，用智商得分预测考试得分，建立智商与成绩之间的回归方程。当以智商预测的数学成绩高于实际考试成绩时就认为学生可能存在数学困难。因此，这类方法对数据收集与处理的要求更高。

点估计模型鉴别程序如下。

①将瑞文测验和数学测试成绩转化为 Z 分数。标准分数法分析结论表明，一学期内多次数学考试的平均成绩能够很好地消除成绩波动带来的影响，所以点估计模型中以期中、期末考试平均成绩为数学成绩。

②以数学平均成绩标准分为因变量，以瑞文测验标准分为自变量，建立回归方程。

③根据回归方程，计算每名学生的预测数学成绩。

④计算数学预测成绩与数学实际成绩的差。

⑤设定 1.5 倍标准差为临界值，当数学成绩低于预测成绩 1.5 倍标准差，则将学生鉴别为存在数学障碍。

三个年级回归预测结果如表 4-7 所示。

表4-7　点估计回归分析结果

年级	R^2	F	常数项	系数	t
三年级	0.447	77.736***	0	0.447	8.817***
四年级	0.430	128.729***	0	0.490	11.346***
五年级	0.348	44.126***	0	0.348	6.643***

注：* 代表 $p<0.05$，** 代表 $p<0.01$，*** 代表 $p<0.001$，下同。

以三年级为例，构建的回归预测方程为：

$$\hat{y} = 0.447x \qquad (4-1)$$

各年级所鉴别出的数学障碍人数及比例如表4-8所示。

表4-8　点估计法鉴别结果

单位：人，%

年级	有效人数	数学障碍人数	比例
三年级	313	19	6.1
四年级	409	23	5.6
五年级	323	24	7.4

点估计方法得到的预测成绩是一个确定数值，却忽略了任何预测都存在误差这一事实，尤其是当智力测验得分与数学成绩之间相关较低时，这种预测的误差就更加明显。测验误差对鉴别结果的影响很大，要避免这种影响，就应当考虑估计误差。

区间估计方法通过计算预测误差，预测出学生成绩可能的取值区间，当学生实际成绩低于区间下限时，将其鉴别为数学障碍学生。区间估计方法基于式（2-9）。具体的鉴别程序如下。

①计算瑞文测验和数学测试成绩间相关 r_{xy}。

②根据公式计算回归方程的估计误差。

③确定置信水平，查表获得对应的 Z 值，并计算置信区间。

④根据期望分数公式计算被试的期望分数。

⑤根据期望分数和置信区间计算期望成绩的区间。

⑥比较期望成绩区间下限与实际成绩，当实际成绩低于该区间下限时则将学生鉴别为数学障碍学生。

各年级区间估计结果如表 4-9 所示。三、四年级使用两种回归模型鉴别出的数学障碍人数比较接近；五年级用点估计法鉴别出的人数较多，使用区间估计鉴别出的数学障碍学生包括在点估计的学生名单里。三、四年级使用区间估计鉴别出的结果均有很高比例与点估计鉴别的结论一致。点估计方法比区间估计方法更灵敏，容易鉴别出数学障碍学生。如果是以干预教学为目的，应当选择灵敏的模型，尽可能多地帮助学生解决学习问题。

表 4-9　两种回归分析法鉴别结果比较

单位：人，%

年级	有效人数	点估计 人数	点估计 比例	区间估计 人数	区间估计 比例	鉴别结论一致 人数	鉴别结论一致 比例
三年级	313	19	6.1	21	6.7	10	3.2
四年级	409	23	5.6	22	5.4	14	3.4
五年级	323	24	7.4	12	3.7	12	3.7

对几种鉴别程序的结果进行比较可以发现，三种模型在测验信度、智力与成绩相关、成绩稳定性上各有侧重，比较结果如表 4-10 所示。

表 4-10　不同差异模型比较

模型	相关因素 测验信度	相关因素 智力与成绩相关	相关因素 成绩稳定性
简单标准分数法	×	×	√

续表

模型	相关因素		
	测验信度	智力与成绩相关	成绩稳定性
修订后的标准分数法	√	×	×
回归分析法	×	√	√

几种模型的比较，可以得到以下结论。

①基于平均成绩的标准分数法能避免学生成绩波动带来的影响，比基于单次考试的标准分数法更加科学，但该方法未考虑测验的信度、成绩与智力相关等因素。

②修订后的标准分数法比简单标准分数法更加灵敏，更容易鉴别出数学障碍学生。该方法考虑了测验的信度指标，但仅能基于单次考试数据进行鉴别，无法兼顾成绩稳定性因素。

③回归分析法考虑到测验之间的相关对鉴别过程的影响，且可以使用平均成绩避免成绩波动带来的影响，但没有考虑测验信度。两种回归方法中，点估计法比区间估计法更灵敏，容易鉴别出数学障碍学生。

二 排除因素

数学障碍的鉴别除关注智力与学科表现之间的差异外，还应考虑学习机会、视觉和听觉缺陷、学习动机等社会心理因素。在相关研究中，对这些因素的排查主要采取问卷法和教师主观评定法。

教师主观评定是排除上述因素时最常用的方法。本次研究将评定的内容集中在学科能力、学习态度等因素上。教师评定数学能力，主要目的是确定学生数学能力的稳定性，排除因成绩波动造成的误判、漏判；评定语文能力，主要目的是排除因阅读障碍引起的数学表现不佳造成的误判，是对基于语文成绩评价阅读能力的补充、验证。数学障碍有可能与阅读障碍共生，随着学生年级的提高，数学应用题越来越难，对阅读的要求也越来越高，所以这种共生现象在小学高年级更容易出现。因此，本研究在学科能力评定上，要求教师对鉴别出的学生语文、数学两种能力进行主观评定，以排除误判、漏判。

听力、视力障碍也会导致学业不良，在数学障碍鉴别过程中应当予以排除。这类因素的排除比较简单，只需要学校提供近期的体检数据。此次研究以学校最近一次的体检数据为准进行排除。

三　数学障碍的鉴别程序及标准

数学障碍相关研究和干预实践等领域已经形成的公认准则包括以下几方面。

第一，数学障碍的鉴别不是简单通过某一模型、工具、方法完成的，而是要经过一整套严谨的程序，是对模型、工具、程序、标准的综合运用。

第二，在基于量化数据的鉴别模型中，差异模型是最主流的模型，回归模型法是差异模型中的最复杂方法。各类模型的灵敏度不一，应从研究目的出发进行选择。

第三，除智力和学科能力两个关键因素外，还应排除课程内容、学习机会、学习动机等心理因素，以及听觉障碍和视觉障碍等因素造成的成绩落后。

第四，数学障碍的鉴别程序及临界值设定尚未形成统一的标准，应将其与鉴别的目的相结合，注重鉴别结果对预防、干预的作用。

第五，数学障碍的鉴别过程应当由学校教师、教育管理者、家长、心理与教育专家共同参与，明确相关各方的权利与义务、参与的方式与内容。

基于上述准则，结合对不同模型鉴别效果的比较，本研究确定的数学障碍鉴别程序及相关临界值如下。

第一，收集学科和智力测验数据。学科能力以期中、期末数学考试成绩的均值为指标，智力以瑞文测验数据为指标。相关数据基本统计如表4-11所示。

表4-11 鉴别所用数据基本统计

单位：分

年级	瑞文测试 平均成绩	信度	期中数学 平均成绩	信度	期末数学 平均成绩	信度	期末语文 平均成绩	信度
三年级	35.7±5.51	0.798	89.2±9.47	0.64	89.0±9.23	0.769	84.9±8.24	0.835
四年级	36.6±6.1	0.841	88.8±8.98	0.629	87.6±9.25	0.762	89.2±6.78	0.801
五年级	39.1±5.76	0.85	88.9±11.02	0.766	83.8±14.32	0.863	86.5±6.36	0.844

第二，根据鉴别目的选择鉴别模型及临界值。本研究开展鉴别研究的目的不仅是开发规范、可操作的鉴别程序，更要为后续干预研究准备被试。因此，本次鉴别将标准分数法与回归分析法（点估计）相结合，各模型均以1.5为临界值，学生低于任何一个临界值，即被鉴别为数学学习障碍儿童。

多种鉴别模型的综合运用同时考虑了测验信度、成绩稳定性、智力测验与成绩相关等因素，弥补了单一模型的缺陷。同时，修订后的标准分数法和点回归法较灵敏，尽可能将存在数学障碍倾向的学生纳入后续的干预范围，帮助学校、学生解决数学学习问题。

第三，排除智力缺陷、阅读障碍、听觉及视觉障碍等因素。经差异模型初步鉴别出的学生应排除智力、阅读能力因素带来的影响。本研究设定的排除因素及标准为：排除瑞文测验的智力等级在4级及以下（即智商评定结果为中下、低下）的学生，以语文成绩为指标排除因阅读能力差导致的数学落后，学生以体检报告为指标排除存在听力障碍、视力障碍的学生。

第四，主观评定排除学习机会和学习动机等因素。邀请教师、家长对鉴定出的学生做进一步评定以排除因学习机会导致的成绩落后，如请假等原因造成的缺课；排除因学习动机等社会心理问题造成的成绩落后。

根据上述鉴别程序，三个年级共鉴别出数学障碍学生92人，占总人数的8.1%。其中男生41人，女生51人。各年级鉴别结果如表4-12所示。

表4-12 数学障碍鉴别结果

单位：人，%

年级	数学障碍学生人数			比例
	男生	女生	合计	
三年级	15	12	27	8.6
四年级	8	27	35	6.1
五年级	18	12	30	9.3

第五节 讨论

一 多次大型考试成绩的作用

本研究收集的考试成绩数据为期中、期末两次大规模统考数据，数据分析结果表明两次考试各科目试卷具有较高的信度。期中、期末考试为区域内的统考，其命题规范性、题目质量、阅卷严谨程度均优于学校的周考、月考，基于该数据的鉴别更加科学。

另外，在简单标准分数法中使用两次统考成绩的均值一定程度上可以消除成绩波动带来的影响，避免因发挥失常、作弊等情况而出现的极端成绩影响鉴别结果。

二 多种模型综合运用的优势

在差异模型的发展过程中，发展的重心始终集中在算法的改良上。虽然模型考虑的相关因素越来越丰富，比如测验信度、测验间相关、稳定性等都已纳入不同的模型，但同时考虑上述因素的模型尚未出现。另外，影响成绩的因素还有课程内容差异、学习动机、文化差异等，这些因素依赖教师、家长或专家评定，差异模型无法将这些因素量化并纳入模型之中。采用单一模型进行鉴别很难穷尽所有相关因素，所以在特殊教育发达的国家，学习障碍的鉴别需要多种方法相互印证，综合评定。国内对学习障碍的研究和干预起步较晚，在鉴别环节的规范性较差，更应当采取谨慎的态度，多种鉴别手段综合运用。

本研究选择了将两种标准分数法、点回归法相结合，综合主观评定，排除多种因素的鉴别方案。简单标准分数法关注成绩的稳定性，通过取多次考试平均值的方法解决成绩波动问题，但忽略了信度；修订后的标准分数法关注测验信度，使用多次考试的平均分数，但无法兼顾成绩稳定性；点回归法考虑了智力因素，也兼顾了成绩稳定性，但忽略了测验信度。单独采取任何一个模型都存在一定的局限性。只有将几种模型整合在同一个鉴别程序中，才能够兼顾各模型的优点，达到互相补充的效果。在此基础上排除智力、阅读障碍、听觉及视觉障碍、学习机会、学习动机等因素鉴别出的才是真正存在数学障碍的儿童。

本研究数学障碍的鉴别均基于考试成绩，是在数学障碍"发生"后进行的诊断。有研究者指出，这类方法存在"等待落后"的局限。如果能够在数学障碍发展到严重影响学业成绩前就开始干预教学，不仅可以节约教学资源，也更符合教育规律。干预反应模式通过多级干预、课程本位测量等方法实现了上述设想，鉴别和干预的联系更加密切。未来的研究将干预反应模式和现有的鉴别程序相结合是一个新的发展方向。

三 数学障碍的鉴别需要多方共同参与

数学障碍的鉴定是一个需要教师、专家、家长共同参与的复杂程序，而非一个模型计算出的结果。美国残障者教育法案已经禁止使用单一模型作为数学困难儿童的认定标准，提倡多方参与、多种方法相结合、互相印证。尤其是教师和家长的参与，可以为鉴别提供更多模型无法兼顾的信息。以学习机会、学习态度为例，教师和家长对学生课外的学习状态更加了解，类似的需要排除的因素必须由教师或家长提供，否则将会造成对儿童的误判，影响干预训练的效果。

教师和家长的评定曾因为主观性太强受到争议，但随着数学模型的发展，人们也逐渐认识到算法的局限，希望通过主观评定来弥补。因此教师和家长评定逐渐被作为鉴别程序中的最后一环，由最早的鉴别环节逐步转变为补充、验证环节。

在参与内容及方式上，教师和家长各自填写标准化的他评问卷是最优的方式。但这种方式对他评者的要求较高。在国内小学生的主要抚养者中，可以独立、客观完成问卷的人数比例与国外相比较低。因此，大规模问卷测试的时机仍不成熟，访谈、主观评价仍是现阶段最具可操作性的方式。

除此之外，政府和行业协会在鉴别过程中的作用也很重要。以美国为例，鉴别过程中需要用到的成绩常模均由各州政府提供，数据源自国家或州级教育质量监测，政府提供渠道方便教师、家长查询、比对。行业协会可以通过制定鉴别程序和标准的方式规范相关企业与从业人员的行为。

四　标准化鉴别程序的作用与价值

虽然相关研究者都公认数学障碍的鉴别需要遵循一定的程序和标准，但并没有一个非常明确、严格的程序或标准被广泛接受。取而代之的是不同的研究者从各自的研究目的出发进行鉴别，再加上操作鉴别程序的人专业素养参差不齐，导致目前国内数学障碍鉴别程序的应用仍然极不规范。

以科研为目的的鉴别为例，成绩临界点法由于主观性太强，在国外研究中已无应用，但在国内研究中仍非常流行。造成这种现象的原因很多，首先，这种方法操作简单，且确保能获得一定数量的被试；其次，相关数据容易获得；最后，更复杂的算法需要使用数学测验、智力测验常模、智力与数学能力相关等数据，这些数据难以获得。

标准化的鉴别程序可以帮助相关研究者规范鉴别过程，获得更适合的被试，还提高了研究结果的可信度，方便研究者之间的学术交流。这样的鉴别程序不仅在学术研究领域发挥作用，在一线教学、课外辅导中的价值更高。只有通过标准化程序鉴别出来的学生才能被认定存在学习障碍，从而避免学生被教师贴上不当的标签，避免企业或个人为牟取商业利益而随意将学生鉴别为数学障碍儿童，并采取不恰当的干预手段浪费学生的时间和精力。

第五章
研究Ⅱ 工作记忆测验编制研究

第一节 研究目的

科学、高效的测量工具是开展工作记忆相关研究的重要前提，本研究将基于Baddeley四成分模型编制工作记忆成套测验，且在部分测验内容上选择适用于中国被试、能大规模测验的材料，更适应国内基础教育现状和国内研究者需求。正式版测验将作为本研究的重要工具，用于评价数学障碍学生的工作记忆能力。

本测验面向小学生被试，所以要求测验的材料面向儿童，简单易得、任务明确、可操作性强。因此，在各成分测量任务选择过程中，在保证测量信度和效度的前提下，尽可能选择对器材要求低、对主试专业性要求低的任务。同时，在国内基础教育受教育人数巨大的背景下，为了提高施测效率，尽可能选择适合团体施测的任务。

第二节 被试选择

本研究施测时间为2017年9月至11月。在贵州省贵阳市一所小学抽取四年级至六年级被试共300人，其中有效数据298人。男生 148 人，女生 150 人。平均年龄 10.2 岁，标准差 0.5 岁。所有被试视力正常，不存在色盲、色弱等情况。

第三节　研究步骤

一　测验任务及评价指标

（一）中央执行系统

中央执行系统有四项功能：策略转换、刷新、任务协调、抑制。分别设计了一个任务进行测量。其中，协调功能是否为一项独立的功能尚不明确，因此本次研究专门设计了研究任务进行探讨。

1. 策略转换功能的测量

转换功能在双任务范式下测量。本研究选择的转换任务为大小/奇偶判断转换，使用 E-prime 程序完成。测验共三种类型的任务。任务一要求被试判断出现数字的大小，以 5 为界，因此测验中没有呈现 5。当出现 1～4 时应判断为"小"，当出现 6～9 时应判断为"大"。任务二要求被试判断出现数字的奇偶性。前两项任务均无策略转换过程。任务三为策略转换任务，当呈现黄色数字时，要求被试做"大/小"判断；当呈现蓝色数字时，要求被试做"奇/偶"判断。任务三和另外两个任务正确反应时均值之差反映了被试策略转换的能力，反应时之差越小转换能力越强。策略转换任务收集和构建的指标包括大小判断的正确率、大小判断的平均正确反应时、单双判断的正确率、单双判断的平均正确反应时、转换的正确率、转换的平均正确反应时、无转换任务与转换任务的正确率之差、无转换任务与转换任务的正确反应时之差。

三个任务的顺序安排为 ABCCBA，以平衡疲劳、练习、序列等因素导致的误差。测试在主试指导下进行，采取单独施测的形式，要求被试矫正视力正常，没有色盲、色弱等视力缺陷。整个测试过程约 15 分钟。

2. 刷新功能的测量

刷新功能是指被试对长时记忆中信息的更新，主要表现被试根据新呈现的信息，对记忆内容进行修正的能力。这一能力在数学运算、问题解决等思维过程中起重要作用。

测量工作记忆刷新功能常用的任务有缺项加法、跟踪任务、N-back 任务等。

N-back 任务要求被试将刚出现过的刺激与前面第 n 个刺激比较。刺激材料可以是图形、汉字、字母、数字。被试的反应时、正确率反映了其刷新能力。$N=0$ 时，被试只需要比较当前刺激与前一个刺激，属于无刷新任务。$N \geq 1$ 时，需要被试判断当前刺激与前 n 位的刺激，n 越大，工作记忆负荷越重。N-back 允许研究者调整操作工作记忆的负荷，这一负荷的变化与特定的脑区有关，因此这一范式受到工作记忆相关领域研究者，尤其是神经成像研究者的青睐，成为最受欢迎的测量任务。

本研究选择 0-back（无刷新）、1-back、2-back、3-back 任务。刺激材料为 3~6 位长度不等的字母串，字母以 1 个/秒的速度呈现。呈现结束后，屏幕上给出 3 个字母，要求被试回忆最后 3 位，并判断是否与给出的字母相同。任务执行过程中，要求被试保持与要记住目标相联系的信息，并同时进行加工、寻找新的规则、过滤掉无关信息。当呈现 3 个字母随即要求被试判断时，被试只需要记忆呈现过的字母，不存在刷新。当呈现 4~6 个字母时，记忆负荷逐级提高。测验成绩为刷新条件与无刷新条件下的平均正确反应时之差。

测验收集和构建的指标包括无刷新条件下的正确率和平均正确反应时、1~3-Back 条件下的正确率和平均正确反应时、两种条件下正确率和正确反应时之差。整个测试过程约 8 分钟。

3. 抑制功能的测量

抑制功能是指被试对认知过程和认知活动内容的一种控制过程。本研究选择 Stroop 任务测量抑制功能。

本研究采用数值大小－形状大小 Stroop 任务。任务执行过程中，在屏幕上显示两个不同的数字，数字的形状大小也有差别。根据数值大小和数字形状大小的匹配关系，出现的数字共分为三种条件（见图 5－1）。第一种，一致条件，即数字大小和数值大小一致，数值较大的数字其形状也较大；第二种，中性条件，即数字形状大小一致；第三种，不一致条件，即数值较大的数字其形状较小。

中性条件和不一致条件下的正确率差和平均正确反应时差体现了被试的抑制能力。任务收集和构建的指标包括三种条件（一致、不一致、中性）下的正确率和平均正确反应时、不同条件下的正确率差和平均正确反应时差。整个测试过程约 7 分钟。

图 5－1　Stroop 任务中的三种条件

4. 任务协调功能的测量

任务协调功能主要表现为被试在面对多个同时需要占用认知资源的任务时合理划分认知资源的能力。双任务范式常用于测量这一功能。两个任务均需要占用认知资源，但由于个体的认知资源有限，所以越是能够合理配置认知资源完成任务的被试，其任务协调能力越强。本研究在众多任务中选择了数字划消测验。

常见的数字划消测验为划掉某一数字、划掉某一数字前的数字、划掉某两个数字之间的数字、划掉某一数字前出现的特定数字、划掉某两个数字之间且符合某一特殊要求的数字。划掉某一数字和划消某一数字前的数字的过程最简单，只需要被试检索并执行划消操作，属于单任务、无协调情境。后三种划消都在检索的同时对数字的性质做进一步判断，属于双任务，需要协调功能参与。因此，后三种测验与第一、第二种测验成绩之差反映了被试的协调能力，两个测验成绩的差距越小说明任务协调能力越强。

为找到最优的双任务划消任务，量表开发阶段同时要求被试完成五种划消测验。本研究参考相关研究编制了数字划消成套测验，编制成预测试题本。通过预测、前测，筛选其中最优的两个测验形成最终的划消测验。

划消测验的时间及程序：每个测验3分钟，共5个分测验，难度依次提高。

编制原则：题本设计时将需划消的数字随机地分布在题本中。

基本原理：划消任务基于"双任务范式"设计，即需要同时进行数据的加工与存储。以分测验5为例，需要学生记住需要划消的规则为3和7之间的偶数，同时要在找到的数字段中注意判断数字的奇、偶特征。前一过程需要记住划消规则，为典型的存储任务；后一过程需要对数字性质进行判断，为典型的加工任务。被试在划消过程中需要在两种任务中切换，协调两种任务所占用认知资源比例。因此，划消测验可以用来测评学生中央执行系统的任务协调能力。

分测验1——简单划消：划掉题本中的某一数字。该任务需要学生将注意力集中在靶数字上，成绩越好表明学生注意的指向性和集中力越强。需划消的数字在整个题本中所占比例为4%。

分测验2——划掉某一数字前的数字。比简单划消测验稍难，需要学生检索到靶数字后将注意力转移到靶数字前的数字上，成绩越好表明学生注意的指向性和集中力越强。需划消的数字在整个题本中所占比例为 4%。

学生执行划消操作过程中不存在任务转换，因此，前两个测验本质上相同，均为非任务转换、无协调的单任务情境。

分测验 3——当某一数字前出现指定的另一数字时，划掉这一指定的数字。如当数字 3 前出现数字 7 时，划掉 7。该任务需要学生在"出现需划消数字"和"未出现划消数字"两种条件下进行选择，只在前一种情况出现时执行划消操作。需划消的数字在整个题本中所占比例为 2%。

分测验 4——划掉某两个数字之间的数字。例如划掉 3 和 7 之间的数字。该任务需要学生在两个数字之间的数字串内划消。需划消的数字在整个题本中所占比例为 4%。

分测验 5——划掉某两个数字之间的奇数或偶数。例如划掉 3 和 7 之间的偶数。该任务需要学生同时执行检索和判断两个任务，成绩越好说明在两个任务中分配认知资源的能力越强，是四个转换任务中最难的。需划消的数字在整个题本中所占比例为 2%。

后三种测验均需要学生在检索和判断两种任务中协调认知资源，均为双任务情境。

评价指标：复杂划消任务与简单划消任务指标之间的差。评价划消能力的主要指标为划消能力指数 E，其计算需要通过两步来完成。

首先，计算划消精确度 A：

$$A = \frac{C - W}{C + O} \quad (5-1)$$

C：被试划消数字的个数；

W：被试错误划消的个数；

O：被试漏划的个数。

其次，计算划消能力指数：

$$E = 100 \cdot \frac{A}{T} \qquad (5-2)$$

E：划消能力指数；

A：划消精确度；

T：完成划消测验的时间。

该指数代表了被试每分钟内正确划消的比例，数字越大代表划消能力越强。

传统的划消测验要求被试完成整个题本，并计算时间。然后在计算划消能力指数时除以完成题本所用的时间，以每分钟精准划消的数字个数来评价被试能力。这种方法仅适合单独施测，测量的效率较低，不适用于大规模测量。

此次划消测验对传统的划消测验计分方式做了改良。统一将测试时间限定为 3 分钟。题本长度根据被试水平做了调整，确保被试在 3 分钟内不能全部完成，即不会出现"天花板效应"。这样在计算划消精准度 A 时，要求以被试划消的最后一个数字开始，计算这一数字前的被试漏划的个数 O'。调整后的划消精度 A 和 E 公式与原公式相同，但划消时间统一，方便能力指数的计算与比较。

统一时间但不同长度题本的测验方式避免了出现"天花板效应"，也避免出现划消精确度低但作答速度较快的被试成绩超过划消精确度高但作答速度较慢被试的情况。例如被试 M 的划消精准度 $A_M = 25\%$，测验历时 2 分钟完成；被试 N 的划消精准度 $A_N = 50\%$，测验历时 4 分钟完成。被试 M 错误划消或漏划的数量显然高于被试 N，这代表 M 在复杂任务中的协调能力低于 N，但是用传统的计分方式，二者的划消能力指数相同。这表明以往的测量方法没有将反应速度从成绩中分离出来，测评结果同时反映了反应速度和协调能力，存在一定的误差。

为进一步精简协调功能测量的任务，需要从五个任务中筛选出简单划消任务和复杂划消任务各一个。在五年级随机选取60名学生，基本情况如表5-1所示。男女比例分别为46.7%和53.3%；瑞文等级均在二级和三级之间，二级人数较少，占抽样人数的46.7%；三级人数较多，占抽样人数的53.3%。根据瑞文评分标准，二级为智力水平良好，三级为智力水平中等，说明抽样的被试均智力正常。以施测日期为准计算被试的年龄，平均年龄10.9岁，标准差0.27岁。

表5-1 划消能力试测抽样

单位：人，%

人口学变量	类别	人数	比例
性别	男生	28	46.7
性别	女生	32	53.3
瑞文等级	二级	28	46.7
瑞文等级	三级	32	53.3

五个测验合并为同一题本，采取团体施测方式。施测前通过阅读指导语的方式告知学生要参加一项数字游戏，且限时3分钟。每个测验正式开始前，主试和被试共同完成例题。每个测验结束后，要求学生统一休息1分钟，以消除疲劳。五个任务完成约20分钟。

首先根据公式，计算出学生在五个测验上的划消能力指数E_1至E_5。将五个划消能力指数相加，得到学生在五个题本上的总分。根据得分情况，将划消能力划分为高、中、低三个等级。计算五个测验在高、低分组上的鉴别力（见表5-2）。

表 5-2 五个划消测验的鉴别力检验

分测验	分组	平均值	标准差	t
E1	低分组	30.1	3.27	-3.001**
	高分组	32.7	0.80	
E2	低分组	31.7	1.22	-2.725*
	高分组	32.6	0.57	
E3	低分组	27.3	4.41	-3.562**
	高分组	31.6	1.82	
E4	低分组	24.2	5.33	-4.771***
	高分组	31.0	1.52	
E5	低分组	26.3	3.24	-6.261***
	高分组	32.1	1.44	

从鉴别力分析结果来看，简单划消测验中，测验 1 鉴别力高于测验 2；复杂测验中，测验 4、测验 5 的鉴别力高于测验 3。

将简单划消测验中，不同分组学生划消能力指数绘制成折线图（见图 5-2）。可以发现，划消测验 1 上，不同分组学生划消能力指数更加悬殊，且形成一定梯度。划消测验 2 上，低分组与中分组

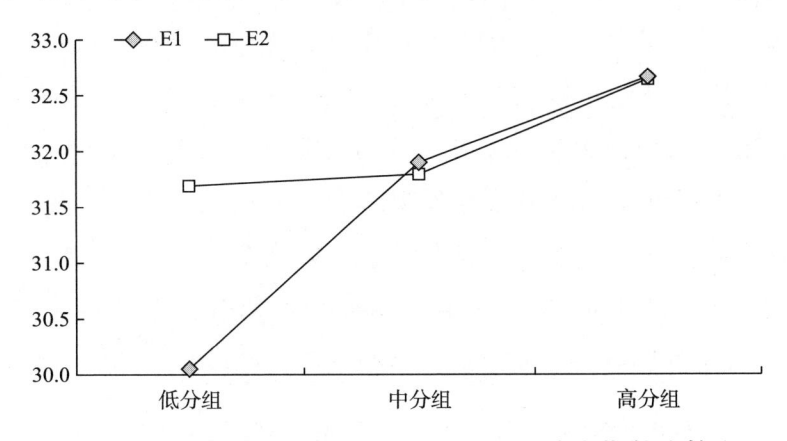

图 5-2 简单划消测验不同分组划消能力指数比较

之间的差异较小，未形成明显梯度。因此在两个简单划消测验中，最终选择了划消测验1为正式测验的简单划消任务。

将复杂划消测验中，不同分组学生的划消能力指数绘制成折线图（见图5-3）。可以发现，几个复杂划消测验上，不同分组学生划消能力指数均形成比较明显的梯度。但三个测验之间比较，测验4的梯度更加明显。综合鉴别力分析的结果，最终选择测验4为正式测验的复杂划消任务。

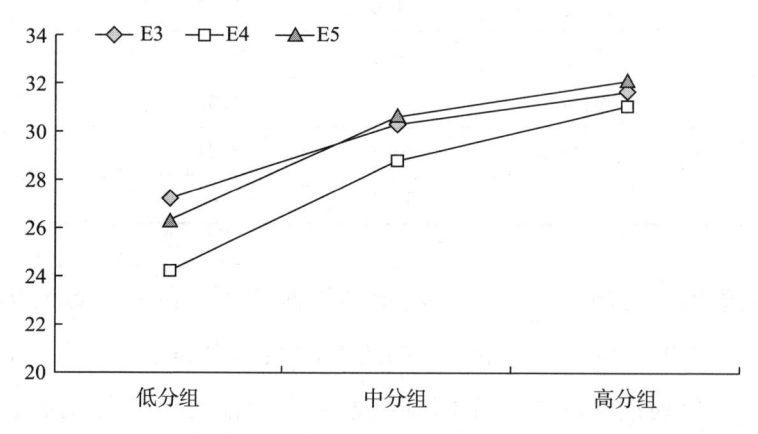

图5-3 复杂划消测验不同分组划消能力指数比较

根据试测确定的协调功能测验任务为一个简单划消任务（划掉题本中的某一数字）、一个复杂划消任务（划消某两个数字之间的数字）。任务收集和构建的指标包括：简单划消的划消能力指数、复杂划消的划消能力指数以及两种划消能力指数之差。

正式施测时，要求被试填写基本信息、阅读指导语。每个测验3分钟时间，首先完成简单划消任务，休息1分钟后再完成复杂划消任务，测验总时间约10分钟。测验成绩为复杂划消任务划消能力指数与简单划消任务划消能力指数之差。

（二）视空间模板

视空间模板的测量使用E-prime程序完成，共设计两个任务：

空间位置匹配任务和方格位置匹配任务。

1. 空间位置匹配任务

空间位置匹配任务的每个试次都包括三个阶段。首先是目标阶段，以九宫格方式围绕屏幕中间的"＋"符号有 8 个可能的方块，随机选择其中的 4 个方块呈现，时长 1000 毫秒。要求被试记住 4 个方块呈现的位置。其次是延迟阶段，黑屏 1500 毫秒。最后是探测阶段，探测刺激为 1 个方块，要求被试判断探测刺激出现的位置是否包含在目标刺激出现过的位置中。

空间位置匹配任务的探测刺激为 4 个方块，即记忆广度设定为 4。位置匹配的过程体现了被试储存静态位置信息的能力。为确保被试理解测验意图，首先要求被试进行 1 组 10 个试次的练习。练习结束后休息，被试自行决定休息时间。正式施测共 3 组测试，每组 20 个试次，共 60 个试次。任务收集和构建的指标包括正确率和平均正确反应时。

为避免被试疲劳导致反应时或正确率下降，每组测试中间休息一次。

2. 方格位置匹配任务

方格位置匹配任务与空间位置匹配任务类似，也分为"目标—延迟—探测"三个阶段。在目标阶段，以九宫格方式随机出现 1～9 个方块，呈现时长 1000 毫秒。要求被试记住方块出现的位置。之后进入 1500 毫秒的黑屏，即延迟阶段。探测阶段刺激为 1～9 个方块。要求被试判断探测刺激所出现的位置是否与目标刺激所出现的位置相同。

方格位置匹配任务的记忆广度在 1～9。匹配过程体现了被试储存动态位置信息的能力。测验同样有 1 组练习，包括 10 个试次。正式测验为 3 组，每组 20 个试次。任务收集和构建的指标包括正确率和平均正确反应时。

空间位置匹配任务测量被试储存静态位置信息的能力，方格位置匹配任务测量被试储存动态位置信息的能力。被试完成空间位置匹配任务的时间约为 7 分钟。为节约测试时间，当被试在某一广度水平上连续出错 3 次时，则停止任务，并记录被试最终的记忆广度。

（三）语音回路

语音回路测量使用 E-prime 程序完成，共设计两个任务：数字延迟匹配任务和字母延迟匹配任务。

1. 字母延迟匹配任务

与视空间模板测验任务的设计相同，两个语音回路测验任务也分为"目标—延迟—探测"三个阶段。字母延迟匹配任务使用的是大小写英文字母。目标阶段，屏幕中会以 2×2 矩阵方式给出四个小写字母，呈现时间 1000 毫秒，要求被试记住这些字母，即字母延迟匹配任务的工作记忆广度设定为 4。延迟阶段为 1500 毫秒黑屏。探测阶段，给出一个大写英文字母，要求被试判断该字母是否包含在目标刺激中。任务收集和构建的指标包括正确率和平均正确反应时。

2. 数字延迟匹配任务

数字延迟匹配任务使用的是大小写数字。小写数字即阿拉伯数字如"1、2、3"，大写数字即"一、二、三"。目标阶段，屏幕中会以 2×2 矩阵方式给出四个阿拉伯数字，呈现时间 1000 毫秒，要求被试记住这些数字，工作记忆广度同为 4。延迟阶段为 1500 毫秒黑屏。探测阶段，给出一个中文数字，要求被试判断该数字是否包含在目标刺激中。任务收集和构建的指标包括正确率和平均正确反应时。

为确保被试理解测验意图，两个任务首先要求被试进行 1 组 10 个试次的练习。练习结束后休息，被试自行决定休息时间。正式施测共 3 组测试，每组 20 个试次，共 60 个试次。测验成绩为正式测验的正确率与反应时。为避免被试疲劳导致反应时或正确率下降，每组测试中间休息一次。每个测验完成时间约为 7 分钟。

（四）情景缓冲器

情景缓冲器的测评方法较少，最常见的是捆绑测验和语义流畅性任务。本研究使用的是语义流畅性任务，要求被试从长时记忆中提取信息，并以口头形式报告。

语义流畅性测验共两个任务：动物流畅性测验和食物流畅性测验。
指导语如下：

"同学你好，我们现在要参加的是说词语的小游戏，看谁的反应快，想到的词语多。给你们 1 分钟的时间，尽快说出你所想到的动物/食物，不能重复。听我口令，计时开始。"

为确保被试理解测验要求，测验开始之前允许提问。并提醒他们有些答案是重复的，如食品词汇中"牛肉""羊肉""鸡肉"等均属于肉类，这类词语将被记为一个词语。

任务收集和构建的指标包括：在规定时间内汇报的词汇量、去除重复和无意义词语后的词汇量、有效词汇的比例。

二 施测过程

工作记忆成套测验共涉及 4 个成分 11 个任务，如表 5-3 所示。整套测验完成时间约 70 分钟。为防止学生产生疲劳，测验分两次完成。在施测顺序上，采取拉丁方设计，以平衡顺序效应对测验带来的影响。中央执行系统中除测量任务协调能力的数字划消任务，其他均采用计算机测验方式。因此第一次施测的内容为中央执行系统、视空间模板、语音回路等 7 个任务，第二次施测的内容为 2 个划消测验和 2 个语义流畅性任务。

表 5-3　工作记忆成套测验设计

成分	功能	任务	测验时间	主要成绩指标
中央执行系统	策略转换	数字大小/奇偶转换任务	15 分钟	反应时差
	刷新	N-back 任务	8 分钟	反应时差
	抑制	Stroop 任务	7 分钟	反应时差
	任务协调	数字划消任务（简单/复杂）	10 分钟	划消能力指数
视空间模板	静态信息存储	空间位置匹配任务	7 分钟	正确率、反应时
	动态信息存储	方格位置匹配任务	7 分钟	正确率、反应时
语音回路	语音存储	字母延迟匹配任务	7 分钟	正确率、反应时
		数字延迟匹配任务	7 分钟	正确率、反应时
情景缓冲器	语义流畅性	动物语义流畅性测验	1 分钟	总词汇量、有效词汇量
		食物语义流畅性测验	1 分钟	总词汇量、有效词汇量

本研究编制的工作记忆成套测验测量模型如图 5-4 所示。图中 4 个椭圆表示工作记忆四成分模型中的各项成分，每个成分下包

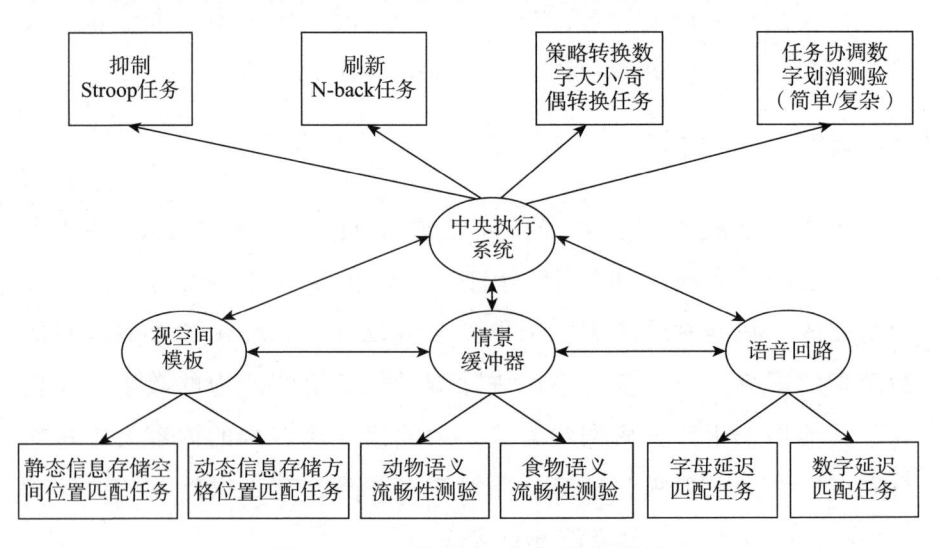

图 5-4　工作记忆成套测验设计

括若干个功能,每个功能对应一个或多个测验任务。

第四节 研究结果与数据分析

一 指标选择与构建

11个任务共得到40个任务指标。鉴别力分析前,首先将所有指标转换为Z分数,以计算总分。将被试按照总分划分为高、中、低三组,高分组为分数最高的25%,低分组为分数最低的25%。比较高、低分组被试之间得分,共有34个指标的高低分组被试得分差异显著,检验结果见表5-4。

表5-4 工作记忆任务指标鉴别力分析

任务	指标名称	t	任务	指标名称	t
无刷新任务	W110A	6.834**	转换任务	W13CA	3.538**
	W110B	1.946*		W13CB	4.256**
刷新任务	W11NA	5.480**	无转换任务	W13DA	3.384**
	W11NB	7.411**		W13DB	2.360*
1-back任务	W111NA	4.922**	数字匹配任务	W21A	3.982**
	W111NB	5.769**		W21B	4.143**
2-back任务	W112NA	4.103**	字母匹配任务	W22A	5.613**
	W112NB	7.642**		W22B	7.684**
3-back任务	W113NA	3.758**	方格位置判断任务	W31A	4.416**
	W113NB	4.705**		W31B	4.917**
中性抑制任务	W12MA	3.129**	空间位置判断任务	W32A	5.262**
一致抑制任务	W12AA	2.545**		W32B	5.724**
	W12AB	2.090*	动物语义流畅性任务	W41A	1.714
不一致抑制任务	W12DB	2.330*		W41B	1.902*

续表

任务	指标名称	t	任务	指标名称	t
大小判断任务	W13AA	3.003**	食物语义流畅性任务	W42A	1.395*
单双判断任务	W13BB	3.205**		W42B	2.109*

以这34个指标为基础，构建工作记忆能力指标。以刷新任务为例，刷新能力是指被试在无刷新条件下的正确率W110A与刷新条件下的正确率W11NA之差、无刷新条件下的平均正确反应时W110B与刷新条件下的平均正确反应时W11NB之差。在任务指标的基础上，共构建了18个工作记忆能力指标，各指标的鉴别力分析见表5-5。

表5-5 工作记忆能力指标鉴别力分析

工作记忆成分	任务	指标	指标描述	t
中央执行系统	刷新总成绩	W11A	不同刷新条件下正确率之差	2.087*
		W11B	不同刷新条件下平均正确反应时之差	3.934*
	抑制总成绩	W12A	不同抑制条件下正确率之差	2.451*
		W12B	不同抑制条件下平均正确反应时之差	2.590*
	转换任务	W13CA	转换条件下正确率	3.538**
		W13CB	转换条件下平均正确反应时	4.256**
语音回路	数字匹配总成绩	W21A	数字匹配正确率	3.982**
		W21B	数字匹配平均正确反应时	4.143**
	字母匹配总成绩	W22A	字母匹配正确率	5.613**
		W22B	字母匹配平均正确反应时	7.684**
视空间模板	方格位置判断总成绩	W31A	方格位置判断正确率	4.416**
		W31B	方格位置判断平均正确反应时	4.917**

续表

工作记忆成分	任务	指标	指标描述	t
视空间模板	空间位置判断总成绩	W32A	空间位置判断正确率	5.262**
		W32B	方格位置判断平均正确反应时	5.724**
情景缓冲器	动物语义流畅性总成绩	W41A	动物词汇数量	1.714*
		W41B	去除重复和无意义词语后的动物数量	1.902*
	食物语义流畅性总成绩	W42A	食物词汇数量	1.395*
		W42B	去除重复和无意义词语后的食物数量	2.109*

构建的任务指标及模型如图5-5所示，共测量工作记忆的四个成分，其中测量中央执行系统的显变量6个，测量视空间模板、语音回路和情景缓冲器的显变量各4个，共18个。

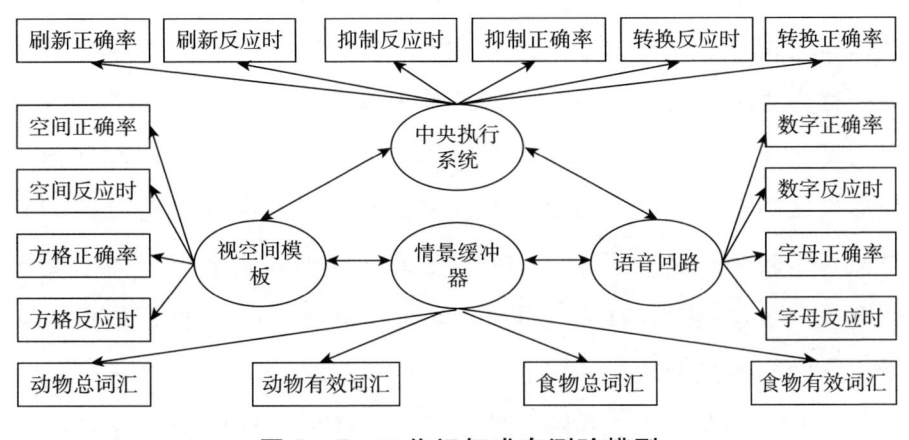

图5-5 工作记忆成套测验模型

二 模型验证

模型验证使用的软件为Mplus 7，选择的主要拟合指标如表5-6所示。

表 5-6 模型拟合

CMIN/DF	CFI	TLI	SRMR	RMSEA
3.973	0.942	0.907	0.049	0.057

结构方程模型中常用的拟合指数有三种：绝对指数、相对指数和简约指数。本研究选取结构方程模型中常用的绝对指数和相对指数。[①]

绝对指数评价的是理论模型与样本数据的拟合程度。常用的绝对拟合指数有 SRMR、RMSEA、卡方与自由度之比（CMIN/DF）等。SRMR 评价的是测量的残差，残差越小则 SRMR 越小，一般认为当其小于 0.08 时模型的拟合较好。此次工作记忆成套测验构建的模型 SRMR 值为 0.049。另一个常用的绝对拟合指数 RMSEA 称为近似误差指数，该指数具备受样本量与观察变量分布特征影响较小的优点，因此被广泛采用。一般认为 RMSEA 的值应小于 0.1。此次研究模型的 RMSEA 值为 0.057。由于卡方值受样本量影响较大，样本越大，卡方值越大，因此研究者常以相对更稳定的卡方与自由度之比来衡量模型拟合。一般认为该值小于 3 为佳，较宽松的标准则认为小于 5 亦可接受。此次研究卡方与自由度之比为 3.973，虽然高于较为严格的标准 3，但低于较为宽松的标准 5。加上此次研究被试数量接近 300 人，属于大样本，因此该模型拟合值可以接受，认为模型拟合较好。

Mplus 中提供的常用相对拟合指数为 CFI、TLI。CFI 评价的是假设模型与独立模型之间的差异，差异越小，拟合越好，其最佳取值为 1。TLI 与 CFI 的计算方法相近，也用于评价假设模型与独立模型之间的差异，最佳取值也为 1。一般认为 CFI 和 TLI 的值高于

---

① 王长义等：《结构方程模型中拟合指数的运用与比较》，《现代预防医学》2010 年第 1 期，第 7～9 页。

0.9 即可接受。此次研究 CFI 和 TLI 的值分别为 0.942 和 0.907，说明模型拟合很好。

三 信度检验

信度检验通过组合信度和 α 系数等指标进行综合评价。

组合信度是指将多个变量组合成为一个变量时的信度。一般认为组合信度应当在 0.7 以上。各成分组合信度如表 5-7 所示，中央执行系统的组合信度最低，为 0.752；情景缓冲器的组合信度最高，为 0.871；语音回路和视空间模板的组合信度分别为 0.775 和 0.784。所有组合信度均达到了心理测量学要求。

α 系数是评价信度系数最常用的指标。中央执行系统的 α 系数为 0.74，达到了心理测量学 0.7 的要求。情景缓冲器、语音回路和视空间模板虽然 α 系数较低，但因其指标数量较少，且组合信度比较高，所以，综合多项指标，可以认为这三个成分仍具备较高的信度。

表 5-7 测验信度检验

成分	组合信度	α 系数
中央执行系统	0.752	0.74
语音回路	0.775	0.56
视空间模板	0.784	0.59
情景缓冲器	0.871	0.68

第五节 讨论

一 任务与材料的选择

（一）任务范式的应用

本研究在选择测验任务时以双任务范式为主，结合多种任务范式。双任务范式是中央执行系统测量的主要方式，经典的双任务范式要求被试同时执行两项存在"竞争"的任务。"竞争"是指两项任务同时需要投入认知资源，但认知资源有限，需要被试合理分配，以确保双任务的顺利进行。因此，双任务范式考查被试在两项任务中的指向和调节能力，这些能力都属于中央执行系统的范畴。

但是在其他成分的测量中，双任务并非最佳任务范式，因此除中央执行系统外的三个成分均尽可能使用其他任务形式，例如，情景缓冲器的测量采用口头报告形式，以多种范式的综合运用提高测验的丰富程度。

丰富的任务范式还体现在量表的形式上。中央执行系统、情景缓冲器的主要成分适用于操作量表，如测量刷新功能的 N-back 任务、测量捆绑的积木测验。与工作记忆广度相关的成分适用于言语量表，如测量语音回路的数字广度测验。

多种任务范式与工作记忆涉及多种感觉通道、各成分功能各异的特点相符，为每个成分选择最佳的测量任务是编制优质成套测验的基础。

（二）以回忆、再现为基本测验形式

根据 Baddeley 提出的工作记忆四成分模型，工作记忆系统属于流体智力系统，因此不同被试间工作记忆能力差异主要体现在对材料或长时记忆的编码、存储、提取等方面，主要的指标为正确回忆的反应时或正确率。因此，本次测验编制以回忆、再现为基本测验形式，如非词广度测量被试语音回路成分中的语音信息存储功能，测验任务为典型的再现；语义流畅性测量被试情景缓冲器成分，测验任务为典型的回忆，反映了被试从长时记忆中提取信息的能力；字母 – 数字排序测量被试语音回路成分，反映了被试对材料的编码能力。

（三） 测验材料的选择

记忆可以分成陈述性记忆和程序性记忆。陈述性记忆是对有关事实和事件的记忆，可以通过语言、图像等媒介一次性获得。如复述任务中，主试要求被试记住的数字或字符串就是陈述性知识。程序性记忆是指针对如何完成某项任务或事情的记忆，包括对知觉技能、运动技能的记忆。程序性记忆是通过不断练习获得的，这类知识、技能的记忆提取不需要意识，因此基于程序性记忆的材料不适用于工作记忆的测量。本研究结合工作记忆临时性的信息存储的特点，以陈述性记忆材料为主。陈述性记忆材料可以是即时从外界获取的，也可以是从长时记忆中提取的，本研究均有涉及，例如数字广度测验需要被试从外界获取材料，语义流畅性测验需要从长时记忆中提取材料。

二 工作记忆总体及各成分的测量

（一） 工作记忆四成分模型的测量

四成分模型不是单纯地在三结构模型基础上增加了"情景缓冲器"一个成分，而是进一步丰富了整个工作记忆的理论，在长时记忆和工作记忆之间、流体智力和晶体智力之间建立起了联系。因此，对工作记忆各成分的测量方法也应做相应修订，应当用整体的思维看待这一问题。

基于新的模型开展的研究，应当考虑不同测验任务组合在一起之后的结构效度，即所选择的测验任务组合是否支持四成分模型假设，所选指标是否达到心理测量学的要求。实验法是涉及工作记忆能力测量的研究中最流行的方法之一，工作记忆的每个成分，甚至每个功能都有完备的实验范式。但多数实验任务在设计之初仅考虑了所测成分的测评需求，而未考虑测验方式，尤其是群体测验时的需求，也不考虑大规模施测时的效果。这是因为实验研究所需要的人数较少，多数研究的被试量都很难达到验证结构效度的最低要求，因此，很少有研究者对所选任务及指标进行信度和效度检验。这对相关研究的外部效度、可拓展性都有不小的影响。

本书在任务设计阶段借鉴了国内外相关研究，但在材料选择上则从研究目的出发，尽可能以中文字符、简单图形、字母、数字等为主。在数据验证阶段，不仅检验了每个任务指标的鉴别力，还基于结构方程模型验证了将这些指标组合为四成分模型时的效度。

本书由单个指标到整个模型，用多种方法论证了工具的信度和效度，弥补了以往研究只关注单个任务、以单个成分水平代表工作记忆总体能力的局限。以结构方程模型为代表的复杂数据分析技术在协调能力测量、模型结构验证等方面发挥了作用。

（二）各成分的测量

1. 协调能力的测量

在鉴别力分析阶段，与协调能力相关的指标均未达到心理测量学要求，因此，最终的模型与原设计相比，缺少了测量中央执行系统中协调功能的划消测验。这可能与划消测验更多用于注意力测量，而非特别指向协调功能测量有关。另外，协调功能是否为一项独立的功能在不同的研究中结论不一。本次研究的结果没有证明"协调功能为一项独立功能"的假设。在量表编制过程中，中央执行系统仅刷新、抑制、转换三个功能得到了数据的支持，这与 Miyake 等人的研究相一致。Miyake 等人用潜变量分析的方法研究了中央执行系统的统一性与多样性。研究过程中发现中央执行系统存在刷新、抑制、转换三种功能，三者之间均为中等程度相关，路径系数在 0.42~0.63。[1]

---

[1] A. Miyake, N. P. Friedman, M. J. Emerson, et al., "The Unity and Diversity of Executive Functions and Their Contributions to Complex 'Frontal Lobe' Tasks: A Latent Aariable Analysis," *Cognitive Psychology*, 2000, 41 (1): 49–100.

本书研究的路径系数在 0.45~0.51，且相关显著。

所以，本书最终构建的模型中，中央执行系统部分只包含刷新、抑制、转换三种能力。这一结果与国内外一些学者，如赵鑫、马娟子、Conway 等人有关中央执行系统的研究一致。[①] 但因为被试年龄集中在小学阶段，并不能认定协调能力不是一向独立功能，因此，未来还需通过新的测验任务、增加其他年龄被试等方式做进一步验证。

2. 记忆广度的测量

语音回路和视空间模板的测验任务本质上都是对记忆广度的测量，只是记忆的形式有所区别。语音回路的测量任务为数字匹配和字母匹配。与以往测量记忆广度的方式不同，此次编制的测验任务将记忆广度固定为 4，转而关注反应的正确率和平均正确反应时。正确率和反应时都比简单的广度更具区分度，因此测量的信度、效度也更高。视空间模板测量任务的设计也遵循这一原则。将记忆广度设定为 4，是为了保证测验任务适合低年级学生。高年级学生的记忆广度即使大于 4，也可以通过更高的正确反应率和更短的平均正确反应时展现工作记忆能力发展的优势。这种设计保证了所有测验的施测时间一致，不会出现不同记忆广度学生施测时间差异较大的情况。尤其是对于工作记忆广度较高的学生，如果采取记忆广度指标，意味着他们的测验时间将长于工作记忆广度较低的学生。在测验任务较多的情况下，疲劳反而会导致他们无法发挥自己的最佳水平，导致结果的不公平。因此，从这一角度出发，固定广度、改用正确率和平均正确反应时的方式保证了测验的公平性。此外，固

---

① 赵鑫、周仁来：《工作记忆中央执行系统不同子功能评估方法》，《中国临床心理学杂志》2011 年第 6 期，第 748~752 页；马娟子：《小学生工作记忆测验的编制与信效度分析》，硕士学位论文，华东师范大学，2011；A. R. A. Conway, M. J. Kane, R. W. Engle, "Working Memory Capacity and Its Relation to General Intelligence," *Trends in Cognitive Sciences*, 2003, 7 (12): 547.

定广度设计更适用于计算机编程，使得工作记忆多个成分的测量更加方便，直接降低了施测对主试的要求。这样的测量方式适合大规模测验，更适合我国基础教育阶段班额较大的基本国情。

虽然本书选择的几个固定广度的测验任务都取得了良好的效果，但后续研究在实验任务设计时仍应特别注意，尤其是固定广度的选择。以视空间模板测量任务为例，此次研究学生年级跨度从三年级到五年级，跨度较小，年龄偏低。因此选择了适中的广度，确保广度不会成为被试反应的瓶颈。如果选择的广度太小，被试记忆负荷太小，测验将变成单纯反应时间的测量；如果选择的广度太大，被试记忆负荷加重，部分记忆广度较小的被试成绩将变得没有意义。所以在测量不同年龄被试群体时，广度的选择非常关键。对于不同年龄的被试，应当选择与其工作记忆能力发展水平相匹配的任务难度，避免出现"天花板效应"和"地板效应"。

3. 情景缓冲器的测量

情景缓冲器是 Baddeley 最晚提出的成分，主要目的是弥补三成分模型的几个缺陷。首先，三成分模型没有说明其与长时记忆是如何产生联系的。例如，我们对无意义、无关词语的回忆广度很低，一般在 5 个左右，但对句子回忆的广度却可能达到 16 个单词。多出来的部分一定是来自长时记忆。但三成分模型中各成分与长时记忆是分离的，无法解释上述现象。其次，三成分模型假设中央执行系统不具备存储功能，因此从三成分模型理论出发，即时回忆和延时回忆成绩应当相同。但对脑损伤病人的研究发现，有些病人即时回忆成绩很好，延时回忆成绩很差。这表明中央执行系统是可以从某一个成分中存储和提取信息的。最后，三成分模型假设语音回路和视空间模板是两个独立的成分，但人类的语言都是语音和视觉编码的结合，三成分模型无法解释这些信息是在哪里进行整合的。因此，Baddeley 提出的情景缓冲器是长时记忆和工作记忆产生联系的中介，是中央执行系统暂时存储和提取信息的场所，是语音和视觉编码结合的场所。所以，情景缓冲器被认为是存储多种形态编码、具备存储功能的成分，具备信息整合与存储功能。

情景缓冲器的测量方法比较少，常用的有捆绑测验和语义流畅性测验。其中，语义流畅性测验更具可操作性。本次研究选择了两个相似的任务：动物词汇流畅性和食物词汇流畅性。情景缓冲器主要评价被试从长时记忆中提取信息的能力，口头汇报过程中被试需要从长时记忆中提取词汇，此时的词汇为文字信息；在情景缓冲器中将文字编码的词汇与语音整合，存储并汇报。这一过程体现了情景缓冲器从长时记忆提取信息、多种编码整合、存储等能力。此次测验采取的两个任务可以说是平行任务，相关分析也证实了这一点，两个任务的词汇量与有效词汇量相关分别为 0.960 和 0.658。多个相似指标的设计确保了对这一成分测评的准确性。

三　工作记忆与智力的关系

本书使用的智力测验为瑞文测验，主要用于评价学生的流体智力。流体智力是以生理条件为基础的能力，随着年龄的增长不断提高，到 20 岁前后到达顶峰，随后开始缓慢下降。本书选择的被试为四年级至六年级学生，平均年龄 10 岁，标准差 0.5 岁。这一阶段学生的流体智力处在迅速发展时期，且互相之间差异很大。根据工作记忆多成分模型，工作记忆各项功能也属于流体智力系统范畴。

统计结果表明，工作记忆总成绩与瑞文测验之间的相关显著，相关系数为 0.58，属于中等强度的相关。这与国内一些研究的结果相一致，[①] 说明工作记忆是智力的重要组成部分，与流体智力有较

[①] 刘彤冉、施建农：《9—11 岁儿童的工作记忆和智力、创造力之间关系的研究》，《中国临床心理学杂志》2007 年第 2 期，第 164~167 页；王亚南、刘昌：《工作记忆、加工速度与流体智力的发展》，《心理科学》2004 年第 2 期，第 507~509 页。

高关联，且可以用来预测很多高级认知过程。这也是本研究将工作记忆与数学学习相关联的基础。中等相关也表明此次编制的工作记忆四成分测验具备较高的效标效度。

四　四成分模型的优点及合理性

四成分模型的优点在于：强调工作记忆与长时记忆之间的联系，强调各子系统之间的信息整合。这与小学数学学习的心理过程更加接近。尤其是在复杂的数学任务中，被试在长时记忆中提取的信息在哪里加工、整合，一直是三成分模型所无法解释的。情景缓冲器的提出解决了这一难题，信度、效度检验结果表明，实际数据支持四成分模型假设。

四成分模型可以与流体智力、晶体智力理论更好地结合。四成分模型中视空间模板、情景缓冲器、语音回路均属于流体智力，这些能力不能像晶体智力那样直接通过学习而改变。四成分模型假设晶体智力系统与流体智力系统之间相互作用和影响，这两个系统都受到中央执行系统的直接或间接控制。这给本研究的启发是在数学学习过程中，中央执行系统的作用可能会大于另外三个成分。因此，中央执行系统与数学能力之间的相关、中央执行系统的干预训练可能会是后续研究的重点。四成分模型能更好地解释数学障碍学生在执行相关任务时出现的问题。

四成分模型为研究数学学习过程中的复杂认知加工过程提供了新的工具，为研究工作记忆与数学困难之间的关系提供了新思路。

第六章

研究Ⅲ 小学生数学能力与工作记忆的关系研究

第一节 研究目的

研究者公认工作记忆缺陷是造成数学障碍的根本原因,但从未有研究讨论过工作记忆各成分与课程标准中四个领域的关系。本研究的目的是:使用研究Ⅱ编制的工作记忆成套测验评价学生工作记忆能力;基于课程标准,从四个领域开发试卷,全面评价学生数学能力;并在此基础上讨论二者之间关系。

第二节 被试选择

被试选自研究Ⅰ所在的小学,整个四年级所有学生,共8个班425人。包含研究Ⅰ确定的存在数学障碍的学生35人。无数学障碍学生在剔除无效试卷后有效人数374人,有效率88%。其中女生比例为49.6%,男生比例为50.4%。平均年龄10岁,标准差0.3岁。

在数学障碍学生与无数学障碍学生的工作记忆能力进行比较的

过程中，根据数学障碍学生的年龄、性别、韦氏智力等为其匹配了无数学障碍对照组。

第三节 研究步骤

（1）编制评价框架，命制数学试卷，并施测。
（2）使用多维 Rasch 模型对学生能力进行估计，得到四个课程领域的能力，并合成为数学能力。
（3）使用工作记忆成套测验评估学生工作记忆各成分的水平。
（4）对工作记忆各成分水平与数学各领域能力做相关分析。

第四节 研究结果与数据分析

一 小学生数学能力的评价

（一）模型选择及参数估计

本研究选择了相关研究中使用较多的多维 Rasch 模型。该模型解决了单维度模型在分析多维度测验时遇到的信度、效度问题。也使测验在覆盖较广范围内容的同时，保持较高的测验精准度。[1]

参数估计软件为 ConQuest Version 4，其他数据统计软件为 SPSS。参数估计过程中首先估计各数学课程领域的能力及题目难度，然后将题目难度锚定后估计数学总能力。参数估计过程中将所有题目难度的均值设定为量尺的 0 点。

---

[1] 晏子：《心理科学领域内的客观测量——Rasch 模型之特点及发展趋势》，《心理科学进展》2010 年第 8 期，第 1298~1305 页。

（二）评价框架及命题设计

评价框架是数学能力评价的基础，也是开发评价工具（试卷）的依据。评价框架的制订应当基于数学课程标准，并以国际数学能力评价、国家基础教育质量监测的数学评价框架为参考。国家基础教育质量监测从认知能力、学科内容两个方面，多个维度评价学生数学能力。学科内容以课程标准为准。我国义务教育阶段现行的课程标准为 2011 年版。

2011 年版《义务教育数学课程标准》将义务教育阶段划分为三个学段，第一学段为一年级至三年级，第二学段为四年级至六年级，第三学段为七年级至九年级。本研究的被试均来自四年级，是第二学段的开始，是小学低年级和高年级的分界点。义务教育阶段各阶段均安排了"数与代数""图形与几何""统计与概率""综合与实践"四部分课程内容。同时，课程标准还为每个课程内容设定了具体的课程目标。课程目标分为结果目标和过程目标。结果目标以"了解""理解""掌握""运用"等行为动词来表述，过程目标以"经历""体验""探索"等动词来表述。其中，过程目标较难评价，但结果目标具有可操作性。

结果目标的描述基于布卢姆教育目标分类理论。考虑到测评结果的精确性，在制定评价框架时，要求命题教师改用布卢姆教育目标分类理论中对能力的描述。结合四年级正在学习的课程内容，整理后发现该时段课程的结果目标涵盖了理解、应用、分析三个认知层次。

综上所述，根据正在学习的课程内容、整理后的结果目标制定了此次能力评价框架，并根据题目内容及其在课程中的比重设定了题目数量和分值比例。据此编制了一组满分 100 分、共 29 个题目（共 32 个采分点）的数学试卷。试卷的评价框架见表 6-1。

表6-1　数学能力评价框架

单位：个，分

	理解	应用	分析	合计
数与代数	1（2）	5（24）	2（4）	8（30）
图形与几何	2（8）	5（10）	1（2）	8（20）
统计与概率	1（2）	1（6）	2（8）	4（16）
综合与实践	—	6（17）	6（17）	12（34）
合计	4（12）	17（57）	11（31）	32（100）

本研究从课程内容和认知能力两大维度评价学生能力。课程内容划分为四个分维度，认知能力划分为三个维度，试卷及双向细目表见附录。

数与代数部分主要考查小数的乘除法、乘数与积的关系、用字母代替数字等内容。根据课程标准要求，小数乘除法是本学期主要内容，因此在命题中作为重点内容。为确保考查效果，采取题组的形式，避免仅考查1个题目时的随机性。同时为增加测验的丰富程度，将题目分为口算和脱式计算两类。其中，口算要求直接写出结果，脱式计算虽然要求脱离竖式但需要逐行写出运算过程，因此在试卷排版时做了专门设计，口算只留出书写结果的空间，脱式计算则留出书写计算过程的空间。正确的作答方式见图6-1。

图形与几何部分考查对称轴、平移与旋转、图形测量、平行线、垂线等内容。其中图形测量是本学期主要内容，因此在命题时作为重点内容。命题采用题组形式，共考查了量角器的使用、角的绘制、平行线的绘制和垂线的绘制等知识点，兼顾器材使用和对图形的认识（见图6-2）。

统计与概率部分主要考查复式统计图和统计表，此次命制的题组主要考查学生用条形图表示数据的能力、从数据表中获取信息的

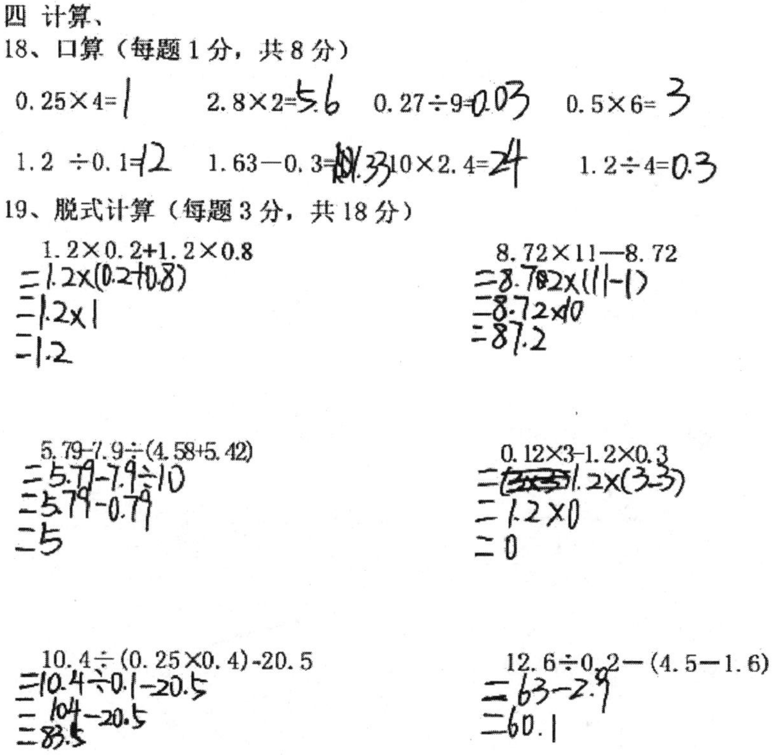

四 计算、

18、口算（每题1分，共8分）

0.25×4=1   2.8×2=5.6   0.27÷9=0.03   0.5×6=3
1.2÷0.1=12   1.63−0.3=1.33   10×2.4=24   1.2÷4=0.3

19、脱式计算（每题3分，共18分）

1.2×0.2+1.2×0.8
=1.2×(0.2+0.8)
=1.2×1
=1.2

8.72×11−8.72
=8.72×(11−1)
=8.72×10
=87.2

5.79−7.9÷(4.58+5.42)
=5.79−7.9÷10
=5.79−0.79
=5

0.12×3−1.2×0.3
=1.2×(3−3)
=1.2×0
=0

10.4÷(0.25×0.4)−20.5
=10.4÷0.1−20.5
=104−20.5
=83.5

12.6÷0.2−(4.5−1.6)
=63−2.9
=60.1

图6−1　小数乘除法样题

能力。其中，绘制条形图既要求学生从统计表中获取关键信息，又要求学生将信息以图形的方式表示出来，因此该题的分值最高；另外两题仅考查从数据图或表中获取信息的能力，因此分值较低（见图6−3）。

综合与实践部分主要考查学生结合实际情景发现和提出问题、分析并提出解决方案的能力。这类能力的考查一般需要创设情境，因此多以应用题的形式出现。在情境创设时，尽量让题目内容贴近现实生活，避免出现学生比较生疏的情境。在评分时要求学生逐步写出问题解决的过程，根据过程酌情赋分（见图6−4）。

五、量一量，画一画（共8分，每题2分。在答题卡上完成）

25. 量出下面角的度数，并填一填。

量得的角的度数是：（ 55 ）°，这个角是（ 锐 ）角

26. 以下面的射线为一条边画一个115°的角。

27. 画出右面直线的平行线。

28. 经过已知的点画出已知直线的垂线。

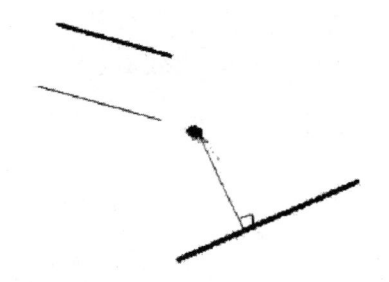

图6-2 图形测量样题

（三）参数估计结果及能力合成

在使用能力估计值评价学生多维能力前，首先应确定模型与实际数据的拟合情况，以保证参数估计结果的准确性。题目的拟合指数是评价模型与数据拟合程度时最常用的指标。最主要的题目指标有两个。一是加权均方统计量。加权均方即加权后卡方与自由度的比值，其中的权重是由被试数量决定的。二是未加权均方统计量。

二者通常结合使用，以综合评定题目与数据的拟合情况。有研某小学四、五年级学生参加兴趣小组的人数统计如下：

2016年2月

人数 组别 年级	电脑组	音乐组	书法组	象棋组
四年级	22	12	12	26
五年级	28	14	8	20

(1) 根据表内信息，完成下列条形统计图（6分）

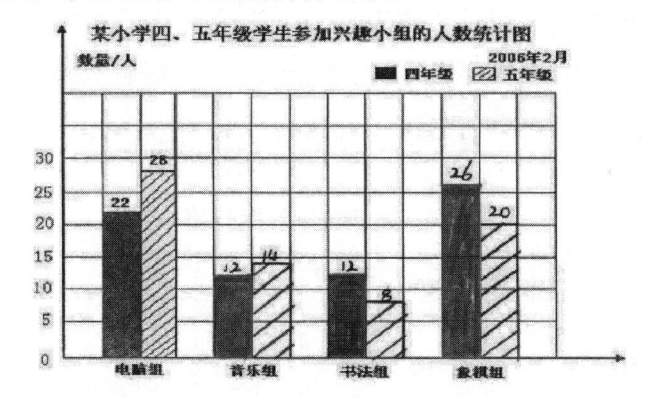

(2) 参加 **电脑** 兴趣小组的人最多，有 **50** 人；（4分）

(3) 四年级一共有 **72** 人参加兴趣小组，平均每组有 **18** 人。（4分）

图6-3 复式统计图表样题

22. 小明的房间长3.6米，宽3米。爸爸要给这个房间铺上地砖，用面积是40平方分米的方砖，需要多少块？

$3 \times 3.6 = 10.8$（平方米）

10.8平方米$= 1080$平方分米。

$1080 \div 40 = 27$（块）

答：27块。

图6-4 应用题样题

究指出，当拟合指数在［0.4，1.6］时，可以认为题目拟合较好，数据与模型拟合较好。[①] 此次参数估计结果见表6-2。可以发现，除第1题和第3题外，其他题目的未加权均方拟合指数分布在［0.4，1.37］，所有题目的加权均方拟合指数分布在［0.43，1.18］。表明数据和模型拟合较好，参数估计结果可以用于评价学生的数学能力。

多维Rasch从课程内容和认知能力两个方面进行能力估计。因此每名学生可以获得两组能力，即数学能力（包括数与代数能力、图形与几何能力、统计与概率能力、综合与实践能力）和认知能力（包括理解能力、应用能力、分析能力）。根据各领域在整个试卷中所占的分值，还可以将各维度能力合成总能力。

表6-2 数学试卷各题目拟合情况

题目	难度	OUTFIT	INFIT	题目	难度	OUTFIT	INFIT
O01	-3.035	0.25	0.45	S17	-1.381	1.37	0.96
O02	-1.617	0.64	0.84	S18	-1.325	0.93	0.83
O03	-1.732	0.66	0.77	S19	-2.194	1.04	0.79
O04	1.695	1.33	1.18	S2001	-2.429	0.45	0.65
O05	-2.861	0.56	0.59	S2002	-1.732	0.77	0.82
O06	-1.057	0.93	1.03	S21	-1.425	0.81	0.89
O07	-0.764	0.95	0.94	S22	-0.477	1.10	0.94
O08	-1.617	0.94	0.88	S23	-0.110	1.21	1.05
O09	0.706	0.95	0.99	S2401	-1.650	0.30	0.43
O10	-2.703	0.40	0.55	S2402	-1.003	0.98	0.80
T11	-2.959	0.45	0.55	S2403	-0.909	0.72	0.87

[①] R. K. Hambleton, H. Swaminathan, *Item Response Theory: Principles and Applications*, Boston; Hingham, MA, U.S.A.: Kluwer-Nijhoff Pub.; Distributors for North America, Kluwer Boston, 1985.

续表

题目	难度	OUTFIT	INFIT	题目	难度	OUTFIT	INFIT
T12	-1.588	1.03	0.99	S25	-1.616	1.28	0.93
T13	-0.306	1.11	1.12	S26	-1.358	0.68	0.79
T14	-2.909	0.44	0.55	S27	-0.868	0.84	0.89
T15	-2.2	0.75	0.76	S28	0.551	1.04	1.07
S16	-1.218	0.80	0.82	S29	-0.452	0.99	1.02

表6-3为一名学生数学能力的估计结果，其四个领域的数学能力分别为1.63、0.95、0.83、1.5。根据各领域在试卷中的分值比例加权求和，得到其数学课程总能力为1.322。

表6-3　数学能力估计结果

单位：%

类别	数与代数	图形与几何	统计与概率	综合与实践	数学课程总能力
数学能力	1.63	0.95	0.83	1.5	1.322
各能力分值比例	30	20	16	34	

二　工作记忆与数学能力的关系

工作记忆各成分与数学能力的关系见表6-4。工作记忆各成分与数学能力各维度间的相关均显著，相关系数在[0.112，0.375]，工作记忆总能力与数学课程总能力之间的相关为0.265。

表6-4　工作记忆各成分与数学能力的关系

类别	数学课程总能力	数与代数能力	图形与几何能力	统计与概率能力	综合与实践能力
中央执行系统	0.318**	0.350**	0.370**	0.375**	0.138**

续表

类别	数学课程总能力	数与代数能力	图形与几何能力	统计与概率能力	综合与实践能力
语音回路	0.256**	0.340**	0.318**	0.175**	0.128**
视空间模板	0.281**	0.306**	0.237**	0.330**	0.112**
情景缓冲器	0.304**	0.279**	0.308**	0.310**	0.328**
工作记忆	0.265**	0.309**	0.267**	0.296**	0.282**

（一）中央执行系统与数学能力的关系

中央执行系统与数学总能力的相关为0.318，与四个课程维度之间的相关在［0.138，0.375］。

中央执行系统同综合与实践能力的相关最低。课程标准中设置综合与实践内容是为了培养学生的问题意识、应用意识和创新意识，让学生积累活动经验，提高学生应用数学知识解决实际问题的能力。在此次命题中，综合与实践能力共设置12个题，合计34分。题型包括填空、判断、应用题等，其中应用题所占分值和题目数量均最大。应用题的解答过程需要学生首先从文本描述的场景中抽象出数学模型，然后再运用数学知识给出解答。在这一过程中，抽象能力、文本理解能力是正确解答问题的前提。但文本理解能力不属于此次考查的核心内容，且与工作记忆间的相关关系尚不明确，所以出现了综合与实践能力同工作记忆的多个成分间相关均较低的情况。

除此之外，中央执行系统和数与代数、图形与几何、统计与概率、数学总能力之间的相关均为各成分中最高的，说明中央执行系统与数学学习的相关最强，即数学学习的各个方面都需要中央执行系统的支持。中央执行系统是整个工作记忆系统的核心，不仅有刷新、抑制、转换等能力，还负责监控和协调视空间模板、语音回路和情景缓冲器三个成分，监控的内容包括信息加工、策略的选择等，在数学任务中发挥最关键作用。以涉及策略选择题目为例（见图6-5），学生在解答该题的过程中需要使用"分类枚举"策略，即将所有正确答案一一列出。根据题意，围成周长是10厘米的长方形，且要求长方形为整厘米数，采用枚举法可以列出两种方案：长、宽分别为1厘米和4厘米，或长、宽分别为2厘米和3厘米。但数学障碍学生受限于工作记忆能力缺陷，尤其是中央执行系统能力缺陷，在策略选择时出现错误，所以数学障碍学生该题正确率为60%，与之相比对照组学生正确率为85%。

13、判断对错：
围成周长是10厘米的长方形，边长为整厘米数，总共有2种不同的围法。（　　　）

图6-5　策略选择题目样例

小学生尤其是数学障碍学生的认知能力处在飞速发展的阶段，数学学习对工作记忆的要求与工作记忆本身的发展水平可能不同步，当工作记忆发展相对滞后时就有可能出现数学障碍。

根据韦氏智力、性别、年龄等变量为数学障碍儿童匹配了无数学障碍学生为对照组。比较这两组学生中央执行系统的均值，发现存在显著差异，数学困难组学生的中央执行系统水平低于对照组。参照国内相关研究，数学障碍学生与对照组学生在某一成分上存在显著差异，且该成分与数学能力存在显著相关，可以推论工作记忆能力局限导致了数学成绩落后。据此可以认为数学学习障碍与中央执行系统缺陷有关，中央执行系统在数学学习中的作用最为重要。

（二）视空间模板与数学能力的关系

视空间模板与数学总能力的相关为0.281，与四个课程维度之间的相关在[0.112，0.33]。

视空间模板同统计与概率能力的相关比较高，相关系数为 0.33。此次命题过程中，统计与概率共设计 4 个题目，共计 16 分。题目内容均为统计图与统计表，如根据数据绘制折线图，根据统计图填充统计表。视空间模板的作用是以模拟的或空间的图像形式保持正在使用的信息。统计与概率相关问题的解决过程与这一能力有较强关联，因此二者的相关与其他成分相比较高。

视空间模板同图形与几何能力相关也比较高，相关系数为 0.237。视空间模板与图形的旋转、投影、分类和度量有关。以图形加工题目为例，如图 6-6 所示，该题要求学生对图形进行旋转、投影，以确定虚线是否为正方形的对称轴。数学障碍学生的正确率为 85%，对照组则为 95%。数学障碍学生视空间模板的图形加工能力差可能是其错误率高的原因。

小明用下面的图形表示正方形的对称轴，哪一个图是错误的？

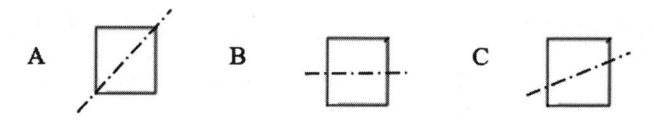

图 6-6　图形加工选择题样例

相关研究认为，这一阶段学生数学问题解决由一系列的可视化标志组成，这些可视化的表征就存储在视空间模板中，因此儿童的数学成绩与视空间模板有强相关。[①] 从思维发展的角度来看，小学低年级学生的思维以具体形象思维为主，高年级学生的抽象逻辑思维占主导地位。四年级处在具体形象思维占主导地位，但抽象逻辑思维开始逐渐占优势的阶段。抽象逻辑思维发展滞后的学生在面对较难解决的数学问题时还要辅以手势。但这一阶段的数学问题仅靠

---

① C. Rasmussen, J. Bisanz, "Representation and Working Memory in Early Arithmetic," *Journal of Experimental Child Psychology*, 2005, 91 (2): 137–157.

简单的手势已经不足以正确解决问题,这种冲突就导致了数学障碍的出现。

视空间模板与数学总能力的相关低于中央执行系统、情景缓冲器,这可能与儿童的认知发展规律有关。相关研究表明,视空间模板负责加工和存储视觉和空间信息、操作视觉图像、帮助数学学习,[1] 和图形与几何相关的非符号任务更多依赖视空间模板。[2] 但随着年龄的增长,儿童的思维能力从具体形象思维发展到抽象逻辑思维,对视空间模板图像操作的依赖程度逐渐降低。[3] 所以,视空间模板与数学能力的关系密切度随年龄增长逐渐降低。本研究抽样的四年级学生刚好处在两种思维方式转变的阶段,与工作记忆的其他成分相比,学生解答统计与概率(统计图表问题)时对视空间模板的依赖度开始下降。所以才会出现视空间模板与数学总能力相关低于中央执行系统和情景缓冲器的情况,也会出现视空间模板和图形与几何能力相关较低的情况。

数学障碍组学生的视空间模板水平低于对照组,说明某些类型的数学障碍与视空间模板的缺陷有关。

(三) 语音回路与数学能力的关系

语音回路与数学总能力相关为 0.256,与四个课程领域之间的相关在 [0.128,0.34]。

语音回路和统计与概率之间的相关仅为 0.175,是工作记忆所

---

[1] C. Singleton, "Brief Report—Phonological Awareness and Visual-Spatial Sketchpad Functioning Predict Early Arithmetic Attainment: Evidence From a Longitudinal Study," *European Journal of Cognitive Psychology*, 2008, 20 (4): 711–722.

[2] M. E. Kolkman, E. H. Kroesbergen, P. P. M. Leseman, "Involvement of Working Memory in Longitudinal Development of Number-Magnitude Skills," *Infant & Child Development*, 2014, 23 (1): 36–50.

[3] A. Baddeley, "The Episodic Buffer: A New Component of Working Memory?" *Trends in Cognitive Sciences*, 2000, 4 (11): 417.

有成分中最低的。语音回路的作用是存储语音编码的数学信息，和数学语言的理解与应用、运算规律的掌握等有较强相关。统计与概率主要涉及统计推断、统计图表等知识，二者之间关联度低，所以相关系数最低。

语音回路和数与代数之间的相关最高，相关系数为0.34。数与代数主要包括数的认识、数的运算、数量估计、代数及其运算、方程、函数等。相关研究表明，这些数学操作都需要语音回路的支持。[1] 尤其是在学生掌握了简单的运算规则后（如小学二年级学习的九九乘法表），逐步摆脱了对具体形象思维的依赖，数学运算过程中更多地依靠运算口诀，不再需要通过手势（如数手指）计算。运算口诀、算法事实的提取需要语音回路的支持，因此，学生对视空间模板依赖程度逐渐降低的同时，对语音回路的依赖程度逐渐上升。所以才会出现四年级学生语音回路同数与代数、图形与几何的相关高于视空间模板与这二者相关的情况。

本研究中，语音回路缺陷学生的数学问题集中表现在口算上。口算过程需要提取长时记忆中的运算口诀和算法事实，口算中使用的算法事实为九九乘法表和进位规则，这些信息是以语音形式存储在长时记忆中的，在提取过程中需要语音回路的参与。语音回路缺陷学生口算错误的主要表现形式有两种。一是进位错误，导致运算结果错误，如图6-7所示。

$$1.2 \div 0.1 = 0.12$$
$$2.8 \times 2 = 4.6$$

图6-7 进位错误案例

---

[1] K. P. Raghubar, M. A. Barnes, S. A. Hecht, "Working Memory and Mathematics: A Review of Developmental, Individual Difference, and Cognitive Approaches," *Learning & Individual Differences*, 2010, 20 (2): 110–122.

二是口算效率较低，即虽然回答正确，但存在修改现象（见图 6-8）。与之相比，不存在数学障碍的儿童几乎没有任何修改、涂抹现象，且运算结果完全正确。口算效率低同样说明对基本算法和计算事实的掌握和应用存在困难，这可能是语音回路缺陷导致的。

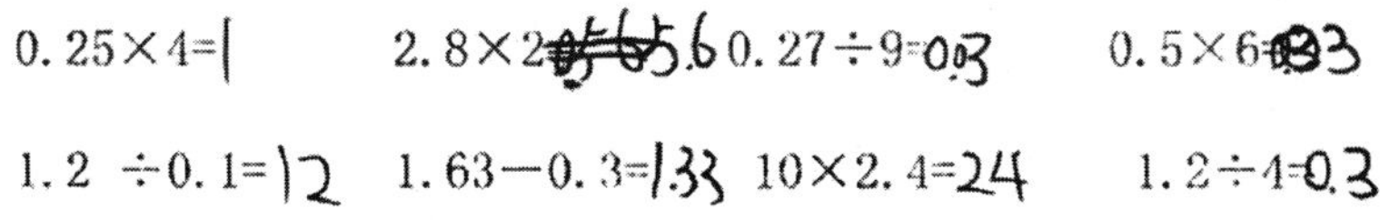

$$0.25\times4=1 \quad 2.8\times2\cancel{5}56 \quad 0.27\div9\cancel{0.3} \quad 0.5\times6\cancel{33}$$
$$1.2\div0.1=12 \quad 1.63-0.3=1.33 \quad 10\times2.4=24 \quad 1.2\div4=0.3$$

图 6-8　口算效率低案例

不仅如此，Baddeley 等人还认为，由于语音回路参与语言理解和获得，很多数学知识都是以语义形式存储在长时记忆中的。[①] 因此，在儿童接受了正式的学校教育以后，越来越多地使用数量的言语表征，更多地依赖语音回路对数量关系进行操作。随着年级的提高，接触正式数学教育越多，对语音回路的依赖性将会越高。这一点在相关研究中已经得到验证，Stevenson 等人的研究发现，语音回路可以更好地预测数学成绩。[②] 本研究的结论在一定程度上也支持了这一推断：除中央执行系统外，语音回路和数与代数、图形与几何的相关都是各成分中最高的。

数学障碍组学生的语音回路水平低于对照组，受其影响，数学障碍学生在数学事实、运算口诀等以语义方式存储的知识提取上出现困难。因此，可以认为某些类型数学障碍的出现与语音回路缺陷有关。

---

① A. Baddeley, "Working Memory: Looking Back and Looking Forward," *Nature Reviews Neuroscience*, 2003, 4 (10): 829–839.
② C. E. Stevenson, C. E. Bergwerff, W. J. Heiser, et al., "Working Memory and Dynamic Measures of Analogical Reasoning as Predictors of Children's Math and Reading Achievement," *Infant & Child Development*, 2014, 23 (1): 51–66.

（四）情景缓冲器与数学能力的关系

情景缓冲器与数学总能力的相关为 0.304，与四个课程领域之间的相关在 [0.279，0.328]。相关研究尚未讨论过这一成分与数学能力的关系。与另外三个成分相比，情景缓冲器与数学能力及其四个领域能力的相关仅次于中央执行系统，甚至在综合与实践的相关上比所有成分都高，只在数与代数能力上，相关低于另外三个成分。

情景缓冲器是长时记忆和工作记忆产生联系的中介，是中央执行系统暂时存储和提取信息的场所，是语音和视觉编码结合的场所。[①] 所以，情景缓冲器被认为是基于多种形态编码的、具有存储功能的成分。因此，情景缓冲器与数学能力的相关仅次于中央执行系统。以角度计算题为例（见图 6-9），题干中以文字形式给出了解题的部分条件，"∠1＝20°"，同时在图形中以图像形式给出了解题的另一条件，图中存在一个直角和两个平角。解题过程中需要处理以语音和图像两种形式获得的信息，这些信息分别存储在语音回路和情景缓冲器成分中，这两类信息的整合需要在情景缓冲器中完成。情景缓冲器和图形与几何能力的相关为 0.308，也说明该成分信息整合能力在图形与几何问题解决中的作用。该题满分 3 分，数学障碍儿童在该题上的平均得分仅为 1.4 分，对照组得分为 2.5 分。

∠1=20°，∠2 和 ∠3 <u>两个角</u>中，（　　）是钝角，

∠2=（　　）°．∠3=（　　）。

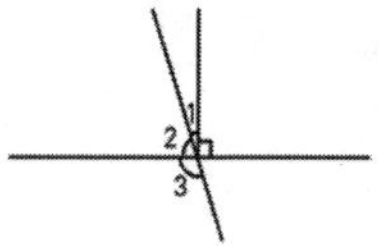

图 6-9　角度计算样题

[①] A. Baddeley, "The Episodic Buffer: A New Component of Working Memory?" *Trends in Cognitive Sciences*, 2000, 4 (11): 417.

同时，因为情景缓冲器是信息整合的场所，考查综合与实践能力的应用题对各种信息的整合能力要求较高，所以情景缓冲器和综合与实践能力的相关是所有成分中最高的，相关系数为 0.328。

情景缓冲器成分提出之前，三成分模型不能解释工作记忆是如何存储从长时记忆中提取的信息，也不能解释视空间模板和语音回路的信息是如何交换、整合的。但这两个成分与数学问题解决有关，所以，以往的研究都将这两个成分的功能缺陷导致的数学障碍归因为中央执行系统的发展滞后。与之相比，基于四成分模型理论框架的解释更加合理。分析情景缓冲器缺陷学生的数学能力，可以发现该成分的缺陷会导致数学能力的全面落后。这说明情景缓冲器成分在这一学段学生的数学学习中所起的作用非常关键，这一成分的训练应当是数学障碍干预的重要内容。

数学障碍组学生的情景缓冲器水平低于对照组，且情景缓冲器与数学能力之间的相关都仅低于中央执行系统，因此，可以认为某些数学障碍的出现与情景缓冲器的缺陷有关。

第五节 讨论

一 不同成分缺陷的典型表现

工作记忆各成分的缺陷会导致学生在面对数学问题时的不同表现。中央执行系统缺陷会导致学生在解题策略选择时出现错误；视空间模板缺陷会导致学生在涉及图形操作的题目时出现错误，如图形的旋转、投影、分类和度量等；语音回路缺陷会导致学生在涉及计算的问题上出现错误，尤其表现在口算正确率低和进位错误上；情景缓冲器缺陷最为特别，其数学问题表现为四个数学领域的全面落后。

二 工作记忆四成分与数学能力的关系

以往工作记忆与数学学习的相关研究，对工作记忆的成分、测量任务等都已达成共识。[①] 虽然相关研究多以三成分模型为基础，但对各成分的测量任务、选择的指标、统计方法都非常一致。本研究在此基础上，将四成分模型应用到相关研究中，发现情景缓冲器是除中央执行系统外，对数学能力影响最大的成分。

以往的研究对数学能力的评价多侧重于数的概念、数学运算等，对图形、几何、空间、统计与概率、综合与实践等关键数学能力的讨论极少，尤其在中国基础教育语境下，结合课程标准的研究更少。这就无法全面考量工作记忆与数学学习的关系，得到的结论对基础教育阶段数学障碍的教育干预工作没有直接帮助。

本研究在工作记忆总能力、中央执行系统等成分上的结论与相关研究一致，在部分成分和数学能力关系上有新的发现。

第一，工作记忆与所有数学能力均存在显著相关，中央执行系统是数学学习的关键因素之一。

第二，从相关系数看，新增加的情景缓冲器在第二学段的数学学习中发挥着关键作用。情景缓冲器成分的发展滞后或缺陷可能导致数学成绩的全面落后。

第三，视空间模板与语音回路在某些数学任务上的作用存在此消彼长的关系，这与数学任务对思维的要求有关，也受学生思维发展水平影响。当任务可以通过具体形象思维解决时，对视空间模板的依赖性较高；当任务需要通过抽象逻辑思维解决时，对语音回路的依赖性较高。

---

① 李莉、周欣、郭力平：《儿童早期工作记忆与数学学习的关系》，《心理科学进展》2016年第10期，第1556~1567页。

第四，视空间模板在低年级数学学习中的重要性高于语音回路。低年级学生在解决数学问题时更多地依靠具体形象思维，如通过数手指方式完成计算题。在数量掌握和应用乘法表等数学任务中更依赖视空间模板，通过操作视觉图像的方式来解决问题。因此，越是低年级，数学学习对视空间模板依赖程度越高，数学障碍学生也多表现出依赖具体形象思维而非抽象逻辑思维来解决问题。

第五，数学学习对语音回路的依赖程度将随年级提高而提高。数与代数、统计与概率、综合与实践知识更多地以语义的形式存储在长时记忆中，其提取需要语音回路成分参与，所以随着年级提高，语义提取在数学问题解决中的比重不断增加，数学学习对语音回路的依赖将不断提高。

三　工作记忆对数学学习的影响

工作记忆及其各成分对数学学习的影响历来有两种观点：领域一般性和领域特殊性。领域一般性观点认为，工作记忆各个成分对数学学习都有重要影响；领域特殊性观点则认为只有一部分工作记忆系统对数学能力有影响。

工作记忆与数学能力的关系研究表明，工作记忆及其各成分对数学学习的各个领域都有影响，更符合领域一般性的假设。具体影响总结如下。

（1）各个成分所起的作用不一致。任何数学学习都需要中央执行系统的参与，且中央执行系统与数学能力及各维度能力的相关均为各成分最高；其次是情景缓冲器。所以这两个成分具备非常明显的领域一般性特征。

（2）工作记忆各成分在数学学习过程中所起的作用并非一直不变，而是随着学生年龄、认知发展、接触正规的数学学习时间长短而变化。视空间模板和语音回路在数学学习中的作用会因学习内容的变化而变化,前者在低年级数学学习中的作用较大,后者在高年级数学学习中的作用较大。

(3) 工作记忆对不同学习内容的影响也不一致。工作记忆对数与代数学习的影响最大,对综合与实践能力的影响最小。

从动态发展的角度看,工作记忆的领域一般性与领域特殊性不是一成不变的,而应根据不同的思维发展阶段、不同的数学任务做综合判定。

四 研究不足

国外多项研究表明不同工作记忆对数学学习的影响随年龄变化而变化。[1] 例如,有研究指出中央执行系统是幼年儿童数数策略的关键,[2] 中央执行系统对幼年儿童的数学学习影响高于年长儿童。[3] 本研究所选择的被试集中在四年级,学生思维处在两种思维方式的转换阶段,数学学习内容比较集中。如果要了解工作记忆对数学学习影响的动态变化趋势,还应当增加其他年龄段被试。

这是横断研究无法解决的问题,因此在未来的研究中,需要采取纵向设计。纵向设计不仅更能说明工作记忆各成分与数学能力的关系,还可以借助项目反应理论等值、增值分析技术的优势,获得更丰富的结论。

---

[1] D. L. Henry, M. M. Maclean, "Relationships between Working Memory, Expressive Vocabulary and Arithmetical Reasoning in Children with and without Intellectual Disabilities," *Educational & Child Psychology*, 2003, 20 (3); B. Mckenzie, R. Bull, C. Gray, "The Effects of Phonological and Visual-Spatial Interference on Children's Arithmetical Performance," *Educational & Child Psychology*, 2003, 20 (3): 93 – 108.

[2] L. S. Fuchs et al., "The Prevention, Identification, and Cognitive Determinants of Math Difficulty," *Journal of Educational Psychology*, 2005, 97 (3): 493 – 513.

[3] J. Holmes, J. W. Adams, "Working Memory and Children's Mathematical Skills: Implications for Mathematical Development and Mathematics Curricula," *Educational Psychology*, 2006, 26 (3): 339 – 366.

已有研究显示，中央执行系统各项功能在数学任务过程中发挥的作用各有不同。这些子功能与四种数学能力的关系、基于子功能统计指标的聚类分析都是需要做进一步研究的内容。

本研究的评价框架设计参考了国家课程标准和国家基础教育质量监测项目的理念，将四大课程领域纳入能力评价中来，但由于试题涉及的内容跨度较小，命制的试卷仅考查了理解、应用、分析三个认知层次，考虑到布卢姆教育目标分类理论的认知体系有六个层次，此次命题在认知能力上的代表性有限，且认知能力干预的可操作性较差，所以未对认知层次与工作记忆能力之间的关系做分析。另外，核心素养在基础教育研究领域的热度不断增加，因此从核心素养的角度研究数学障碍问题也是本研究未来的发展方向，之后可以通过等值、增值等方法，增加新的考查内容，将现有研究拓展为角度更丰富的追踪研究。

最后，对学生思维过程、出现错误原因等的分析更多地基于已有研究和工作记忆功能的推论，对学生个案的访谈较少。未来将增加访谈资料，检验推论与学生实际思考过程的一致性。

第七章

研究Ⅳ 数学障碍儿童分类及其特点研究

第一节 研究目的

本研究的主要目的是数学障碍儿童的工作记忆特征分析。与以往研究不同，本研究将首先通过聚类分析法，以工作记忆特点为准对数学障碍儿童进行分类。然后在分类的基础上对不同类别儿童的工作记忆特点进行分析。最后，比较不同类别之间、不同类别与对照组之间工作记忆和数学能力的差异，并以此为基础为各聚类命名。

第二节 被试选择

本研究在研究Ⅰ的基础上开展。根据研究Ⅰ确定的数学障碍鉴别程序，抽取四、五年级鉴别出的存在数学障碍的学生51人，占总人数的7.7%。同时，根据数学障碍学生的性别、年龄、瑞文智力评价等级匹配同等人数非数学障碍学生作为对照组。

第三节 研究步骤

一 数据标准化

聚类分析前需要对测验数据进行标准化，以消除不同变量间数据单位不同导致的变量对距离计算影响不平衡问题。以此次研究为例，测量情景缓冲器的语义流畅性任务以单词个数为主要指标，原始成绩在零到十几之间；测量其他成分的任务多以反应时为主要指标，原始数据单位为毫秒，多在几百毫秒。前者以十为量级，后者以百、千为量级。如果直接使用原始数据，在相关算法中，后者对结果的影响将远超前者。为避免这种不平衡现象的发生，在聚类分析前，已经将所有数据转化为 Z 分数。之后的均值比较、统计检验等也都以 Z 分数为基础。

二 不同聚类算法的比较

聚类分析方法可以分为层次聚类法和非层次聚类法两种，每种聚类法下又包含多种算法。非层次聚类法更适合大样本，不适用于本研究，因此本研究不做讨论。本研究需要通过试算、比较层次聚类法的不同算法结果，找到最适合的分类方式。

三 聚类特点分析及命名

聚类结束后，分析各类儿童的工作记忆和数学能力特点，比较不同类别数学障碍之间及其与对照组之间的差异，并以此为基础给不同的类别命名。

第四节 研究结果与数据分析

一 聚类算法选择

对数学障碍儿童进行分类在当前学校分班教学的环境下有其独特的价值。教学干预能否取得预期效果，最关键的因素在于干预措施是否有针对性。将数学障碍儿童进一步划分可以更加明确不同类型的认知特点，有利于有针对性地开展干预教学。因此，数学障碍儿童的分类要求类型内部具有较高的一致性，类型之间具有较高的异质性。

聚类分析方法是学习障碍分类研究领域最流行的方法，它是一种探索性的统计分析方法，其理论核心是按照变量所定义距离的远近将个案进行归类。

根据聚类程序，可以将聚类分析方法划分为层次聚类法和非层次聚类法两种。

层次聚类法事先不确定聚类数量。它从个案间距离出发，首先通过给出的变量和距离计算方法确定个案间距离；然后按照距离远近将距离相近的个案划分为一个聚类，直到将所有个案都归到一个聚类内为止。从程序上，这种聚类法认为所有的个案都是一个类，然后通过一些相应的指标来评定划分为几类是最合适的。数学障碍儿童是一个异质性很高的群体，这一特征与层次聚类法的特点相契合。

非层次聚类法又称为重新定位法，其目的是将个案快速划分为事先确定的 n 个类别，因此更适用于大样本数据。本研究样本量仅 51 名被试，所以本研究主要讨论层次分析法。

各种算法对距离的计算方式差别较大，聚类结果各不相同，因此 Everitt 建议，为保证聚类结果的一致性，必须综合使用多种聚类算法相互印证。[1] 本研究拟比较两种常用的层次聚类算法，以找到最佳的聚类方案，再综合评定聚类结果，划分类别并命名。

层次聚类法的基本流程如下。

首先，确定计算距离的算法。在聚类分析中，不同类别之间的"差异"是通过聚类之间的距离来表示的。根据数据类型的不同，计算距离的方法可以分为连续型变量距离的算法和顺序或名义型变量距离的算法。此次收集的数据均为连续型变量，主要的算法有：欧氏距离（Euclidean Distance）、欧氏距离平方和（Squared Euclidean Distance）、切比雪夫距离（Chebychev Distance）、闵可夫斯基距离（Minkowski Distance）。两个个案之间的欧氏距离是指其各个变量值之差的平方和的平方根；欧氏距离平方和是指两个个案之间各个变量之差的平方和；切比雪夫距离是指两个个案之间所有变量值之差绝对值中的最大值；闵可夫斯基距离是指各样本所有变量值之差绝对值的 p 次方的综合，再求 p 次方根。

上述算法中应用最广泛的是欧氏距离平方和。[2] 因此，本研究在计算个案之间距离时，选择欧氏距离平方和算法。

其次，确定聚类的算法。本研究选择了组间平均距离法（Between-Groups Linkage）与离差平方和法（Ward's Method）。组间平均值法又称为平均法，以两个类别之间、个案两两之间距离的平均值来代表两个类别距离。这是最常用的聚类算法之一，其稳健

---

[1] B. Everitt, "Cluster Analysis," *Quality & Quantity*, 1980, 14 (1): 75 – 100.
[2] R. D. Morris, K. K. Stuebing, J. M. Fletcher, et al., "Subtypes of Reading Disability: Variability around a Phonological Core," *Journal of Educational Psychology*, 1998, 90 (3): 347 – 373.

性也优于其他算法。离差平方和法的算法借鉴了方差分析的思想，该算法希望找到各类别内部离差平方和最小、各类别间离差平方和最大的聚类方案，这种算法的优点是倾向于使各个聚类的个案数量比较均衡。离差平方和法的这一优点与此次分类研究的目的相契合，人数更均衡的分类方案有利于后续的教学干预计划制订与实施。

最后，比较多种聚类结果的异同，确定聚类数量。聚类算法经过多次迭代，每次聚类数量和结果都与前一次有较大差异。虽然可以通过树状图、冰锥图等工具直观地描述聚类过程，但聚类数量和聚类方案的确定仍需要研究者从研究目的出发来综合评定。尤其是针对数学障碍群体的研究，聚类及命名都应从理论基础、研究目的、主要统计指标等出发。因此，在得到多种聚类结果后，还需要根据迭代过程确定最佳的聚类数量及分类方案。

二　聚类结果比较

（一）离差平方和法聚类结果

离差平方和法可以将 51 名学生划分为 2～6 个聚类。聚类数不同，各组被试数量不同，如表 7-1 所示。从统计结果可以发现，当聚类数量为 2 时，第一组个案数量为 44 人，第二组为 7 人。较大组的被试数量占到总人数的 86.3%，这与分类研究的目的相悖。当聚类数量为 3 时，三组个案人数分别为 19 人、25 人、7 人，各组个案数量均在 5 人以上，三组人数占总体的比例分别为 37.3%、49.0%、13.7%，在几种分类方案中较为均衡。当聚类数量为 4 及以上时，出现个案数量少于 5 人的极少人数类型，且与研究目的相悖。

表 7－1　离差平方和法不同聚类数时的个案数量

单位：人

聚类编号	1	2	3	4	5	6
各组个案数量	16	19	6	4	3	3
	16	25	4	3	3	—
	19	25	4	3	—	—
	19	25	7	—	—	—
	44	7	—	—	—	—

离差平方和法还可以通过半偏 R^2 统计量的变化来确定聚类数量，若某一步半偏 R^2 增加较大，则说明此次聚类效果不好，应当考虑聚类到上一步是否应停止。不同聚类数量时半偏 R^2 统计量变化趋势如图 7－1 所示。可以看到曲线拐点出现在聚类数量为 3 时，聚类数量为 4 时半偏 R^2 的降低幅度较小，聚类数量为 2 时半偏 R^2 下降较多。通过以上分析可见，使用离差平方和法进行聚类，最优的聚类数量为 3。

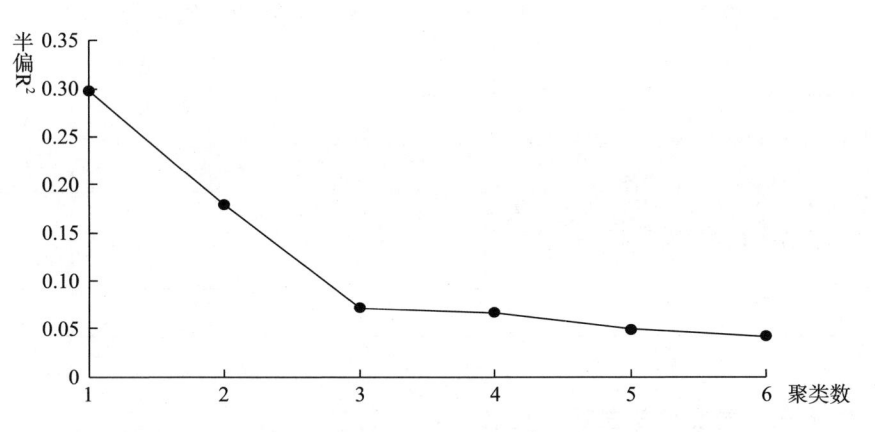

图 7－1　不同聚类数量时半偏 R^2 统计量变化趋势

（二）组间平均距离法聚类结果

组间平均距离法可以将 51 名学生划分为 2～5 个聚类。在不同聚类数量下，各组学生的数量如表7-2所示。从统计结果可以发现，一直存在一个比较稳定的聚类——聚类2，其人数为31人。除此之外，还有一个17~18人的聚类，在聚类数量为3~5时也非常稳定。当聚类数量为3、4、5时，分别会存在1、2、3个仅1人的聚类。可以将这些被试看成极端值或异常值。根据层次聚类算法的原理，按照距离的远近将距离相近的个案划分为一个聚类，直到将所有个案都归到一个聚类内为止。可以认为这些极端值个案距离前两个聚类较远，比较稳定的聚类仅2个。

组间平均距离法还可以通过标准化均方根距离（Norm RMS Distance）统计量来评价聚类结果。当某一步的标准化均方根距离增加的幅度较大时，此步骤前的聚类数最合适。图7-2为几种聚类数量下的标准化均方根距离变化趋势，可以发现曲线的拐点出现在聚类数量为2时，因此使用组间平均距离法进行聚类，最优的聚类数量为2。

表7-2 组间平均距离法不同聚类数时的个案数量

单位：人

聚类编号	1	2	3	4	5
各组个案数量	17	31	1	1	1
	18	31	1	1	—
	18	32	1	—	—
	50	1	—	—	—

（三）层次分析法结果比较

两种方法的分类结果如图7-3所示。环形图中外圈代表离差平方和法（简称A方法）分类结果，A1、A2、A3代表该算法下三个聚类，其后的数字代表各聚类的人数；内圈代表组间平均距离法

（简称 B 方法）分类结果，B1、B2、B3 代表该算法下的三个聚类。

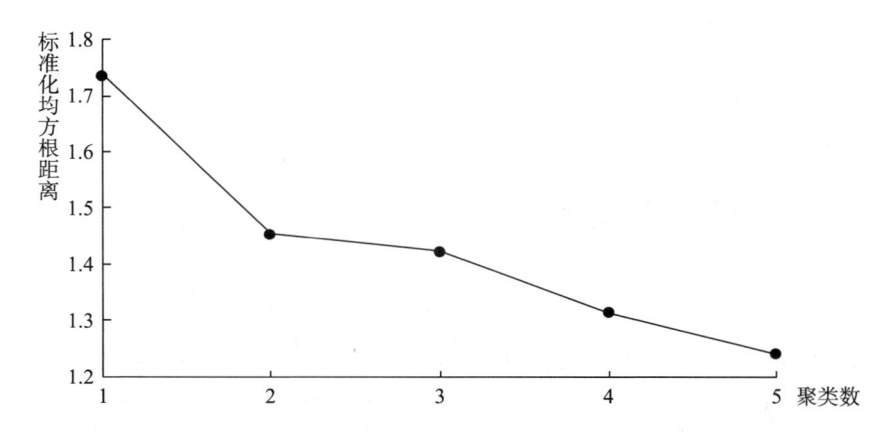

图 7-2 不同聚类数量时标准化均方根距离统计量变化趋势

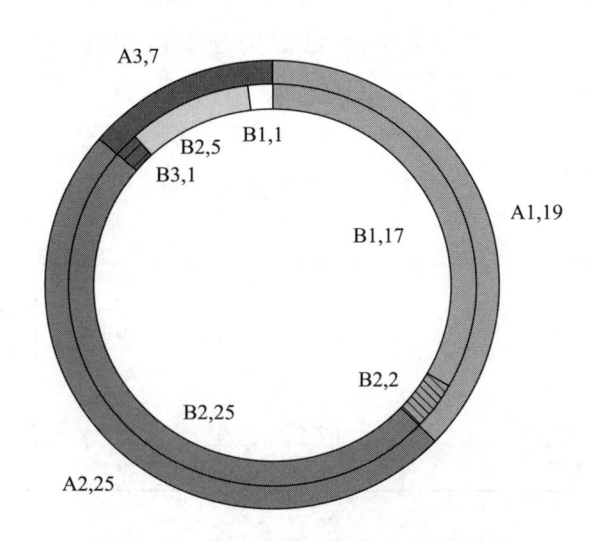

图 7-3 两种层次聚类法结果比较

通过嵌套的环形图评价两种聚类方法的一致性，有如下发现。

①A 方法下第一聚类 A1 的 19 名学生在 B 方法下有 17 人被划分为一类（B1），分类一致。

②A 方法下第二聚类 A2 的 25 名学生在 B 方法下全部被划分为一类（B2），分类一致。

③A 方法下第三聚类 A3 的 7 名学生在 B 方法下仅有一人被划

分为 B3 类，分类一致；另有 1 人被划分为 B1 类，5 人被划分为 B2 类，分类不一致。

两种方法下有 44 人分类结论一致，占总人数的 86.3%，一致性很高。

三　各聚类特点及命名

比较两种聚类方法的结果可以发现，两种聚类方法的一致性很高，但离差平方和法的聚类结果更加均衡，更符合分组干预的实际需求。因此，本研究以离差平方和法的聚类分析结果为准，将 51 名数学障碍学生划分为三类，如表 7-3 所示。三个聚类分别为 7 人、19 人、25 人，其中男生占 43%，女生占 57%。四年级学生平均年龄 9.9 岁，五年级学生平均年龄 10.5 岁。

表 7-3　聚类分析结果

单位：人

聚类类别	1	2	3
四年级	6	10	10
五年级	1	9	15
性别（男/女）	5/2	8/11	9/16
总人数	7	19	25

三个聚类与非数学障碍学生的工作记忆特点比较见表 7-4。不同聚类学生在工作记忆的各个成分上均存在显著差异。

表 7-4　不同聚类学生工作记忆水平

分组	聚类 1	聚类 2	聚类 3	对照组	F
中央执行系统	-2.59	0.38	0.54	0.62	4.482*
语音回路	-3.75	-0.02	0.25	1.50	21.641**

续表

分组	聚类1	聚类2	聚类3	对照组	F
视空间模板	-7.06	0.57	0.65	1.99	48.436**
情景缓冲器	0.69	1.20	-2.53	2.31	31.096**

注：表中数值均为标准分数。

事后检验结果表明，聚类1在中央执行系统、语音回路、视空间模板上均显著低于其他组，在情景缓冲器上显著低于除聚类3以外的各组。聚类2在所有数学障碍组的比较过程中未发现明显较差的成分，但各成分均显著低于对照组水平。聚类3在情景缓冲器成分上均显著低于其他组，在语音回路上显著低于对照组。将三个聚类得分绘制成雷达图可以更直观地反映各聚类学生的工作记忆能力状况（见图7-4）。

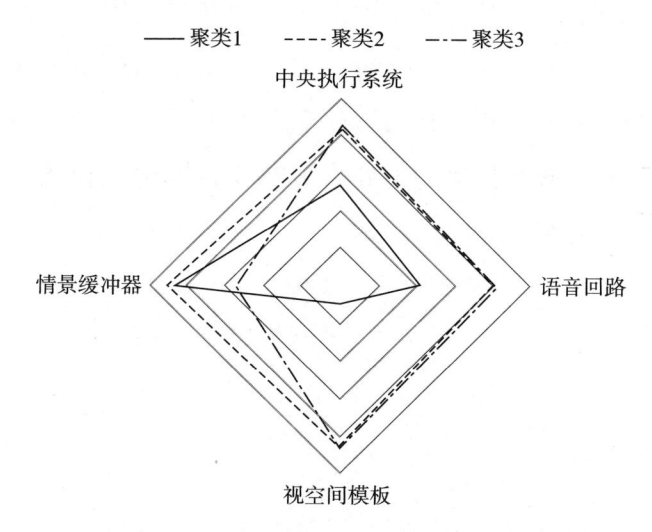

图7-4 不同聚类工作记忆成分比较

为进一步了解数学障碍学生，更准确地为各聚类命名，本研究还进一步分析了数学障碍学生的数学能力。数学能力的评价基于小学数学课程标准。小学数学课程标准将小学学段的数学划分为"数与代数""图形与几何""统计与概率""综合与实践"四个领域。

本研究以此为准，使用多维 Rasch 模型估计了每名学生的四种能力。各聚类四种能力及其与非数学障碍组学生比较如表 7-5 所示。不同聚类学生在四种能力上均存在显著差异。

表 7-5 不同聚类学生数学能力

分组	聚类 1	聚类 2	聚类 3	对照组	F
数与代数能力	0.57	0.86	0.10	1.15	5.974**
图形与几何能力	-0.15	0.35	-0.08	0.52	8.387**
统计与概率能力	0.18	0.49	0.09	0.62	8.242**
综合与实践能力	0.60	0.95	0.10	1.20	7.578**

注：表中数值均为多维 Rasch 模型估计出的能力值，且将题目平均难度设置为 0。

事后检验结果表明，聚类 1 在图形与几何、统计与概率两种能力上均显著低于聚类 3 以外的组。聚类 2 虽然四种能力在数学障碍组之间的比较中均未发现有明显较差的能力，但各种能力均显著低于对照组。除图形与几何能力外，聚类 3 在其他三种能力上均显著低于其他组（见图 7-5）。

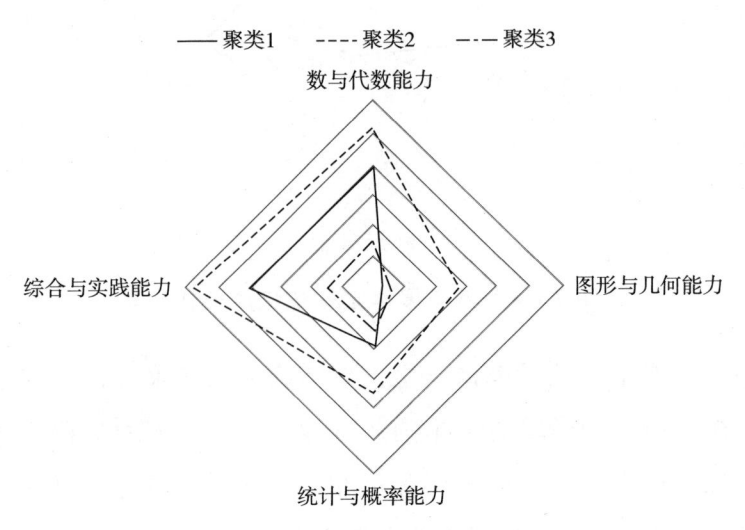

图 7-5 不同聚类数学能力比较

（一）聚类 1 特点分析

综合工作记忆和数学能力比较结果，聚类 1 学生的特点如下。

①在中央执行系统、语音回路、视空间模板上均显著低于其他组，尤其是视空间模板的水平与其他组之间的差距巨大。

②图形与几何、统计与概率两种能力均显著低于除聚类 3 外的其他组，尤其是图形与几何能力与对照组之间的差距较大。

根据 Baddeley 的多成分模型理论，视空间模板主要负责存储和加工视觉空间信息。甚至有研究发现，视空间模板还可以细分为视觉缓存（visual cache）和内部抄写器（inner scribe）两个成分。视空间模板中的信息是模拟空间形式存在的。小学数学课程中图形与几何部分的主要内容包括空间和平面基本图形的认知，图形平移、旋转、轴对称，相似和投影等。因此，图形与几何问题的解答对空间的模拟（如心理旋转）能力、位置判断能力等要求较高。

以本研究数学能力估计的题目为例，要求学生判断题目中的图案可以通过哪种旋转方式得到（平移、上下翻转、水平翻转）（见图 7-6）。聚类 1 学生在这一题目上的正确率较低，说明他们的心理旋转能力较差，影响了答题。

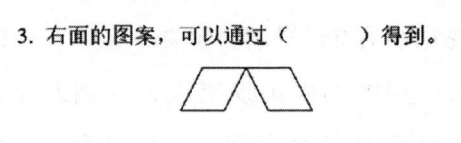

3. 右面的图案，可以通过（　　　）得到。

A、平移　　B、上下翻转　　C、水平翻转

图 7-6　心理旋转样题

统计与概率问题同样如此。小学数学课程中，与概率统计相关的知识点考查通常以统计图表的方式进行。图表相关信息的处理与视空间模板有关。

以本研究数学能力估计的题目为例，要求学生在已有统计图的

基础上绘制其他组别的数据图。这就要求学生在绘制图表的过程中处理好图表中已有信息和新加入信息的关系，尤其是柱状图的位置关系。聚类1部分学生在绘制统计图时无法考虑到图形之间的位置关系，常出现柱状图之间距离过大或距离过小的情况。正确的绘图中，两组柱状图之间应间隔1个方格，但聚类1中部分学生没有留间隔（见图7-7）或留有间隔两个空格（见图7-8）。

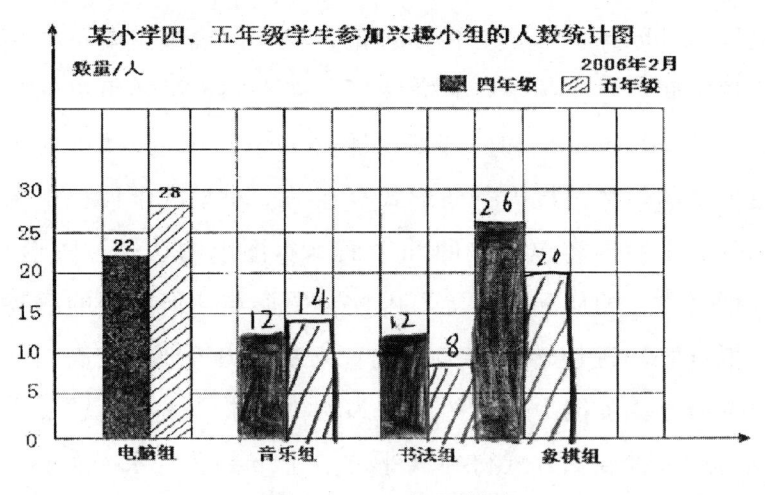

图7-7 无间隔错误

聚类1学生在绘制统计图时的另一主要表现为图例使用错误，这可能与他们的视觉缓存能力缺陷有关。在图7-9中，学生A绘制五年级统计图时使用的图例出现错误，绘制四年级统计图时没有出现错误。说明其只提取了部分信息，在图形中提取和缓存关键信息的能力上有欠缺。

这一错误还有另一种表现形式，如图7-10所示。该学生在绘制音乐组、书法组柱状图时没有错误，但在绘制最后一个象棋组时出现错误。这表明其保持信息的能力有限，这一能力可能与视空间模板的内部抄写器功能有关。

综上所述，将此聚类命名为视空间信息障碍型。

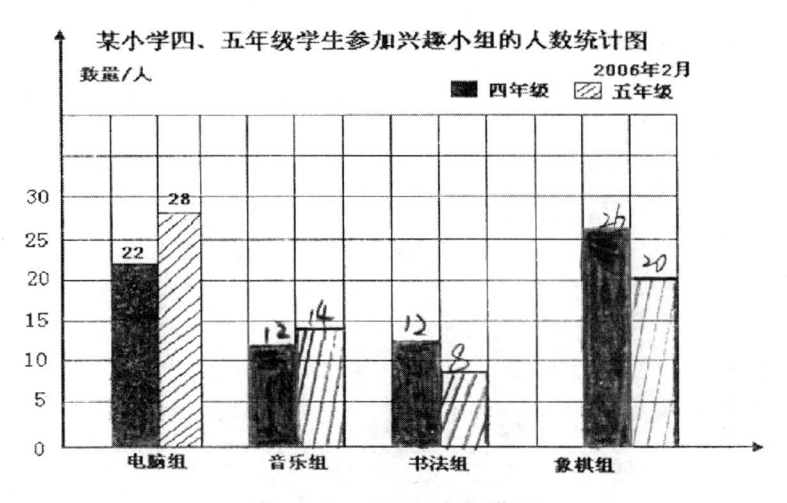

图 7-8　间隔过大错误

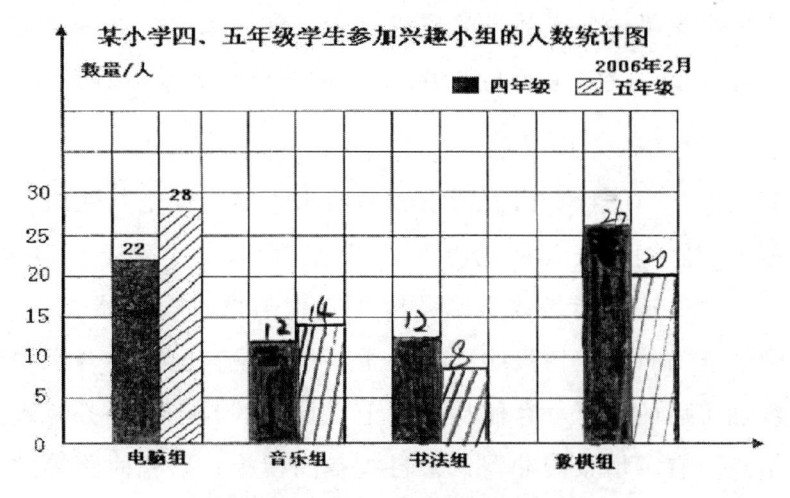

图 7-9　图例使用错误案例 A

（二）聚类 2 特点分析

综合工作记忆和数学能力比较结果，聚类 2 学生的特点为：工作记忆能力均高于其他数学障碍组，但与对照组学生相比仍存在显著差距。在数学能力表现上也是如此。该聚类最大的特点是工作记忆各成分、数学能力均无明显短板，但总体水平仍低于对照组学

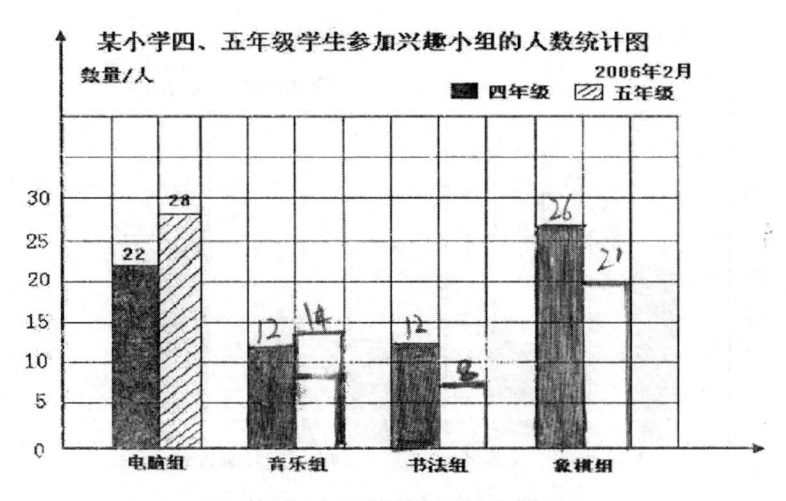

图 7-10 图例使用错误案例 B

生，在三个聚类中属于数学障碍程度较轻的，因此，这一聚类可以命名为弥漫型。这一聚类与 Aster 发现的弥漫型数学障碍类似。

（三）聚类 3 特点分析

聚类 3 学生的特点为：情景缓冲器水平显著低于其他组，四种数学能力中除图形与几何能力外，别外三种能力显著低于其他组，且差距较大。这可能是数学问题解决过程与情景缓冲器关系密切，导致数学能力较差。情景缓冲器的主要作用是存储和整合由中央执行系统加工后的信息，存储从长时记忆提取的与当前任务有直接关联的信息。有了情景缓冲器，来自视空间模板、语音回路等的多种信息就可以同时得到加工、整合，并暂时存储，方便中央执行系统读取。因此，情景缓冲器水平低的学生本质上是这些信息的存储与整合能力较差。

以脱式运算为例，解题的关键是综合运用交换律、结合律、分配律等知识，通过重新组合算式，实现脱离竖式运算的目的。脱式运算过程中需要将长时记忆中的信息提取出来，存储在情景缓冲器中，以备中央执行系统使用。如果情景缓冲器成分出现问题，则脱式运算时表现为无法直接选择最有效的组合方式，试卷涂抹、修改较多，说明解题过程以"试误"为主，如图7-11所示，学生在多个脱式运算题目上出现涂抹、修改现象，代表其很难迅速找到最佳解题方案。

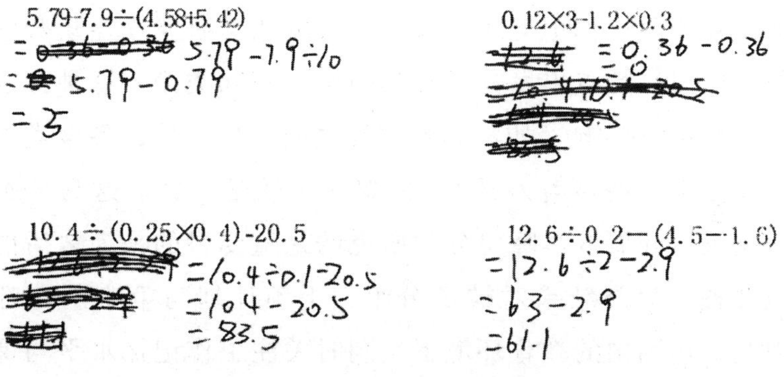

图 7-11　脱式运算错误案例 A

另外一种典型错误表现为将最佳运算方案修改为错误方案。以图7-12为例，本次考试有一个脱式运算题目，题干本身就已经是最佳运算方案，不需要进行算式转换。但这一聚类的学生仍试着进行算式变换，这同样说明其短时间内没能找到最佳方案，即使学生最终写出了正确答案，也是在试错以后才发现的。这与运算律等算法事实的提取和存储有关，负责这一功能的是情景缓冲器成分。

所以，将聚类3命名为信息存储与整合障碍型。

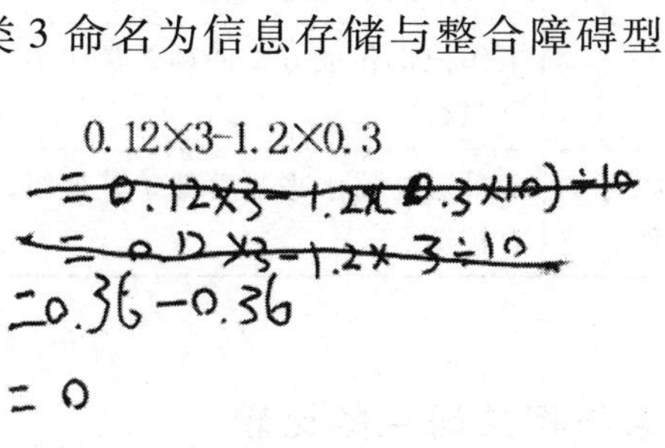

图 7-12　脱式运算错误案例 B

第五节　讨论

一　不同障碍类型的特点

数学障碍与工作记忆缺陷有关，所以相关研究往往从数学障碍儿童的工作记忆特点出发分析数学障碍的不同类型。这种方法虽然对聚类过程没有影响（如不影响聚类之间的异质性，各聚类之间工作记忆能力仍存在显著差异），但忽略了数学能力。这与分类研究的目的相悖。开展数学障碍分类研究的最重要目的是为之后的教学干预做准备，聚类结果对被试分组、干预计划与策略制定都有帮助。因此，在国内的教育环境下，同时关注工作记忆水平与课程标准规定的数学能力很有必要。本研究通过工作记忆和数学测验全面了解数学障碍儿童的特点，并基于聚类分析结果，详细分析了三类数学障碍儿童的特点（见表7-6）。

表7-6　数学障碍分类及其特点

单位：人

聚类类别	聚类名称	特点	人数
1	视空间信息障碍型	中央执行系统等三个成分水平较低，视空间模板水平与正常组之间差距较大，图形与几何及其相关数学能力较差	5
2	弥漫型	工作记忆各成分、四种数学能力均衡，均低于对照组	21
3	信息存储与整合障碍型	情景缓冲器水平显著低于其他组，四种数学能力较低	25

二　聚类结果与相关研究的比较

此次研究所得到的三个聚类都可以在相关研究中得到印证。例如，Geary将数学障碍划分为计算程序困难型、语义记忆困难型、视觉空间困难型。其中，视觉空间困难型儿童的空间表征、位置关系等能力较差，这与此次研究的视空间信息障碍型相似。Aster将数学障碍划分为数字型、言语型、弥散型。其中，弥散型在所有的数字加工和计算任务上存在严重问题，这与此次研究的弥漫型相似。

Geary和Aster的分类均基于"三重编码模型"。该模型是由Dehaene在1995年提出的，Baddeley直到2001年才提出了工作记忆四成分模型。由于"三重编码模型"提出的时间较早，基于"三重编码模型"开展的与工作记忆相关的研究都只讨论了中央执行系统、视空间模板、语音回路三个成分，该模型在解释由情景缓冲器引起的数学障碍行为表现时都错误地归因到其他成分上。这表明，基于"三重编码模型"的研究结论，甚至模型本身，都需要做必要的修订。

本研究发现有一个聚类在第四个成分——情景缓冲器上存在明显缺陷，这一缺陷类型还没有相关研究者提出过。

视空间信息障碍型和弥漫型的发现部分印证了Dehaene的"三重编码模型"，说明该模型具有一定的科学性。但也应当看到，国内外诸多分类研究的结论都不完全一致。造成这一差异的原因可能来自两方面。

一是研究者的出发点不同，所以数据的来源和数据反映的内容有较大差异。以"三重编码模型"为例，该模型主要针对计算功能。研究者使用的认知测量工具侧重于数字编码、运算、表征等内容。本次研究则以"工作记忆四成分模型"为基础，主要针对工作记忆水平。尽管计算能力与工作记忆存在较强的关联，但由于两个研究理论基础不同，研究结果自然有较大差异。对国内外相关研究进行比较，结论也大多如此。

二是研究者选择的被试不同，尤其是以中小学生为被试的研究，学生的认知能力、思维品质都处在飞速发展阶段。即使是学习能力正常的学生，不同年级之间的差异都比较大。再加上类型的命名受研究者个人知识结构和研究重点关注内容的影响较大，不同研究之间很容易出现较大的差异。

三 聚类结果的进一步思考

对三种类型的年级分布分析发现，视空间信息障碍型主要出现在四年级，该类障碍总人数为5人，其中4人为四年级学生。结合数学障碍、发展性计算障碍相关研究结论，有些类型的障碍是相关脑区发展滞后导致的。基于此可以推论，某些数学障碍类型可能会集中在某一年龄或年级发生。所以，不排除在本研究涉及的年龄之外还会出现其他类型的数学障碍。

信息存储与整合障碍型学生在工作记忆方面仅有情景缓冲器成分存在明显缺陷，但在数学能力上除图形与几何能力外，另外三种能力均显著低于其他组。这表明情景缓冲器在数学问题解决过程中可能起到了非常关键的作用。以往并没有研究关注过情景缓冲器缺陷与数学能力之间的关系，二者之间存在如此高的关联，这种关联是仅仅出现在数学障碍群体中还是出现在所有学生群体中，是否为这一学段或年龄特有，都需要在更大范围的学生群体中做进一步探讨。

第八章

研究Ⅴ 数学障碍儿童的综合干预研究

第一节 研究目的

本研究的目的是对鉴别出的数学障碍儿童进行干预，并评估效果，以解决其数学学习问题。

在教学干预上，国内外相关研究一般采取两种思路，一是以工作记忆训练为主，通过对工作记忆各成分的训练，产生迁移效应后间接提高数学能力；二是以数学课程教学为主，直接提高数学能力。本研究将探索将课程教学与工作记忆训练相结合的综合干预方式。

在教学干预内容的选择上，本研究将引入基于Rasch模型的学业诊断技术，提高干预的针对性。在干预效果评估上，开发前测、后测平行测验一直是困扰国内外研究者的难题，本研究将探索把基于Rasch模型的等值技术应用到效果评估上的方法。

干预方案制定以研究Ⅲ和研究Ⅳ的结论为重要参考，因此，本研究的干预效果也是对上述研究结论外部效度的检验。

第二节　被试选择

被试选择基于研究 I 数学障碍的鉴别结果，且以班级为单位，方便组织教学干预。本研究选择了四年级的一个班级，该班数学障碍儿童人数在全年级最高。全班 52 人，男生 22 人，女生 30 人，男、女比例分别为 42% 和 58%。数学障碍人数 15 人，其中男生 5 人，女生 10 人。根据聚类分析结果，15 人中 10 人为信息存储与整合障碍型，4 人为弥漫型，1 人为视空间信息障碍型。

第三节　研究步骤和方法

一　实验设计

本实验采用前、后测对照组设计，实验中被试共两组，数学障碍组 15 人，对照组 15 人。对照组以性别、年龄、智力为标准进行匹配，以控制这三个变量对实验结果的影响。

本研究将采取课程知识教学和认知训练相结合的综合干预模式。干预方案的制定基于工作记忆特点和数学测验的诊断结果。工作记忆训练参考 Warren 和 Newman 的工作记忆干预程序。在他们的干预程序基础上增加新的针对情景缓冲器部分的干预任务。干预采取阶梯训练法，持续 3 周，每周 5 天。实验程序为前测→干预→后测，前测与后测间隔 22 天。干预训练时，对照组由教师带领在机房或教室完成无关任务。干预指导教师为心理学专业硕士或小学数学教师。

干预领域的选择基于研究 IV 结论，因数与代数领域和工作记忆各成分关系最为密切，并且干预期间学校数学教学课程以该领域为主，所以将数学知识的干预及前测、后测内容确定为数与代数。

二 测验框架设计及前测

根据干预期间学校课程教学情况，数学知识干预集中在与工作记忆相关较高的数与代数领域。在数的认识部分，该学期的教学内容为负数、自然数的认识；在数的表示部分，该学期的教学内容为小数的数位认识，小数的意义，小数的理解，量的转换、改写，近似数，用字母表示数；数的运算部分为加减乘除四则运算的口算及混合运算；数的估计部分为从数轴上看小数的大小。

根据上述内容，编制了前测试卷，并做等值设计。前测在干预开始前进行，要求班级所有学生参加，试卷满分为50分，试卷中的部分题目被设定为锚题，将编入后测的试卷中，以实现前测、后测的等值比较。

前测数据分析结果是数学知识干预内容选择的重要参考。前测试卷由19个题目组成，测评框架如表8-1所示。

表8-1 前测测评框架

单位：分

	选择题	判断题	填空题	计算题	合计
数的认识	1（2）	1（2）	—	—	2（4）
数的表示	5（10）	1（2）	2（4）	—	8（16）
数的运算	—	—	—	5（22）	5（22）
数的估计	—	—	4（8）	—	4（8）
合计	6（12）	2（4）	6（12）	5（22）	19（50）

在第二学段，数的认识部分提出了"了解负数的意义，并学会用负数表示日常生活中的一些量，理解小数、分数的意义并学会两种表示方式的互相转化"等具体要求。根据上述内容，命制了相应

的题目（见图 8-1）。

O01 小民向北走 100 米，记为+100 米，那么-100 米表示是向（　）走了 100 米。

　　　　A 东　　　　B 南　　　　C 西

图 8-1　数的认识部分样题

数的表示部分主要要求学会"以万、亿为单位表示大数，会用数据描述事物的某些特征"。根据这一要求，命题如图 8-2 所示。

O06 278450 厘米，改用千米作单位，要是精确到百分位，约为（　）。
　　　　A 0.29　　　　B 2.78　　　　C 27.85

图 8-2　数的表示部分样题

数的运算要求探索并了解运算律，并应用运算律进行一些简单运算。数的运算最佳的考查方式为口算和脱式运算，本次研究采用了与研究Ⅳ相同的考查方式，以题组的形式考查，避免以单个题目考查时学生发挥失常带来的影响。根据这一原则，命制的题组如图 8-3 所示。

（1）　6.25-3.12+3.75　　　　　　（2）2.13+（7.32-0.13）

（3）　（12.5+3.23）-2.23　　　　（4）5.24-3.16+3.76-2.94

图 8-3　脱式运算样题

数的估计考查依靠信息估算数据的能力，以样题为例，要求被试通过线段上给出的刻度信息估计某一刻度位置对应的数值（见图

8-4)。

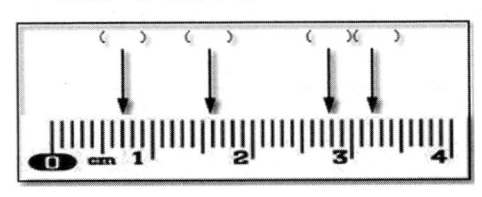

图 8-4 数的估计样题

三 干预计划的制订与实施

根据学生工作记忆和数学能力的特点,设计综合干预方案。工作记忆训练设计基于数学障碍的类型,数学课程知识教学干预内容基于 Rasch 模型的学业诊断结果。

干预时间为 3 周,每周 5 天,每天两个时段各 1 个小时左右,中午为工作记忆训练,下午为数学教学。

工作记忆干预均采取阶梯训练法,以天为单位计算当天的平均干预成绩,作为第二天干预的起始难度。以数字广度训练为例,当天的平均广度为 5,则第二天的记忆广度训练从广度 5 开始。

(一)工作记忆训练

中午时段为工作记忆干预训练时间,分为主任务和副任务。主训练任务持续 25 分钟,其他任务 25 分钟。

训练内容选择以不同类型数学障碍的核心缺陷为准,不同类型学生干预任务如表 8-2 所示。

表 8-2 不同障碍类型学生干预任务

类别	主任务	副任务
信息存储与整合障碍型	积木捆绑任务	N-back 任务、数字广度、柯西积木任务

续表

类别	主任务	副任务
视空间信息障碍型	柯西积木任务	N-back 任务、数字广度、积木捆绑任务
弥漫型	不区分主、副任务	

信息存储与整合障碍型儿童工作记忆的主要特点为情景缓冲器成分显著低于对照组，所以该类学生的工作计划干预主任务为情景缓冲器相关任务。情景缓冲器干预任务为积木捆绑任务，该任务在柯西积木的基础上改编而来（见图8-5）。柯西积木使用25宫格木板，长、宽均为25厘米，每个格子为5厘米×5厘米。在每个空格内居中放置一块积木，共25块。在木块面对主试的一面写有编号，主试以1块/秒的速度点击木块，被试随后复述点击顺序。点击顺序事先经过设计，包括捆绑任务和非捆绑任务。非捆绑任务的点击顺序随机，即典型的柯西积木任务；捆绑任务点击顺序与传统的柯西积木不同，不是随机的，而是轴对称。如记忆广度为5块时，捆绑任务的点击顺序为1→12→8→14→5。捆绑任务广度从3块积木开始，由于需要设计为轴对称，所以广度仅包含单数，即3、5、7、9。点击顺序及广度由研究者事先设计，每组长度施测3次，连续错误3次则停止。成绩为终止测验前正确复述的长度。

1	2	3	4	5
6	7	8	9	10
11	12	13	14	15
16	17	18	19	20
21	22	23	24	25

图8-5 柯西积木排列及编号

视空间信息障碍型主要特点为视空间模板水平较低，该成分的主要干预任务为柯西积木任务，与捆绑任务不同，该任务点击积木的顺序随机，即只做非捆绑任务。任务广度从3块开始，每个长度测验3次，答对3次则增加1个广度，连续答错3次则终止。点击顺序及广度由研究者事先设计，广度从3块开始，最长9块。成绩为终止测验前正确复述的长度。

弥漫型主要特点为工作记忆四成分能力均衡，但均低于对照组，因此，该类型被试工作记忆四个成分的干预时间相等，不区分主任务、副任务。情景缓冲器和视空间模板的干预任务与上述两种类型相同。中央执行系统干预任务为N-back任务。一般认为N-back任务针对中央执行系统的刷新功能。刷新即根据新呈现的信息不断更改工作记忆内容的过程。[1] 刷新可以监控输入的信息，用与当前任务相关性较高的新信息替换与当前任务相关性不大的旧信息，且这一过程是持续不断进行的。刷新任务采用动物记忆任务，[2] 任务材料来自Warren提供的工作记忆干预材料，如图8-6所示。

任务使用E-prime编程，要求被试在计算机上完成。刺激材料为4~9个不等的动物形象，动物形象以1个/秒的速度呈现。呈现结束后屏幕出现3个动物形象，要求被试回忆最后出现的动物形象，并判断是否与呈现的3个相同。刺激材料为4个时，任务为1-back任务；刺激材料为9个时，任务为6-back任务。每个长度出现3次，共18次，不同长度的刺激材料随机出现。每答对一次计1分，满分18分。

语音回路干预测验参考韦氏智力测验的背数测验。主试以每秒

---

[1] 赵鑫、周仁来：《工作记忆刷新功能的可塑性》，《心理科学进展》2014年第10期，第1521~1531页。

[2] F. Collette, M. Van der Linden, "Brain Imaging of the Central Executive Component of Working Memory," *Neuroscience & Biobehavioral Reviews*, 2002, 26 (2): 105-125; N. Morris, D. M. Jones, "Memory Updating in Working Memory: The Role of the Central Executive," *British Journal of Psychology*, 1990, 81 (2): 111-121.

图 8-6 动物记忆 N-back 任务材料

1 个数字的速度口述一个随机数字串，被试将听到的数字按照顺序出声复述一遍。数字复述测验广度从 3 位开始，最长 11 位，每个长度施测 3 次。一个字符串连续复述失败 3 次则终止测验，成绩为终止测验前正确复述的长度。各长度任务如表 8-3 所示。

表 8-3 数字广度训练任务样题

广度	任务
3	6 - 8 - 9
4	7 - 2 - 6 - 1
5	4 - 9 - 6 - 0
6	0 - 6 - 3 - 5 - 8 - 1
7	5 - 3 - 8 - 0 - 4 - 6 - 7

续表

广度	任务
8	2-9-7-0-8-6-4-1
9	1-5-0-8-2-4-6-3-7
10	8-6-3-1-0-7-9-6-4-2
11	1-8-9-0-4-6-3-7-2-5-8

（二）数学知识教学

数学知识教学与工作记忆干预同步，在下午进行，训练持续一节课（40分钟）时间，各类型数学障碍儿童的干预教学内容选择基于学业诊断结果。

本研究借助 Rasch 模型下学生能力和题目难度可比的优点，将前测学生能力和题目难度标定在同一 Rasch 量尺下，再结合实际作答情况制订干预计划，参数估计软件为 Facets。

题目参数估计见表8-4。可以发现，最简单的3个题目的拟合指数较差，原因在于三个题目的得分率为97%~99%，题目过于简单，不适用于对该组学生数学能力的测量。其他题目的拟合指数都在理论要求的 [0.4, 1.6]。表明数据和模型的拟合良好，参数估计结果可以用于评价学生的数学能力。

表8-4 前测题目参数

题目	难度	INFIT	OUTFIT	题目	难度	INFIT	OUTFIT
AO01	-1.974	0.98	1.69	AO09	-0.496	1.14	2.13
AO02	-4.614	0.35	0	AO11	0.720	1.07	1.32
AO05	1.536	1.08	1.33	AO13	-2.129	0.99	2.13
AO06	2.782	1.23	1.30	AT1601	-0.052	1.04	1.45
AO07	-1.974	1.00	3.61	AT1602	2.919	1.17	1.17

续表

题目	难度	INFIT	OUTFIT	题目	难度	INFIT	OUTFIT
AT1701	-1.047	0.91	0.74	AS1901	1.910	0.71	0.65
AT1702	-0.717	0.91	0.77	AS1902	1.814	0.79	0.78
AT1703	-0.927	0.90	0.65	AS1903	1.665	0.83	0.82
AT1704	-1.047	0.91	1.16	AS1904	2.488	0.90	0.82
AS18	-0.857	1.07	1.53				

根据 Rasch 模型，在客观题上，当学生能力和题目难度相等时，学生答对题目的概率为 50%。随着学生能力的提高，学生答对该题的概率将越来越高。以数学障碍学生 FXY 为例，其 Rasch 能力为 0.678，在回答 AO09 题时，答对该题的概率为：

$$P_{9F1} = \frac{e^{(\theta_F + \delta_9)}}{1 + e^{(\theta_F + \delta_9)}} = \frac{e^{(0.678 + 0.496)}}{1 + e^{(0.678 + 0.496)}} = \frac{3.235}{1 + 3.235} = 0.764$$

(8-1)

P_{9F1}：学生 FXY 答对题目 AO09 的概率；

θ_F：学生 FXY 的学科能力；

δ_9：题目 AO09 的难度。

根据 Rasch 模型，FXY 答对该题的概率为 76.4%，有较大的概率答对。但观察其答卷的实际表现，学生答错了这一题目，说明学生在这一题目上没有表现出应有的能力。根据双向细目表，该题考查的知识点为"小数的理解"，考查的认知层次为"理解"，如图 8-7 所示。学生回答为 A，正确答案为 C。

O09 大于 6.5 小于 6.6 的数有（　　）个。

　　　　　　　A 0　　　　B 1　　　　C 无数

图 8-7　AO09 题样题

根据 Rasch 模型，主观题每个分值都有一套梯难度。当学生能力处在某两个梯难度之间时，学生得分则可能在这一得分区间。以 AS1901 为例，该题梯难度如表 8-5 所示。学生 FXY 能力为 0.678，处在 1 分和 2 分所对应的梯难度区间 [-2.063, 1.035]。根据 Rasch 模型预测，与其处在相同能力水平的学生可以正确使用运算律，若其未能正确作答则说明其在该题上存在提升空间，应予以关注。该生作答见图 8-8，与同水平对照组学生相比，该生没有正确使用运算律，而是直接运算。根据双向细目表，该题考查的知识点为"小数加减法混合运算"，考查的认知层次为"应用"，考查形式为"脱式运算"。学生的主要问题出在运算策略的选择上，该生属于"信息存储与整合障碍型"，主要表现为情景缓冲器成分缺陷，即学生不能从长时记忆中提取运算律等知识，或没能将这些知识存储在情景缓冲器中以备中央执行系统调用，导致中央执行系统不能选择最优解题策略，转而选择直接运算。

表 8-5　试题梯难度

得分	梯难度
0	—
1	-2.063
2	1.035
3	1.065

以此类推，学生 FXY 的学业诊断结果如表 8-6 所示。可以发现，其主要学业问题出现在"数的表示""数的运算"相关内容上。基于此，在学校的数学题库中检索考查相同知识领域的题目，进行有针对性的教学干预。其他学生的数学知识干预内容都基于 Rasch 模型的学业诊断结果。

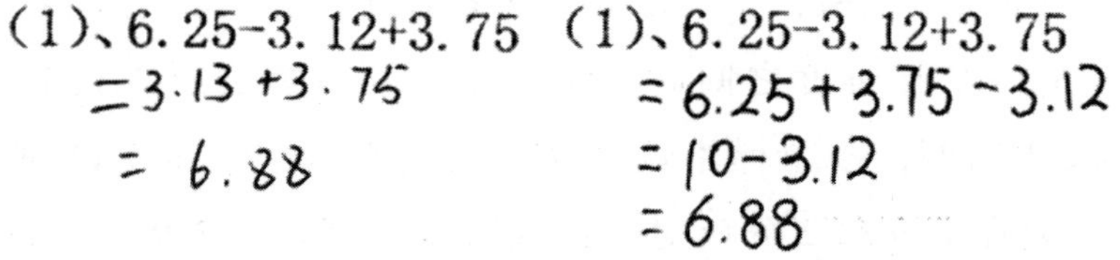

$$(1)、6.25-3.12+3.75 \qquad (1)、6.25-3.12+3.75$$
$$=3.13+3.75 \qquad\qquad =6.25+3.75-3.12$$
$$=6.88 \qquad\qquad\qquad =10-3.12$$
$$\qquad\qquad\qquad\qquad\qquad =6.88$$

错误作答　　　　　　　正确作答

图 8-8　AS1901 题作答样题

表 8-6　学生 FXY 学业诊断结果

单位：分

题目	分值	考查知识点	考查认知层次	题型	实际得分
AO09	2	小数的理解	理解	选择题	0
AT1601	2	量的换算	理解	填空题	0
AS1901	3	小数加减法混合运算	应用	脱式计算	0
AS1902	3	小数加减法混合运算	应用	脱式计算	0

基于学业诊断结果，结合本学期学习内容，学生 FXY 的教学训练内容安排包括万以上数的大小比较和改写、近似数、脱式运算等。具体安排如表 8-7 所示。

表 8-7　学生 FXY 干预教学计划

周	主要教学内容
第 1 周	万以上数的大小比较和改写、近似数
第 2 周	亿以内数的认识、亿以上数的认识
第 3 周	运算律、行程问题、整数混合四则运算

每节数学课分几个阶段进行，首先对前一天的训练课程进行复习，重新做前一天出现错误的题目，然后在教师的指导下完成当天干预内容的例题。再由学生独立完成练习题，教师及时修改，现场

反馈并指出错误。

以加法运算律为例,教师首先带领学生做基础练习,复习加法运算律,题目如图 8-9 所示。

(1) 加法交换律用字母表示为:
( )。

(2) 加法结合律用字母表示为:
( )。

(3) $(37+48)+52=37+(48+52)$,这里应用了( )。

(4) 用竖式计算 $269+87$,再用 $87+269$ 来验算,这是应用了( )。

图 8-9 加法运算律复习样题

复习结束后带领学生完成例题,例题难度较低,以加深学生对知识点的印象为主要目的。加法运算律例题如图 8-10 所示。

1. 将结果相等的式子用线连起来。

$425+96$	$167-(48+52)$
$56+89+44$	$(65-55)+83$
$167-48-52$	$89+(56+44)$
$243+72+18$	$96+425$
$(65+83)-55$	$(72+18)+243$

图 8-10 加法运算律例题

例题学习完成后,由学生完成加法运算律练习册中的所有题目,题目数量以 20 分钟内完成为准。完成后由教师及时批阅并反馈,针对出现错误的内容进行讲解。

四 后测

后测命题参照前测确定的测评框架,试卷包含两部分,第一部分为后测题目，共命制 16 个题目；第二部分为锚题卷，题目来自前测的 6 个中等难度题目。要求所有学生均参加后测，两部分之间休息 15 分钟。

后测数据分析为 Facets 软件，参数估计过程中首先将锚题卷的题目难度锚定，再进行后测试卷难度分析，实现前测、后测难度与学生能力的等值。

第四节　研究结果与数据分析

一　工作记忆训练的效果

实验组学生每天都进行工作记忆干预，并记录当天最好成绩。首次干预与最后一次干预结果对照如表 8 - 8 所示。

对连续多次测量的数据进行检验，应使用单因素重复测量方差分析法。N-back 任务的分析结果显示，训练对被试的成绩有显著影响（$F = 17.03$，$p < 0.001$）；积木测验任务分析结果显示，训练对记忆广度有显著影响（$F = 21$，$p < 0.01$）；数字复述任务分析结果显示，训练对数字记忆广度有显著影响（$F = 2.76$，$p < 0.01$）；积木捆绑任务的数据分析结果显示，训练对捆绑测验成绩没有显著影响（$F = 0.425$，$p > 0.05$）。

对数据分析结果做进一步分析发现，除了针对捆绑功能的干预，学生在其他训练任务的得分都有一定程度的提高，且标准差都有一定程度的降低。这表明干预训练对提高工作记忆某些成分的水平有帮助。且随着干预的进行，学生工作记忆能力间的差距逐渐缩小。

积木捆绑任务对捆绑能力的提升不明显，但得分仍有提高，标准差有轻微降低，即学生间捆绑能力差异也存在降低的趋势。

表 8-8 实验组工作记忆干预结果

干预任务	测试	最低分	最高分	平均分	标准差
N-back 任务	首次干预	8	18	8.73	3.17
	最后干预	12	18	16.55	2.71
积木测验	首次干预	3	9	5.71	1.32
	最后干预	3	9	7.18	1.02
积木捆绑任务	首次干预	3	9	4.35	2.49
	最后干预	3	9	4.82	2.34
数字复述	首次干预	5	11	6.55	1.14
	最后干预	7	11	8.61	0.95

二 数学知识教学的效果

前测、后测实验组与对照组学科能力得分如表 8-9 所示。前测、后测结果两组学生成绩有显著差异，前测两组被试的能力均值差为 0.964，后测时能力均值差缩小为 0.875。虽然数学障碍组学生能力仍未达到正常组水平，但已经表现出好转趋势。两组学生后测能力均在前测基础上有所提升，但数学障碍组提升了 0.299，高于对照组的 0.209。

表 8-9 不同组别学生学科能力

测验	组别	平均能力	标准差	t
前测	实验组	-0.779	0.353	-8.527***
	对照组	0.185	0.372	
后测	实验组	-0.480	0.570	-3.332**
	对照组	0.395	1.190	

对数学障碍组学生前测、后测成绩进行比较分析，如表 8-10

所示。数据分析结果表明，学习障碍组学生后测成绩明显优于前测成绩，数学平均能力提升了 0.299。即经过综合干预，数学障碍学生的数学能力较前测有了显著提升，可以认为综合干预提高了数学障碍学生的数学能力，对数学障碍问题的解决有一定的帮助。

表 8-10　数学障碍组前后测能力

测验	平均能力	标准差	t
前测	-0.779	0.353	-5.171***
后测	-0.480	0.570	

第五节　讨论

一　数学障碍的干预模式与效果评估

在工作记忆训练任务的选择上，可供参考、借鉴的资料、工具、程序都非常丰富。相关实证研究也证明了这些方法的效果。本研究选择的训练任务都获得了较好的效果。单因素重复测量方差分析结果表明，随着干预时间的增加，接受干预的儿童在多个任务上的表现有显著提高。但各项任务的提升幅度不同，其中积木捆绑测验提升不明显，但分数仍有提高。积木捆绑测验训练针对的是情景缓冲器成分，该部分是工作记忆四成分模型中最后提出的内容，其测量方法、干预训练相关研究比其他成分起步晚。与另外三个成分相比，情景缓冲器的测量、干预程序和工具较少。本次研究选择的积木捆绑任务是相关研究中使用较多的，多用于情景缓冲器的测量。数据分析结果表明，该任务用于情景缓冲器的干预训练有一定的效果，但几周的训练不能满足这一学段数学障碍儿童干预训练的需要。后续研究需要寻找更有效的训练任务并增加训练强度及时间。

国内有关数学障碍干预的研究中，干预的模式主要可以分为三种：仅做工作记忆能力训练、仅做学科知识教学以及前两种方式的组合。干预模式的选择与干预效果的评估也有一定的关系。在"纯粹"的工作记忆能力训练模式中，研究者往往只关注数学障碍学生的工作记忆能力，而工作记忆训练是数学障碍的干预方案中必不可少的内容。部分研究虽然在效果评估上使用了前测、后测的方法，但没有关注到学生成绩，与数学障碍干预的最终目的的关联度过低。

本研究中，工作记忆训练效果的评估使用了多次测量的方式。从过程的角度评价工作记忆水平的变化，统计方法上使用重复测量方差分析，比传统的前测、后测评价方式更科学。

综合干预模式是国内刚兴起的模式，也是最体现相关研究价值的模式。数学障碍相关研究的最终目的是将结论应用到教学实践中，帮助学生解决学习问题。国内已有的综合模式研究普遍取得了较好的效果。

本研究的后测结果表明，在综合干预条件下，学生的学科能力与前测相比有了显著提高。虽然由于教学干预的时间比较短，数学障碍群体的总体平均水平仍低于对照组，但数学障碍组学生的能力提升幅度已经大于对照组，说明二者之间的差距在逐渐缩小。如果继续进行教学干预，数学障碍组学生数学能力有望达到对照组水平。

二 干预内容的选择

工作记忆干预训练的任务非常丰富，国内外可参考的研究和出版物很多，甚至还有 Cogmed 这样的著名企业提供的课程。因此，国内相关研究中工作记忆干预任务选择及其设计都比较合理。

数学教学干预内容的选择应当以数学能力为基础，在这一点上，国内研究之间的一致性比较差。国内研究一般采取群体干预的方式，所有数学障碍学生使用统一方案，不考虑数学障碍学生之间的差异。干预方案的针对性较差，干预效率会受到一定的影响，这种现象或许与数学能力评价的方式有关。这些研究在评价学生数学能力时都仅基于经典测量理论。由于经典测量理论的局限性，研究者只能靠一个总分来判断学生的数学水平，对试题维度、题目所考查的知识点和认知能力缺乏关注，忽视了学生工作记忆、数学能力的结构差异，因此很难制定出有针对性、个性化的干预方案。

以往对学生能力的判定、学科知识弱点的诊断需要依赖教师的经验。但分析学生问题需要耗费大量的时间和精力，即使是有丰富经验的教师也只能关注到部分学生。这种需求与优秀师资匮乏的矛盾只能通过教育测量学理论、技术手段来解决。本研究基于 Rasch 模型为每名学生做出精准的诊断，综合测量结论与测评框架，制定干预教学方案，解决了干预教学的内容选择问题，提高了教学效率和针对性。这在优质师资紧缺、教师专业水平不高的中、西部地区更有意义。

三 等值技术在干预效果评估中的应用

教学干预效果的评估来自前、后两次测验分数的比较。理论上应当使用平行测验才有可能得到真实的评价结果，但平行测验在教育实践中非常难以编制，所以在经典测量理论框架下，前后测分数的直接比较始终存在争议。

等值技术的发展解决了这一问题。测验等值是指通过对测量同一种心理品质的多个测验形式做出测量分数系统的转化，从而使得这些不同测验形式的测量分数之间具有可比性的统计调整程序。[1]

---

[1] 马跃、韦小满：《新一轮高考改革中的测验等值问题》，《考试研究》2015 年第 5 期。

以基于项目反应理论的等值方法为例，通过设置锚题的方式，结合项目反应理论题目难度与被试能力统一在同一量尺下的优点，可以非常直观地反映从前测到后测学生能力的变化。

基于 Rasch 模型和锚题的等值方法具有易操作的优点。施测、锚题的选择等对主试测量学素养的要求较低，易于掌握和操作。基于上述数据进行的统计检验真实反映了教学干预的效果。随着项目反应理论的不断普及，等值技术在干预研究中的应用将会越来越广泛。

四 分类及关系研究的外部效度

数学障碍学生的干预计划基于研究Ⅳ和研究Ⅴ的结论。首先基于数学障碍的分类，根据学生工作记忆特点设计工作记忆干预任务，并区分主任务、副任务，以确保主要缺陷得到更多的训练。其次以工作记忆与数学能力关系为参考，选择了与工作记忆相关最高的数与代数领域进行干预，且干预内容的确定基于 Rasch 模型的诊断结果。

最终的干预效果表明，数学障碍的分类比较合理，对各类别工作记忆缺陷的判断准确，主任务干预对数学障碍问题的解决起到了关键作用。干预效果还表明基于 Rasch 模型的诊断结果比较准确，帮助学生有针对性地解决了相关知识点的学习问题。

干预基本上取得了预期的效果，这也为本研究有关分类研究、工作记忆与数学能力的关系研究、基于 Rasch 模型的学业诊断的方法探索及其结论提供了外部效度的证据。

五 有待深入探讨的问题

干预阶段的学科知识重点为数与代数领域，选择这一领域的原因在于，这一领域是干预训练时间段内的重点教学内容，且各成分与这一领域的相关普遍高于其他领域。综合干预方式对其他领域能力提升是否仍有效，效果程度如何，有待后续研究验证。

诸多研究表明数学障碍与工作记忆某些成分发展滞后有关，本次研究的结论也印证了这一点。学龄儿童认知发展有其特定的规律，同样的干预模式和内容在不同年龄段效果如何也有待进一步验证。因此，较大年龄跨度的横断研究或较长年限的追踪研究，有助于帮助研究者深入了解工作记忆与数学能力之间的相互关系，从而制订更好的数学障碍解决方案，这些问题均有待开展进一步的研究。

在被试的选择上，本研究将非数学障碍学生作为对照组，所有学生均来自同一个班级，控制了教师教学变量。因此，本研究只对非数学障碍学生与数学障碍学生进行了比较，未设置数学障碍对照组。后续研究中应当增加数学障碍对照组，如在同一名教师任教的多个班级选择足够数量的数学障碍学生分为实验组和对照组，并将实验组与多种类型对照组进行比较分析，以讨论干预的效果。

第九章

综合讨论与结论

第一节 综合讨论

一 工作记忆理论的发展对数学障碍研究领域的影响

工作记忆多成分模型经过了三成分模型到四成分模型的发展过程，四成分模型的提出不是简单增加一个成分，而是厘清了工作记忆与流体智力、晶体智力的关系，进一步解释了工作记忆与长时记忆的关系。工作记忆多成分模型一直是这一领域占据核心地位的理论，工作记忆与数学能力关系的研究一直基于该理论。Baddeley等人于20世纪70年代提出三成分模型，数学障碍领域的研究者基于该模型开展了大量的研究，获得了丰富的结论。2000年，Baddeley在三成分模型基础上增加了情景缓冲器成分，但针对这一成分的测量方法提出较晚。因此，之后很长一段时间内，工作记忆的研究仍以三成分模型为主。这些研究结论和工作记忆其他相关研究领域的结论一样，无法摆脱三成分模型本身的局限性，很多原本由情景缓冲器引起的障碍被错误地归因到其他成分。

捆绑测验、语义流畅性测验等情景缓冲器测量方法提出后，系统测量工作记忆四个成分成为可能，相关的研究工具和结论也应当做进一步修订。以本书的研究为例，情景缓冲器在小学生数学学习过程中发挥着关键作用，该成分缺陷将会导致数学能力的全面落后，与之相对应的捆绑能力训练对数学能力的提升有一定的促进作用。这一系列的研究结论表明，四成分模型指导下的研究可以得到更加丰富的结论，是对这一领域研究的更新和深化。这也进一步提示这一领域的研究者，以往所有与工作记忆有关的学习障碍研究结论都应在四成分模型的指导下重新检验。

四成分模型为数学障碍儿童的鉴别、认知特点研究、教育干预提出了新的要求、指明了新的方向、提供了新的思路、开辟了新的领域。未来基于这一模型开展研究一定会成为数学障碍研究领域的新热点。

二　新技术应用对数学障碍研究领域的影响

新技术的应用给数学障碍研究领域带来的影响是颠覆性的，以往的研究思路、方法都面临巨大的变革。以现代测评理论、大数据、云计算等为代表的新兴理论与技术为数学障碍研究开创了新局面。

以本书的研究为例，现代测评理论在数学能力评价、干预内容选择、效果评估等方面发挥了重要作用。在数学能力评价上，多维Rasch模型从课程标准的四个领域评价学生能力，帮助研究者从更微观的层面了解学生的能力差异、结构差异。在干预内容选择上，基于Rasch模型的学业诊断帮助教师准确评估学生能力，明确学生能力缺陷，有针对性地制订教学方案。教育测量理论具有稳定性高、可重复、可验证的特点，将其结合计算机编程技术，实现自适应诊断，更符合我国教师专业水平参差不齐、东西部师资差异较大的基本国情。

数学障碍的鉴别需要智力和数学能力常模，在互联网技术不发达的时代，常模的编制需要消耗大量的人力、物力，且编制周期长、更新难度大。但近几年，计算机自适应测验技术的普及、国家各级教育质量监测的开展，使得编制和更新相关常模成为可能。以国家基础教育质量监测为例，数学是国家基础教育质量监测的核心内容，理论上，基于监测大数据编制全国范围的数学能力测验及常模完全可行，数学能力常模的更新甚至可以与国家教育质量监测同步。以虚拟现实（Virtual Reality，VR）、增强现实（Augmented Reality，AR）、人工智能（Artificial Intelligence，AI）为代表的互联网技术可以模拟各种测验场景，实现基于计算机的工作记忆测验，为大规模收集数据、编制常模提供支持。

三 综合干预的全新理念

教育科学研究的终极目的是解决实际问题，数学障碍研究也不例外。常见的数学障碍干预可以分为两种：一是根据学生在数学任务上的表现，开展解题方法、思路、技巧的教学，提高数学问题解决能力；二是根据工作记忆与数学能力的关系，通过训练弥补工作记忆缺陷，产生迁移后提升数学问题解决能力。前者是从外在行为表现的层面，直接解决数学成绩落后问题；后者基于数学问题解决的内在神经机制，间接解决数学障碍。前者见效快，但针对特定问题的干预很难产生迁移；后者产生迁移的可能性较大，但见效慢。综合干预方式兼顾了二者的优点，从外在表现和内部神经机制两个方面解决数学障碍问题。

综合干预的理念在医疗和保健领域取得了成功，高血压、亚健康、网络成瘾等领域的综合干预实践证明了这一理念的可行性。与之相比，数学障碍的综合干预不涉及药物治疗，因此这一理念在教育领域的推广更加容易。

但也应当看到，综合干预模式对制订和执行干预计划的教师提出了更高的要求。教师既要熟悉工作记忆及其训练，又要教授相关的数学课程，甚至要掌握干预效果评估相关的教育测量学知识。综合干预对数学教师的专业能力提出了更具体的要求，优秀的干预指导教师应当具备心理学、教育学、数学等多学科知识。目前国家各级师资培训侧重学科教学能力，忽视了教育学、心理学，尤其是忽略了教育测量学的培训，培训内容需要及时更新。

本书前测、后测的结果说明，综合干预对解决数学障碍问题有显著效果，应当在国内推广。国家各级师资培训、教学资源与师资配备都应适应时代要求做相应调整。师资培训过程中需要专家、学者的支持，将学术研究层面的理论、结论应用到教师的行为层面，二者结合，保障综合干预的效果。

四　相关各方的角色定位

本书数学障碍鉴别结果显示，三个年级的综合流行率为 8.1%，说明数学障碍问题较为普遍。这些儿童并非家长认为的"我家孩子很聪明，考不好只是因为粗心"，而是存在工作记忆能力问题。数学障碍问题的解决需要教育管理者、学术专家、教师、学生、家长的共同努力。

教师是干预教学的执行者、指导者，数学障碍的干预是一项需要长期坚持的活动，教师的监控、指导发挥着关键作用。学校应建立数学障碍儿童鉴别、干预、退出的完整流程和机制。学生被鉴别出存在数学障碍，则应进入干预程序，开展有针对性的训练。在经过一段时间干预训练后，需要定期对干预效果进行评估，以确定下一阶段的干预任务或退出干预训练程序。教师是这一流程的操作者，其专业素养至关重要。因此，教育管理者应当重视与学习障碍相关的师资培训，邀请学术专家指导和支持教师工作，提高教师的专业水平。

学术专家的作用不仅体现在对学校和教师的指导上，还体现在基础理论研究、标准化鉴别程序和干预方案的开发上。基础理论研究可以找到数学障碍的核心缺陷，但这些结论对一线教师来说太过学术，他们无法将结论应用到教学实践中去。学术专家的作用就是将最新的研究成果转换为可执行的方案，将"高深"的理论付诸实践。另外，学术专家还应协助教育管理者、行业协会制定数学障碍鉴别的标准化程序，干预效果的评估标准，规范数学障碍辅导机构、企业的经营行为，避免因追求商业利益而滥用数学障碍的标签。

在解决数学障碍的过程中，教育管理者还应持更开放的态度，例如开源教育质量监测数据，鼓励学者利用数据开展研究、编制常模，挖掘教育大数据的价值，为数学障碍的鉴别提供参照。

家长的作用也很重要。当孩子出现成绩落后时应当更加耐心地面对，理性归因，避免错误地将成绩落后归因为粗心大意、学习态度有问题。当发现孩子有数学障碍时应加强与教师的沟通，请求专业机构帮助孩子鉴别出现障碍的原因和程度。同时，帮助孩子正视差异，合理评价，提高自己的专业素养，不盲从他人，不盲目相信非专业机构的建议，及时配合教师和专业人士开展有针对性的干预训练。数学障碍的解决离不开家长的心理支持，加强沟通、营造良好的家庭气氛也可以为问题的解决提供帮助。

最后，学习障碍的教学干预需要多方面的支持，需要整合学科、心理学、教育测评、信息技术等各类资源。以本书的研究为例，在鉴别阶段，工作记忆水平测量要求在电脑上完成，需要学校提供相应资源；数学测验需要收集学生对每个题目的作答情况，需要阅卷系统的支持。在干预教学阶段需要教师根据测评框架命制题目，根据学业诊断结果寻找有针对性的练习题，这需要题库、资源库的支持。因此，学校的配套设施、资源建设、教师专业能力培养都应适应干预教学的需求。这些需要教育管理者、学术专家、教师的共同努力。

总之，数学障碍的解决是一个需要多方合作的系统工程，各方力量缺一不可。

五　对数学教育的再认识

在科技迅猛发展的现代社会，数学已经成为公民工作、娱乐与生活的基本工具。现代公民必须具备提出问题、解决问题、归纳概括、演绎推理等基本能力，也必须掌握整理数据、分析数据、用数据说话的技巧与方法，这些都离不开数学。数学素养已经成为现代人的基本素养，不论是国家教育质量监测还是以 PISA 为代表的国际教育测评项目，数学素养都是监测的核心内容。可以说，在新的时代，没有足够的数学知识和能力就会成为一种特殊的"文盲"。

基础教育阶段数学教育的终极目标是帮助学生掌握走向社会需要的核心素养，为未来的幸福生活打下坚实的基础。优秀的数学教育是认知发展和课堂知识并重的教育，而非发展"纯粹"的数学。

对数学障碍的新认识也要求变革旧的数学教育观。教育学、心理学、神经科学的研究发现，数学障碍的核心缺陷是以工作记忆为代表的认知缺陷，而非外在的行为缺陷。所以，数学教学应从认知发展的角度出发，教师应不断深化对课程标准的认识，将课程标准的要求同学生认知发展的需求相结合。课堂教学、课后辅导、教育测评都应考虑学生认知发展的特点及需求。

我国平时的数学教学、考试评价中，教师习惯于创设条件、明确信息，提出封闭式的数学问题，提炼和归纳解题方法，并不断重复、练习以帮助学生巩固知识。这种教学和评价方式忽略了学生认知的发展需求，导致学生思维、创新能力发展受限。对于存在数学障碍的学生，即使在多次重复后成绩表现合格，也没能培养起必要的迁移能力，学习障碍问题仍然存在。

数学教师的教育观念转变还可以从课程标准的解读和修订入手。现行的数学课程标准于 2011 年正式公布，是在总结十年来新课程实施的经验与发现问题的基础上进行的。[1] 笔者在研究过程中发现，部分教师群体对数学课程标准的理解较浅，对新课标修订的过程和内容了解较少，因此在教学实践中出现一定的偏差。因此，对课程标准本身的解读应当作为教师教研的重要内容。数学课程标准是教师开展教学的纲领性文件，在未来的修订工作中，如果能参照高中课程标准将"考试与评价的关系""核心素养"等内容增加到标准中，将会对教师观念转变、数学障碍问题解决有极大的促进作用。

在学校环境中，学生自主学习的空间和自由度小、主动学习的动力不足、主动学习机会较少，这与小学生学业负担仍然较重有很大关系，尤其是数学学科。在知识的熟练掌握过程中，教师普遍以大量简单重复练习为主要手段，留给学生的自主学习空间太少，学生学业负担重，学习问题日益增多，也间接导致了数学学习障碍。

数学教师应转变"高分数等于一流教育"的观念。以 PISA 测试为例，上海自参加 PISA 测试以来，总体成绩一直在全球名列前茅，但在考查创新和决策能力的数学素养题目上学生并未体现出绝对的优势。这表明仅靠时间积累和重复练习无法培养出更高层次的能力。数学是培养理性思维和创新精神的主要途径，数学教学和评价观念的转变是实现教育变革的重要内容。

数学教育观念的转变对我国的基础教育意义重大。2017 年基础教育发展调查报告显示，2016 年我国小学生在校人数约为 9910 万人。

---

[1] 史宁中、马云鹏、刘晓玫：《义务教育数学课程标准修订过程与主要内容》，《课程·教材·教法》2012 年第 3 期，第 50~56 页。

以 6%~10% 的比例计算，存在数学障碍的人数非常庞大。数学障碍问题的解决关系到整个基础教育的质量，甚至社会的发展与稳定。数学障碍问题应当引起更高的重视，需要教师、教育管理者、社会机构、科研院所共同努力解决。

六 对特殊教育资源配置的启示

数学障碍问题的解决关系到教育公平问题，影响教育公平的重要因素是"优质教育资源分配如何最大限度地均衡化"问题。这一问题在特殊教育领域尤为明显，以资源内容为例，国内针对残疾儿童的资源教室已经有了专门的文件《普通学校特殊教育资源教室建设指南》，但针对数学障碍、阅读障碍儿童的资源建设仍没有明确的政策、指南。数学障碍儿童对优质教育资源的需求长期被忽视，对实现教育资源的优化配置、促进教育公平有较大影响。因此，未来国家在教育资源配置过程中，应充分考虑这一群体的需求，让他们享受到与其他特殊教育需要儿童同等的待遇。

参照《普通学校特殊教育资源教室建设指南》，与数学障碍儿童相关的教育资源建设及配置应以满足数学障碍儿童的发展需求为中心，以数学障碍儿童身心发展规律为基础，师资、器材、教学环境等"软件""硬件"一起抓，为数学障碍问题的解决提供全方位的保障。

第二节 结论

一 情景缓冲器是工作记忆的重要成分

工作记忆四成分模型强调工作记忆与长时记忆的联系，新增加的情景缓冲器是信息存储和整合的场所。结构方程模型的拟合结果表明，四成分模型与数据拟合良好。数学障碍儿童的亚型研究也发现了信息存储与整合障碍型，其主要缺陷表现为情景缓冲器水平低。数学能力与工作记忆水平的相关研究发现情景缓冲器成分与四种学科能力相关较高。这些信息都证明了情景缓冲器成分的存在，说明四成分模型比三成分模型更具合理性。基于四成分模型编制的评价工具更适用于对学生工作记忆水平的评价。

二　四成分成套测验为工作记忆研究提供了测量工具

本书的研究基于工作记忆四成分模型编制的成套测验在小学生群体中施测，信度、效度指标达到了教育测量学理论要求，是一套科学、规范的测验，为工作记忆相关研究提供了测量工具。

三　数学障碍流行率为 8.1%

本书的相关研究在贵州省贵阳市一所小学的三个年级开展调查，鉴别出的数学障碍学生占总人数的 8.1%。国内相关研究的流行率为 3%~10%，平均流行率为 9.7%，本书的研究结论与相关研究比较接近。这一结果表明国内基础教育阶段数学障碍学生群体非常庞大，需要引起教师、家长的广泛关注。

四　数学障碍存在多种类型且异质性较高

数学障碍儿童的分类研究结果表明，在第二学段存在视空间信息障碍型、弥漫型和信息存储与整合障碍型三种类型。聚类分析及类别间比较结果表明，三种类型之间存在较高的异质性。

视空间障碍型人数最少，主要表现为视空间模板水平较低，在数学能力上表现为"图形与几何"领域的表现较差。信息存储与整合障碍型人数最多，主要表现为情景缓冲器水平较低，当问题涉及整合来自多个通道的信息时，学生表现较差。对于第二学段的学生，情景缓冲器在数学学习中发挥着非常关键的作用。弥漫型的人数略低于信息存储与整合障碍型，主要表现为轻度的学习障碍。

五　数学障碍与工作记忆各成分之间联系密切

工作记忆总体水平与数学课程总能力之间的相关为 0.265。

工作记忆各成分与数学能力、各数学领域能力之间相关显著。工作记忆四成分在各数学领域学习中发挥的作用不同，中央执行系统的作用最大，情境缓冲器缺陷会导致数学成绩的全面落后，视空间模板和语音回路的作用存在此消彼长的关系。

六　综合干预对工作记忆和数学能力提升均有帮助

基于阶梯训练法的工作记忆干预训练对工作记忆水平的提升有显著效果，N-back 任务、柯西积木、背数等干预任务对工作记忆水平的提升较为明显，积木捆绑任务对情景缓冲器水平有一定程度的提升。

基于 Rasch 模型学业诊断结论制订的数学知识干预教学方案更有针对性，保证了干预效率，对学生数学能力的提升有显著效果。

经过三周的综合干预，数学障碍学生的数学能力有显著提升，较前测提升了 0.299 个单位，提升幅度大于对照组。

参考文献

中文部分

毕远、张丽锦：《以能力-成绩差异模型鉴别数学困难的问题与对策》，《中国特殊教育》2014年第5期。

卜清：《对数学学习障碍儿童工作记忆的研究》，《湖南医科大学学报》（社会科学版）2009年第5期。

蔡丹：《初中生数学学习困难的认知加工特点》，博士学位论文，华东师范大学，2010。

曹一鸣：《从数学本质的多元性看数学教育的价值——对新课标"人人学有价值的数学"的解读》，《中国教育学刊》2005年第2期。

陈彩琦、李坚、刘志华：《工作记忆的模型与基本理论问题》，《华南师范大学学报》（自然科学版）2003年第4期。

陈海侠：《小学生工作记忆的干预研究》，硕士学位论文，华东师范大学，2011。

陈英和等：《7—8岁数学学习困难与正常儿童加法策略比较研究》，《中国特殊教育》2004年第11期。

邓猛、林潇潇：《干预反应模式下学障资优生的鉴定、评估与干预》，

《教育研究与实验》2014年第3期。

付佳：《元认知训练对小学数学学习困难学生解题干预的个案研究》，硕士学位论文，东北师范大学，2012。

高国娇、王晓丽：《述评工作记忆中情景缓冲器诞生的必然性》，《绥化学院学报》2013年第12期。

郝嘉佳、齐琳、陈英和：《小学六年级数学困难儿童的元认知特点及其在应用题解决中的表现》，《中国特殊教育》2011年第2期。

何壮、韦小满、李刚：《我国数学障碍研究的科学计量学分析》，《中国特殊教育》2015年第12期。

何壮、袁淑莉、赵守盈：《教育考试中短测验的分析方法——基于两种项目反应理论方法的比较研究》，《中国考试》2012年第10期。

黄列玉、邓冰：《小学生数学基本能力测试量表在贵州省的应用分析》，《贵阳医学院学报》2006年第5期。

黄列玉等：《小学生数学基本能力测试量表的贵州常模制订》，《中国学校卫生》2009年第7期。

黄希庭、杨治良、林崇德：《心理学大辞典》，上海教育出版社，2003。

贾婷月：《公共基础教育配置效率：资源优化还是资源浪费》，《上海财经大学学报》2017年第1期。

江娥：《数学学习困难学生合作学习的研究——ATI模型》，硕士学位论文，华东师范大学，2006。

康丹等：《〈早期儿童数学能力测试（中文版）〉对上海市5～6岁儿童的适用性研究》，《幼儿教育》2014年第18期。

李峰、余娜、辛涛：《小学四、五年级数学诊断性测验的编制——基于规则空间模型的方法》，《心理发展与教育》2009年第3期。

李莉、周欣、郭力平：《儿童早期工作记忆与数学学习的关系》，《心理科学进展》2016年第10期。

李志慧：《"基础教育资源均衡化问题"专题研讨会会议综述》，《现代基础教育研究》2017年第4期。

李忠：《数学的意义与数学教育的价值》，《课程·教材·教法》2012年第1期。

林崇德：《学习与发展——中小学生心理能力发展与培养》，北京师范大学出版社，2003。

刘经兰、戴海琦：《小学四年级数学诊断性测验的编制与研究》，《心理学探新》2003年第3期。

刘彤冉、施建农：《9—11岁儿童的工作记忆和智力、创造力之间关系的研究》，《中国临床心理学杂志》2007年第2期。

刘宇洁、韦小满：《干预—反应（RtI）模型：美国教育政策理念架构的新趋势》，《比较教育研究》2012年第11期。

鲁忠义、杜建政、刘学华：《工作记忆模型的第四个组成部分——情景缓冲器》，《心理科学》2008年第1期。

鲁忠义、张亚静：《工作记忆中的语音回路对汉语阅读理解的影响》，《心理学报》2007年第5期。

〔美〕M.罗德、〔美〕R.诺维克：《心理测验分数的统计理论》，叶佩华译，福建教育出版社，1992。

吕雪：《5—6岁儿童数学学习困难的鉴别与诊断研究》，硕士学位论文，华东师范大学，2013。

马娟子：《小学生工作记忆测验的编制与信效度分析》，硕士学位论文，华东师范大学，2011。

马跃、韦小满：《新一轮高考改革中的测验等值问题》，《考试研究》2015年第5期。

钱洪来、谢春风：《美国学习障碍协会（LDA）介绍》，北京学习障碍国际研讨会，北京，2004年9月。

〔美〕瑟夫·M.瑞安：《基于经典测量理论和项目反应理论的等值

与连接——等值设计和经典测量理论等值程序》，杜承达译，《考试研究》2011年第2期。

史宁中、马云鹏、刘晓玫：《义务教育数学课程标准修订过程与主要内容》，《课程·教材·教法》2012年第3期。

〔苏〕苏霍姆林斯基：《给教师的建议》，杜殿坤编译，教育科学出版社，1984。

佟月华：《不同亚型学习障碍儿童情绪理解特点研究》，《中国特殊教育》2009年第9期。

王丹丹：《〈教育神经科学：学科建制与教育创新〉评介》，《教育生物学杂志》2018年第1期。

王恩国、刘昌：《数学学习困难与工作记忆关系研究的现状与前瞻》，《心理科学进展》2005年第1期。

王廷琼：《考夫曼成套儿童评价量表第二版简介》，《吉林省教育学院学报》2014年第4期。

王晓平、李西营：《发展性阅读障碍的原因及其本质研究》，《中国临床康复》2006年第2期。

王亚南、刘昌：《工作记忆、加工速度与流体智力的发展》，《心理科学》2004年第2期。

王长义等：《结构方程模型中拟合指数的运用与比较》，《现代预防医学》2010年第1期。

韦小满、杨希洁、刘宇洁：《干预反应模式：学习障碍评估的新途径》，《中国特殊教育》2012年第9期。

韦小满：《特殊儿童心理评估》，华夏出版社，2006。

魏琴琴：《N-back工作记忆训练在流体智力开发中的应用研究》，硕士学位论文，浙江工业大学，2009。

吴燕、隋光远：《美国学习障碍鉴别研究综述》，《中国特殊教育》2005年第12期。

吴永明、舒斯云：《工作记忆与脑的功能磁共振成像》，《中国神经科学杂志》2002年第2期。

谢立培、张树东：《国内数学学习障碍研究进展》，《现代特殊教育》2015年第8期。

胥兴春：《数学学习障碍干预研究的取向及发展走向》，《中国特殊教育》2005年第10期。

晏子：《心理科学领域内的客观测量——Rasch 模型之特点及发展趋势》，《心理科学进展》2010年第8期。

杨希洁、韦小满：《为全体学生提供有效的教育服务——"干预反应"模式的发展及影响》，《中国特殊教育》2012年第6期。

杨希洁：《特殊教育资源教室环境建设和设备配置原则》，《现代特殊教育》2016年第5期。

杨雄里：《脑科学和素质教育刍议》，《教育理论与实践》2002年第2期。

姚颖蕾：《小学生工作记忆的发展及其在数学学习中的作用》，硕士学位论文，华东师范大学，2011。

俞国良、曾盼盼：《数学学习不良儿童视觉－空间表征与数学问题解决》，《心理学报》2003年第5期。

袁婉秋：《工作记忆模型的新进展及其研究展望》，《西南大学学报》（社会科学版）2011年第S1期。

张春莉：《小学生数学能力评价框架的建构》，《教育学报》2011年第5期。

张怀英：《儿童发展性计算障碍的认知机制研究》，博士学位论文，华中科技大学，2009。

张积家、陆爱桃：《语音回路和视空间模板对音位流畅性和语义流畅性的影响》，《心理学报》2007年第6期。

张拉艳、周世杰：《工作记忆及其评估》，《中国临床心理学杂志》

2005 年第 3 期。

张树东、董奇：《一～四年级小学生发展性计算障碍的亚类型研究》，《心理发展与教育》2007 年第 2 期。

张树东、董奇：《发展性计算障碍的诊断与矫治》，《中国特殊教育》2004 年第 2 期。

张树东、董奇：《数字加工和计算能力测验的修订及信效度检验》，《中国特殊教育》2006 年第 5 期。

张树东、董奇：《数字加工和计算障碍与工作记忆的关系研究》，《中国特殊教育》2012 年第 2 期。

张小将、刘昌：《汉诺塔问题解决的认知过程及特点分析》，《心理与行为研究》2005 年第 1 期。

张修竹等：《不同亚型学习障碍儿童社会信息加工特点》，《中国学校卫生》2014 年第 4 期。

张学众：《从强调"补偿"到追求"公平"——美国少数民族高等教育政策分析》，《内蒙古财经大学学报》2018 年第 1 期。

张增强等：《数字工作记忆的脑功能磁共振定位研究》，《第三军医大学学报》2008 年第 16 期。

赵晖、路浩、张树东：《发展性计算障碍的最新研究进展》，《心理发展与教育》2013 年第 4 期。

赵鑫、周仁来：《工作记忆刷新功能的可塑性》，《心理科学进展》2014 年第 10 期。

赵鑫、周仁来：《工作记忆中央执行系统不同子功能评估方法》，《中国临床心理学杂志》2011 年第 6 期。

赵裕春：《小学生数学能力的测查与评价》，教育科学出版社，1987。

郑惠等：《不同亚型学习障碍儿童的认知行为特征》，《中国儿童保健杂志》2009 年第 6 期。

钟姝等：《视觉和语音加工难度对汉语识字困难儿童形音特征捆绑

的影响》，《中国特殊教育》2011 年第 7 期。

周加仙、董奇：《学习与脑可塑性的研究进展及其教育意义》，《心理科学》2008 年第 1 期。

周加仙、舒新越：《教育神经科学的价值与学科发展的挑战——与国际心智、脑与教育学会会长丹尼尔·安萨里教授的对话》，《全球教育展望》2017 年第 6 期。

周加仙：《教育神经科学：创建心智、脑与教育的联结》，《华东师范大学学报》（教育科学版）2013 年第 2 期。

周世杰等：《不同学习障碍亚型儿童的认知功能比较》，《中国临床心理学杂志》2007 年第 3 期。

周世杰等：《数学障碍儿童的工作记忆研究》，《中国临床心理学杂志》2006 年第 4 期。

周双珠、韩瑽瑽、陈英和：《数学焦虑影响数学学业成就的作用机制——数学元认知的中介作用》，《数学教育学报》2014 年第 5 期。

外文部分

D. Alexander, J. Money, "Turner's Syndrome and Gerstmann's Syndrome: Neuropsychologic Comparisons," *Neuropsychologia*, 1966, 4 (3).

A. D. Baddeley, "Is Working Memory Still Working?" *American Psychologist*, 2001, 56 (11).

A. D. Baddeley, J. Andrade, "Working Memory and the Vividness of Imagery," *Journal of Experimental Psychology: General*, 2000, 129 (1).

A. D. Baddeley, G. J. Hitch, "Working Memory," *The Psychology of Learning and Motivation*, 1974, 8.

A. Baddeley, "Working Memory," *Science*, 1992, 255 (5044).

A. Baddeley, "The Episodic Buffer: A New Component of Working Memory?" *Trends in Cognitive Sciences*, 2000, 4 (11).

A. Baddeley, "Working Memory: Looking Back and Looking Forward," *Nature Reviews Neuroscience*, 2003, 4 (10).

A. Baddeley, G. Vallar, B. Wilson, "Sentence Comprehension and Phonological Memory: Some Neuropsychological Evidence," in M. Coltheart, ed., *Attention and Performance* 12: *The Psychology of Reading*, Hillsdale, NJ: Lawrence Erlbaum Associates, Inc., 1987.

H. Bakwin, R. M. Bakwin, *Clinical Management of Behavior Disorders in Children*, Philadelphia: Saunders, 1960.

M. K. Barakat, "A Factorial Study of Mathematical Abilities," *British Journal of Statistical Psychology*, 1951, 4 (3).

M. K. Barakat, "Factors Underlying the Mathematical Abilities of Grammar School Pupils," *British Journal of Educational Psychology*, 1951, 21 (3).

B. Bateman, "Learning Disabilities—An Overview," *Journal of School Psychology*, 1965, 3 (3).

J. W. Brelsford Jr. et al., "Short-Term Recall of Paired-Associates as a Function of the Number of Interpolated Pairs," *Psychonomic Science*, 1966, 4 (1).

B. Carretti, E. Borella, R. De Beni, "Does Strategic Memory Training Improve the Working Memory Performance of Younger and Older Adults?" *Experimental Psychology*, 2007, 54 (4).

R. Cohn, "Dyscalculia," *Archives of Neurology*, 1961, 4 (3).

R. Cohn, "Developmental Dyscalculia," *Pediatric Clinics of North America*, 1968, 15 (3).

F. Collette, M. Van der Linden, "Brain Imaging of the Central Executive Component of Working Memory," *Neuroscience & Biobehavioral Reviews*, 2002, 26 (2).

A. J. Connolly, W. Nachtman, E. M. Pritchett, *Keymath: Diagnostic Arithmetic Test*, American Guidance Service, 1971.

A. R. A. Conway, M. J. Kane, R. W. Engle, "Working Memory Capacity and Its Relation to General Intelligence," *Trends in Cognitive Sciences*, 2003, 7 (12).

E. J. Davelaar, "Short-Term Memory as a Working Memory Control Process," *Frontiers in Psychology*, 2013, 4.

S. Dehaene, "Varieties of Numerical Abilities," *Cognition*, 1992, 44 (1−2).

S. Dehaene et al., "Sources of Mathematical Thinking: Behavioral and Brain-Imaging Evidence," *Science*, 1999, 284 (5416).

K. A. Ericsson, W. Kintsch, "Long-term working memory," *Psychological Review*, 1995, 102 (2).

B. Everitt, "Cluster Analysis," *Quality & Quantity*, 1980, 14 (1).

L. S. Fuchs et al., "The Prevention, Identification, and Cognitive Determinants of Math Difficulty," *Journal of Educational Psychology*, 2005, 97 (3).

E. F. Gardner, *Stanford Achievement Test Series*, Psychological Corporation, Harcourt Brace Jovanovich, 1989.

S. E. Gathercole, S. J. Pickering, "Assessment of Working Memory in six- and seven-year-old children," *Journal of Educational Psychology*, 2000, 92 (2).

C. A. Gaulin, T. F. Campbell, "Procedure for Assessing Verbal Working Memory in Normal School-Age Children: Some Preliminary Data," *Perceptual and Motor Skills*, 1994, 79 (1).

D. C. Geary, "Mathematics and Learning Disabilities," *Journal of Learning Disabilities*, 2004, 37 (1).

J. Gerstmann, "Some Notes on the Gerstmann Syndrome," *Neurology*, 1957, 7 (12).

N. Gordon, "Children with Developmental Dyscalculia," *Developmental Medicine & Child Neurology*, 1992, 34 (5).

D. P. Hallahan, W. M. Cruickshank, *Psychoeducational Foundations of Learning Disabilities*, Englewood Cliffs, NJ: Prentice Hall, 1973.

R. K. Hambleton, H. Swaminathan, *Item Response Theory: Principles and Applications*, Boston; Hingham, MA, U. S. A. : Kluwer-Nijhoff Pub. ; Distributors for North America, Kluwer Boston, 1985.

H. Hecaen, R. Angelergues, S. Houillier, "The Clinical Varieties of Acalculias during Retrorolandic Lesions: Statistical Approach to the Problem," *Revue Neurologique*, 1961, 105 (105).

D. L. Henry, M. M. Maclean, "Relationships between Working Memory, Expressive Vocabulary and Arithmetical Reasoning in Children with and without Intellectual Disabilities," *Educational & Child Psychology*, 2003, 20 (3).

G. J. Hitch, "The Role of Short-Term Working Memory in Mental Arithmetic," *Cognitive Psychology*, 1978, 10 (3).

G. J. Hitch, E. Mcauley, "Working Memory in Children with Specific Arithmetical Learning Difficulties," *British Journal of Psychology*, 1991, 82 (3).

J. Holmes, J. W. Adams, "Working Memory and Children's Mathematical Skills: Implications for Mathematical Development and Mathematics Curricula," *Educational Psychology*, 2006, 26 (3).

M. Jahanshahi, G. Dirnberger, "The left dorsolateral prefrontal cortex and random generation of responses: studies with transcranial magnetic stimulation," *Neuropsychologia*, 1999, 37 (2).

S. A. Jones, D. Wallace, "National Joint Committee on Learning Disabilities," *Encyclopedia of Special Education*, 2013.

S. Kirk, J. Gallagher, M. R. Coleman, et al., *Educating Exceptional Children*, Wadsworth Publishing, 2011.

T. Klingberg, E. Fernell, P. J. Olesen, et al., "Computerized Training of Working Memory in Children with ADHD-A Randomized, Controlled Trial," *Journal of the American Academy of Child & Adolescent Psychiatry*, 2005, 44 (2).

T. Klingberg, H. Forssberg, H. Westerberg, "Increased Brain Activity in Frontal and Parietal Cortex Underlies the Development of Visuospatial Working Memory Capacity During Childhood," *Journal of Cognitive Neuroscience*, 2002, 14 (1).

T. Klingberg, H. Forssberg, H. Westerberg, "Training of Working Memory in Children with ADHD," *Journal of Clinical and Experimental Neuropsychology*, 2002, 24 (6).

M. E. Kolkman, E. H. Kroesbergen, P. P. M. Leseman, "Involvement of Working Memory in Longitudinal Development of Number-Magnitude Skills," *Infant & Child Development*, 2014, 23 (1).

L. Kosc, "Factor Analysis of Mathematical Aptitudes," *Studia Psychologica*, 1967.

L. Kosc, "Psychology and Psychopathology of Mathematical Abilities," *Studia Psychologica*, 1970, 12 (2).

L. Kosc, "Developmental Dyscalculia," *Journal of Learning Disabilities*, 1974, 7 (3).

E. M. Laforte, K. S. Mcgrew, F. A. Schrank, *WJ IV Technical Abstract*

(*Woodcock-Johnson IV Assessment Service Bulletin No. 2*), IL Riverside: Rolling Meadows, 2014.

Y. Lee, M. Lu, H. Ko, "Effects of Skill Training on Working Memory Capacity," *Learning and Instruction*, 2007, 17 (3).

C. Loomes et al., "The Effect of Rehearsal Training on Working Memory Span of Children with Fetal Alcohol Spectrum Disorder," *Research in Developmental Disabilities*, 2008, 29 (2).

M. A. Mastropieri, Discrepancy Models in the Identification of Learning Disabilities, US Department of Education LD Summit, Washington, DC, 2001.

M. Mccloskey, "Cognitive Mechanisms in Numerical Processing: Evidence from Acquired Dyscalculia," *Cognition*, 1992, 44 (1-2).

B. Mckenzie, R. Bull, C. Gray, "The Effects of Phonological and Visual-Spatial Interference on Children's Arithmetic Performance," *Educational & Child Psychology*, 2003, 20 (3).

C. D. Mercer, C. Hughes and A. R. Mercer, "Learning Disabilities Definitions Used by State Education Departments," *Learning Disability Quarterly*, 1985, 8 (1).

A. Miyake, N. P. Friedman, M. J. Emerson, et al., "The Unity and Diversity of Executive Functions and Their Contributions to Complex 'Frontal Lobe' Tasks: A Latent Aariable Analysis," *Cognitive Psychology*, 2000, 41 (1).

E. K. Monsees, "Aphasia in Children," *Journal of Speech & Hearing Disorders*, 1961, 26 (1).

D. E. Moody, "Can Intelligence be Increased by Training on a task of Working Memory?" *Intelligence*, 2009, 37 (4).

N. Morris, D. M. Jones, "Memory Updating in Working Memory: The role of the Central Executive," *British Journal of Psychology*, 1990, 81 (2).

R. D. Morris, K. K. Stuebing, J. M. Fletcher, et al., "Subtypes of Reading Disability: Variability around a Phonological Core," *Journal of Educational Psychology*, 1998, 90 (3).

F. Norrelgen, F. Lacerda, H. Forssberg, "Temporal Resolution of Auditory Perception and Verbal Working Memory in 15 Children with Language Impairment," *Journal of Learning Disabilities*, 2002, 35 (6).

P. J. Olesen, H. Westerberg, T. Klingberg, "Increased Prefrontal and Parietal Activity after Training of Working Memory," *Nature Neuroscience*, 2004, 7 (1).

K. P. Raghubar, M. A. Barnes, S. A. Hecht, "Working Memory and Mathematics: A Review of Developmental, Individual Difference, and Cognitive Approaches," *Learning & Individual Differences*, 2010, 20 (2).

S. R. Rappaport, "Behavior Disorder and EGO Development in a Brain-Injured Child," *Psychoanalytic Study of the Child*, 1961, 16.

C. Rasmussen, J. Bisanz, "Representation and Working Memory in Early Arithmetic," *Journal of Experimental Child Psychology*, 2005, 91 (2).

R. S. Shalev, V. Gross-Tsur "Developmental Dyscalculia," *Pediatric Neurology*, 2001, 24 (5).

L. Shepard, "An Evaluation of the Regression Discrepancy Method for Identifying Children with Learning Disabilities," *The Journal of Special Education*, 1980, 14 (1).

L. S. Siegel, E. B. Ryan, "The Development of Working Memory in Normally Achieving and Subtypes of Learning Disabled Children," *Child Development*, 1989, 60 (4).

C. Singleton, "Brief Report—Phonological Awareness and Visual-Spatial Sketchpad Functioning Predict Early Arithmetic Attainment: Evidence From a Longitudinal Study," *European Journal of Cognitive Psychology*, 2008, 20 (4).

C. E. Stevenson, C. E. Bergwerff, W. J. Heiser, et al., "Working Memory and Dynamic Measures of Analogical Reasoning as Predictors of Children's Math and Reading Achievement," *Infant & Child Development*, 2014, 23 (1).

H. L. Swanson, C. Sachse-Lee, "A Subgroup Analysis of Working Memory in Children with Reading Disabilities Domain-General or Domain-Specific Deficiency?" *Journal of Learning Disabilities*, 2001, 34 (3).

C. M. Temple, "Cognitive Neuropsychology and Its Application to Children," *Journal of Child Psychology & Psychiatry & Allied Disciplines*, 1997, 38 (1).

H. E. Thelander, J. K. Phelps, E. W. Kirk, "Learning Disabilities Associated with Lesser Brain Damage," *The Journal of Pediatrics*, 1958, 53 (4).

J. K. Torgesen, C. Dice, "Characteristics of Research on Learning Disabilities," *Journal of Learning Disabilities*, 1980, 13 (10).

J. N. Towse, D. Neil, "Analyzing Human Random Generation Behavior: A Review of Methods Used and a Computer Program for Describing Performance," *Behavior Research Methods, Instruments, & Computers*, 1998, 30 (4).

G. Vallar, A. D. Baddeley, "Fractionation of Working Memory: Neuropsychological Evidence for a Phonological Short-Term Store," *Journal of Verbal Learning and Verbal Behavior*, 1984, 23 (2).

M. von Aster, "Developmental Cognitive Neuropsychology of Number Processing and Calculation: Varieties of Developmental Dyscalculia," *European Child & Adolescent Psychiatry*, 2000, 9 (2).

K. Werheid, C. Hoppe, A. Thöne, et al., "The Adaptive Digit Ordering Test: Clinical Application, Reliability, and Validity of a Verbal Working Memory Test," *Archives of Clinical Neuropsychology*, 2002, 17 (6).

H. Westerberg, T. Hirvikoski, H. Forssberg, et al., "Visuo-Spatial Working Memory Span: A Sensitive Measure of Cognitive Deficits in Children with ADHD," *Child Neuropsychology*, 2004, 10 (3).

H. Westerberg, H. Jacobaeus, T. Hirvikoski, et al., "Computerized Working Memory Training after Stroke-A Pilot Study," *Brain Injury*, 2007, 21 (1).

H. Westerberg, T. Klingberg, "Changes in Cortical Activity after Training of Working Memory—A Single-Subject Analysis," *Physiology & Behavior*, 2007, 92 (1).

G. S. Wilkinson, G. J. Robertson, *Wide Range Achievement Test (WRAT4)*, Lutz, FL: Psychological Assessment Resources, 2006.

L. R. Wilson, T. Cone, "The Regression Equation Method of Determining Academic Discrepancy," *Journal of School Psychology*, 1984, 22 (1).

J. J. Zettel, J. Ballard, "The Education for All Handicapped Children Act of 1975 PL 94－142: Its History, Origins, and Concepts," *Journal of Education*, 1979, 161 (3).

附　录

附录 1

研究 IV 数学能力评价试卷

一　选择题（共 10 个小题，每小题 2 分，共 20 分）

1. 小明用下面的图形表示正方形的对称轴，哪一个图是错误的？

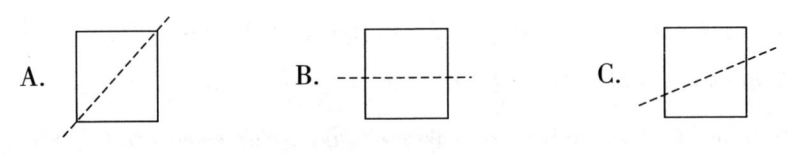

　　A.　　　　　　　　B.　　　　　　　　C.

2. a 乘以 b 的积和 a 比较。积比 a（　　）.

　　A. 大　　　　　　　B. 小　　　　　　　C. 无法确定

3. 右面的图案，可以通过（　　）得到。

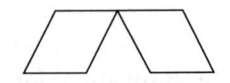

　　A. 平移　　　　　　B. 上下翻转　　　　C. 水平翻转

4. $3.65 \div 0.07$，商取整数时，余数是（　　）。

　　A. 0.01　　　　　　B. 0.1　　　　　　　C. 1

5. 用写有1、2、3的数字卡片可以组成（　　）个不同的三位数。

　　A. 5　　　　　　　B. 6　　　　　　　C. 7

6. 周长相等的两个长方形，长和宽的差（　　）的长方形面积大。

　　A. 越小　　　　　B. 越大　　　　　C. 无法确定

7. 老师要统计某校五年级所有班级的语数两科平均成绩时，因为统计的（　　）相同，所以可以制作成复式统计表。

　　A. 人数　　　　　B. 科目　　　　　C. 班级

8. 当 x =（　　）时 2x + 0.2x 的值等于 0.44.

　　A. 0.1　　　　　B. 0.2　　　　　C. 2

9. a ÷ 0.1 = b × 10，(a、b 均不为 0)，那么 a（　　）b。

　　A. 大于　　　　　B. 小于　　　　　C. 等于

10. 五年级一班的植树是 a 棵，五（二）班植树棵数是五（一）班的 3 倍少 3 棵，五（二）班植树（　　）棵。

　　A. 3a – 3　　　　B. 3a　　　　　C. 3a + 3

二　判断题（共5个小题，每小题3分，共15分）

11. 李师傅5分钟做16个零件，做一个零件要3分钟。（　　）

12. 小强走0.25千米需要6分钟，他每走1千米需要24分钟。（　　）

13. 围成周长是10厘米的长方形，边长为整厘米数，总共有2种不同的围法。（　　）

14. 一辆汽车的最高载重量是4吨，有10吨的货物需要用这样的汽车运走，至少运2.5次。（　　）

15. 有 a 吨煤，每天用0.3吨，少了 b 天，还剩 a—0.3b 吨煤。（　　）

三 填空（每空2分，共10分）

16. 5.91×3的积保留一位小数是（　　）；16÷23的商保留两位小数是（　　）。

17. ∠1 = 20°，∠2和∠3两个角中，（　　）是钝角，∠2 = （　　）°∠3 = （　　）。

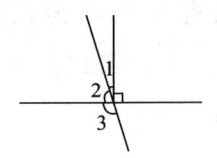

四 计算

18. 口算（每题1分，共8分）

| 0.25×4 = | 2.8×2 = | 0.27÷9 = | 0.5×6 = |
| 1.2÷0.1 = | 1.63 − 0.3 = | 10×2.4 = | 1.2÷4 = |

19. 脱式计算（前5题每题1分，最后两题每题1.5分，共8分）

1.2×0.2 + 1.2×0.8　　　　8.72×11 − 8.72

5.79 − 7.9÷(4.58 + 5.42)　　　0.12×3 − 1.2×0.3

10.4÷(0.25×0.4) − 20.5　　　12.6÷0.2 − (4.5 − 1.6)

五 量一量，画一画（共10分，每空2分）

20. 量出下面角的度数，并填一填。

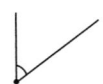

量得的角的度数是：(　　)°，这个角是（　　）角

21. 以下面的射线为一条边画一个115°的角。

22. 画出右面直线的平行线。

23. 经过已知的点画出已知直线的垂线。

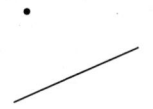

六 统计题（共1个题，共14分）

24. 根据下面统计表完成统计图，并回答问题：

某小学四、五年级学生参加兴趣小组的人数统计如下：

2016年2月

年级＼组别＼人数	电脑组	音乐组	书法组	象棋组
四年级	22	12	12	26
五年级	28	14	8	20

(1) 根据表内信息，完成下列条形统计图（6分）

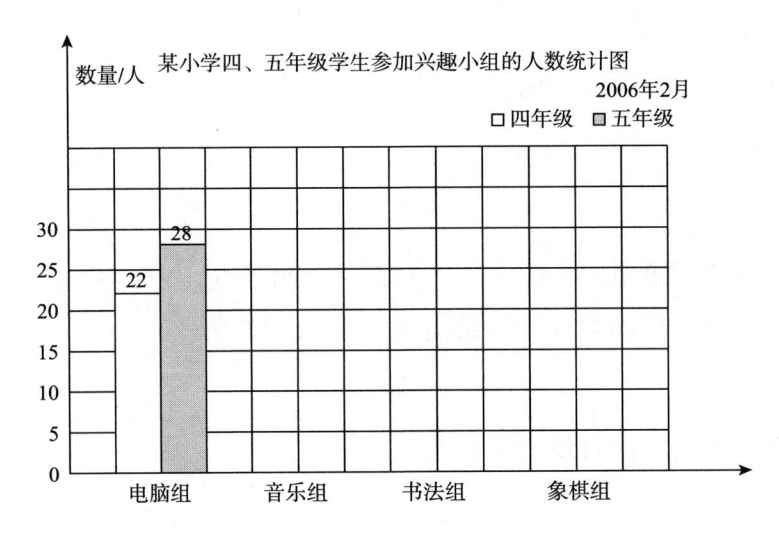

某小学四、五年级学生参加兴趣小组的人数统计图
2006年2月
□四年级 ■五年级

数量/人

电脑组 音乐组 书法组 象棋组

(电脑组：四年级22，五年级28)

(2) 参加_____兴趣小组的人最多，有_____人；（4分）

(3) 四年级一共有____人参加兴趣小组，平均每组有_____人。(4分)

七 解决实际问题（每题3分，共15分）

25. 学校为更新教学条件要购买56台电脑，每台电脑的售价是0.45万元。买这些电脑，准备30万元够吗？

26. 小明的房间长3.6米，宽3米。爸爸要给这个房间铺上地砖，用面积是40平方分米的方砖，需要多少块？

27. 一堆煤，原计划每天烧3吨，可以烧96天，改进炉灶后，实际每天比原计划节约用煤0.6吨，这堆煤实际可以烧多少天？

28. 服装厂计划做 250 套儿童校服，每套用布 2.2 米，做完 150 套后，改进剪裁方法，每天可节约用布 0.2 米，节省下来的布，还可以做多少套儿童校服？

29. 甲乙两地相距 539.2 千米，一辆小车和一辆大车同时从甲乙两地相对开出 5 小时后，大小两车还相距 34.2 千米，已知小车每小时行 55 千米，大车每小时行多少千米？

附录2

研究Ⅳ数学能力评价试卷双向细目表

表1 课程内容

序号	题号	分值	课程内容	知识点	认知能力
O01	一（1）	2	B	对称轴	2
O02	一（2）	2	A	乘数与积的关系	2
O03	一（3）	2	B	平移与旋转	4
O04	一（4）	2	A	小数乘除法	4
O05	一（5）	2	D	解决问题的策略——枚举	3
O06	一（6）	2	D	解决问题的策略——枚举	4
O07	一（7）	2	C	复式统计图	2
O08	一（8）	2	A	用字母表示数	3
O09	一（9）	2	A	小数乘除法	4
O10	一（10）	2	A	用字母表示数	3
T11	二（11）	3	D	基本数量关系	4
T12	二（12）	3	D	基本数量关系	4
T13	二（13）	3	D	解决问题的策略——枚举	4
T14	二（14）	3	D	在实际情境中取整	4
T15	二（15）	3	D	用字母表示数	4
S16	三（16）	4	A	小数乘除法	3

续表

序号	题号	分值	课程内容	知识点	认知能力
S17	三（17）	6	B	图形测量	2
S18	四（18）	8	A	小数乘除法	3
S19	四（19）	8	A	小数乘除法	3
S2001	五（20）1	2	B	图形测量	3
S2002	五（20）2	2	B	图形测量	3
S21	五（21）	2	B	图形测量	3
S22	五（22）	2	B	平行线	3
S23	五（23）	2	B	垂线	3
S2401	六（24）1	6	C	复式统计图和统计表	3
S2402	六（24）2	4	C	复式统计图和统计表	4
S2403	六（24）3	4	C	复式统计图和统计表	4
S25	七（25）	3	D	用估算的方法解决问题	3
S26	七（26）	3	D	从条件出发解决问题	3
S27	七（27）	3	D	比一个数多几少几	3
S28	七（28）	3	D	比一个数多几少几	3
S29	七（29）	3	D	行程问题	3

表2　阅卷评分方案

序号	题号	题型	评分步长	阅卷切割	涂卡答案
O01	一（1）	选择题	涂卡	涂卡	C
O02	一（2）	选择题			C
O03	一（3）	选择题			A
O04	一（4）	选择题			A
O05	一（5）	选择题			B
O06	一（6）	选择题			A

续表

序号	题号	题型	评分步长	阅卷切割	涂卡答案
O07	一（7）	选择题	涂卡	涂卡	B
O08	一（8）	选择题			B
O09	一（9）	选择题			C
O10	一（10）	选择题			A
T11	二（11）	判断题			B
T12	二（12）	判断题			A
T13	二（13）	判断题			A
T14	二（14）	判断题			B
T15	二（15）	判断题			A
S16	三（16）	填空题	1	教师1	—
S17	三（17）	填空题	1		—
S18	四（18）	计算——口算题	1	教师2	—
S19	四（19）	计算——脱式计算题	1		—
S2001	五（20）1	图形操作题	1	教师3	—
S2002	五（20）2	图形操作题	—		—
S21	五（21）	图形操作题	1		—
S22	五（22）	图形操作题	1		—
S23	五（23）	图形操作题	1		—
S2401	六（24）1	统计题	1	教师4	—
S2402	六（24）2	统计题	1		—
S2403	六（24）3	统计题	1		—
S25	七（25）	解决实际问题	1	教师5	—
S26	七（26）	解决实际问题	1		—
S27	七（27）	解决实际问题	1		—
S28	七（28）	解决实际问题	1	教师6	—
S29	七（29）	解决实际问题	1		—

表3　双向细目表课程内容代码

领域代码	领域名称
A	数与代数
B	图形与几何
C	统计与概率
D	综合与实践

表4　双向细目表认知能力代码

认知层次编号	认知层次名称
1	记忆
2	理解
3	应用
4	分析
5	评价
6	创造

附录 3

研究 V 前测试卷

一 选择题

001. 小民向北走 100 米，记为 +100 米，那么 -100 米表示是向（　　）走了 100 米。

A. 东　　　　　　B. 南　　　　　　C. 西

002. 小数点右边第一位是（　　）分位。

A. 十分位　　　　B. 百分位　　　　C. 千分位

005. 0.3 分米是表示（　　）个 0.1 厘米。

A. 3　　　　　　B. 30　　　　　　C. 300

006. 278450 厘米，改用千米作单位，要是精确到百分位，约为（　　）。

A. 0.29　　　　　B. 2.78　　　　　C. 27.85

007. 把 5 改写成三位小数正确的是（　　）。

A. 5.000　　　　　B. 0.005　　　　　C. 0.050

009. 大于 6.5 小于 6.6 的数有（　　）个。

A. 0　　　　　　B. 1　　　　　　C. 无数

二 判断题

O11. 自然数都是正数。(　　)

O13. 2.54 里面有 2 个 1、5 个 0.1 和 4 个 0.01。(　　)

三 填空题

T16. 2 平方千米 =（　　）公顷

2000 平方分米 =（　　）公顷

T17. 在（　　）里填上合适的小数：

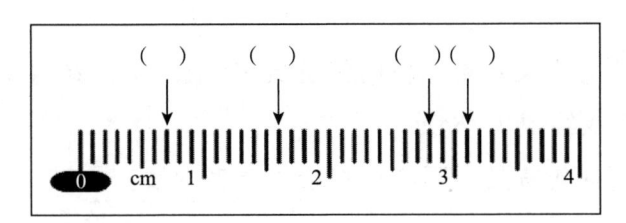

四 计算题

S18. 直接写出结果

0.9 − 0.3 =　　0.5 − 0.2 =　　0.8 − 0.7 =　　1.6 − 0.5 =

1.1 − 0.6 =　　0.8 + 0.2 =　　1.2 − 1.1 =　　0.2 + 0.4 =

S19. 脱式计算

（1） 6.25 − 3.12 + 3.75　　（2） 2.13 +（7.32 − 0.13）

（3）（12.5 + 3.23）− 2.23　　（4） 5.24 − 3.16 + 3.76 − 2.94

五　应用题

S22. 创卫活动中，某小区有一堆垃圾共重 2.8 吨，第一次运走 1.1 吨，第二次运走 0.7 吨。

（1）两次一共运走多少吨？

（2）还剩多少吨没有运完？

S24. 小芳去买水果，付给售货员 30 元，找回 26.4 元，小芳发现售货员多找给她 21.8 元。

（1）请问售货员实际应该找给小芳多少钱？

（2）这些水果的价钱是多少？

附录 4

研究 V 前测试卷双向细目表

表 1　课程内容

序号	题号	分值	知识点	认知能力
O01	一（1）	2	认识负数	2
O02	一（2）	2	小数的数位的认识	1
O05	一（5）	2	小数的意义	2
O06	一（6）	2	改写、求近似数	3
O07	一（7）	2	改写	3
O09	一（9）	2	小数的理解	2
O11	二（11）	2	自然数的认识	2
O13	二（13）	2	小数的意义	2
T1601	三（16）1	2	量的换算	2
T1602	三（16）2	2	量的换算	2
T1701	三（17）1	2	从数轴上看小数的大小	3
T1702	三（17）2	2	从数轴上看小数的大小	3
T1703	三（17）3	2	从数轴上看小数的大小	3
T1704	三（17）4	2	从数轴上看小数的大小	3
S18	四（18）	8	小数加减法口算	3
S1901	五（19）1	3	小数加减法混合运算	3
S1902	五（19）2	3	小数加减法混合运算	3
S1903	五（19）3	3	小数加减法混合运算	3

续表

序号	题号	分值	知识点	认知能力
S1904	五（19）4	3	小数加减法混合运算	3
S22	七（22）	5	小数加减法的应用	3
S24	七（24）	5	小数加减法在购物中的应用	3

表 2　阅卷评分方案

序号	题号	题目描述	评分步长	评分切割
O01	一（1）	选择题	2	涂卡
O02	一（2）	选择题	2	涂卡
O05	一（5）	选择题	2	涂卡
O06	一（6）	选择题	2	涂卡
O07	一（7）	选择题	2	涂卡
O09	一（9）	选择题	2	涂卡
O11	二（11）	判断题	2	涂卡
O13	二（13）	判断题	2	涂卡
T1601	三（16）1	填空题	2	教师1
T1602	三（16）2	填空题	2	教师1
T1701	三（17）1	填空题	2	教师1
T1702	三（17）2	填空题	2	教师1
T1703	三（17）3	填空题	2	教师1
T1704	三（17）4	填空题	2	教师1
S18	四（18）	口算题	1	教师2
S1901	五（19）1	脱式计算题	1	教师3
S1902	五（19）2	脱式计算题	1	教师3
S1903	五（19）3	脱式计算题	1	教师3
S1904	五（19）4	脱式计算题	1	教师3
S22	七（22）	解决实际问题	1	教师4
S24	七（24）	解决实际问题	1	教师5

附录 5

研究 V 干预训练题（节选）

学生 FXY 运算律干预训练题

第3课时 练习课

基础练习

1. 将结果相等的式子用线连起来。
   - 425＋96
   - 56＋89＋44
   - 167－48－52
   - 243＋72＋18
   - (65＋83)－55

   - 167－(48＋52)
   - (65－55)＋83
   - 89＋(56＋44)
   - 96＋425
   - (72＋18)＋243

2. 在横线上写出每组数的和。

   32 98 68

   369 31 127

   182 56 44 18

   75 18 50 32

3. 下面各题，怎样简便怎样算。

   462＋54＋46   143＋194＋57

   372＋(96＋28)   (315＋88)＋185

   403＋258   218＋98

   457－(157＋69)   318－(118－29)

   124＋119＋374＋255＋81

   19＋22＋25＋28＋31＋34＋37

4. 分别算出春润小学四、五、六年级各兴趣小组人数的合计数，填在表里。（单位：人）

年级	合计	足球组	舞蹈组	书法组
四年级		66	38	34
五年级		93	45	55
六年级		77	23	67

5. 想一想，怎样算简便？
   98＋998＋9998＋99998＋8

四年级（上）课后练习册目录（节选）

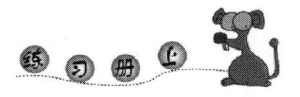

目 录

一 升和毫升 ························· 1
 第1课时 认识容量和升 ··············· 1
 第2课时 毫升的认识 ················· 2
 第3课时 练习课 ····················· 3

二 两、三位数除以两位数 ············· 4
 第1课时 除数是整十数的除法（一）··· 4
 第2课时 除数是整十数的除法 ········· 5
 第3课时 练习课 ····················· 6
 第4课时 除数不是整十数的除法笔算 ··· 7
 第5课时 解决实际问题 ··············· 8
 第6课时 练习课 ····················· 9
 第7课时 除法的调商（1）············ 10
 第8课时 除法的调商（2）············ 11
 第9课时 练习课 ···················· 12
 第10课时 商不变的规律 ············· 13
 第11课时 被除数和除数末尾都有0的运算 ··· 14
 第12课时 简单的周期问题 ··········· 15
 第二单元综合练习 ·················· 16

三 观察物体 ························ 18
 第1课时 观察物体 ·················· 18
 第2课时 观察物体（2）············· 19
 第3课时 练习课 ···················· 20
 第三单元综合练习 ·················· 21

四 统计表和条形统计图（一） ······· 23
 第1课时 统计表和条形统计图 ······· 23
 第2课时 分段数据统计 ············· 24
 第3课时 简单的平均数 ············· 26
 第4课时 巩固练习 ················· 27
 第四单元综合练习 ················· 28

五 解决问题的策略	30
第1课时 解决问题的策略（一）	30
第2课时 解决问题的策略（二）	31
第3课时 巩固练习	32
第五单元综合练习	33
六 可能性	35
第1课时 可能性（1）	35
第2课时 可能性（2）	36
第3课时 练习课	37
七 整数四则混合运算	38
第1课时 不含小括号的混合运算	38
第2课时 含有小括号的混合运算	39
第3课时 练习课	40
第4课时 含有中括号的混合运算	41
第5课时 练习课	42
第七单元综合练习	43
八 垂线与平行线	45
第1课时 认识射线、直线和角	45
第2课时 角的角度	46
第3课时 角的度量（练习课）	47
第4课时 角的分类和画角	48
第5课时 角的分类和画角（练习课）	49
第6课时 认识垂直	50
第7课时 认识平行	51
第八单元综合练习	52
九 整理与复习	53
第1课时 数的世界	53
第2课时 图形的王国	54
第3课时 统计天地	55
第4课时 应用广角	56
期末综合练习	57
附录 混合运算	60
第1课时 乘法和加减法的混合运算	60
第2课时 除法和加、减法的混合运算	61
第3课时 含有小括号的混合运算	62

四年级（上）课后练习册（节选）

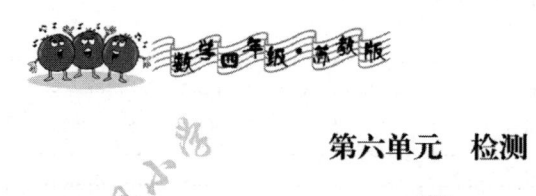

数学四年级·苏教版

第六单元 检测

基础练习

1. 根据运算律，在□里填上合适的数或字母，在○里填上合适的运算符号。

   136＋54＝54＋□

   37×□＝21×□

   65＋89＋35＝(□○65)＋□

   (42×15)×6＝□×(15○□)

   (45＋a)×c＝□×□○□×□

   (13＋□)×□＝□×8○7×8

2. 判断。
   (1) 75－75÷15＝0÷15＝0　　　　(　)
   (2) a＋203＝a＋200＋3　　　　　(　)
   (3) a×203＝a×200＋3　　　　　(　)
   (4) 101×91＝100×91＋91，这里应用了乘法分配律。　　　　　　　　　(　)
   (5) 83×125×4＝83×(125×4)，这里应用了乘法交换律。　　　　　　　(　)
   (6) (125＋6)×8＝125×8＋6＝1006 (　)
   (7) 64×99＝6400－64＝6336　　(　)

3. 计算。
   (1) 口算。

   32－32÷8＝　　　　0×184＝

   47×5－7×5＝　　　36×(45＋45)＝

   80÷2＋4＝　　　　60÷2×3＝

   70×15＝　　　　　436＋199＝

   130－20×5＝　　　83＋27＝

   (2) 用简便方法计算。

   50×16×8　　　　　217＋165＋35＋183

   12×4×25×3　　　 361－(161＋56)

   198＋297＋5　　　 360÷72

   63×19＋63　　　　94×101－94

   52×82－52×52　　 712－145－55

   72×26＋26×38　　 105×18

   55＋56＋57＋58＋59＋60＋61＋62

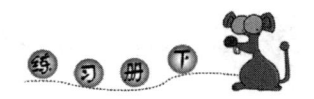

(3) 用竖式计算，并验算。

32×47 =   56×81 =

874＋259 =   416＋26 =

4. 解决问题。
(1) 华阳小区有13幢居民楼，每幢居民楼有8个单元，每个单元有25层。这个小区一共可以住多少户人家？

(2) 在一块长50米，宽30米的长方形地上种树。
A. 每平方米土地种6棵松树苗，这块地一共可种多少棵松树苗？

B. 如果改种苹果树，每棵苹果树约占地6平方米，请问可种多少棵苹果树？

C. 在这块长方形地的四周围一圈栅栏，需要多长的栅栏？

(3) 一条环形跑道长500米，小林和小英从同一地点出发，反向而行，小林每分钟走67米，小英每分钟走58米。几分钟后两人第一次相遇？

(4) 小华每分钟走70米，小红每分钟走55米。

书店　滨湖公园　超市

小红家

A. 小华和小红同时从家出发，经过10分钟在滨湖公园相遇，小华和小红家相距多少米？

B. 两人同时从滨湖公园向相反方向走去，小华经过12分钟到达超市，此时，小红距离书店还有100米。书店到滨湖公园比滨湖公园到超市近多少米？

七 三角形、平行四边形和梯形

第1课时 认识三角形

基础练习

1. 填空。

（1）观察下面图形

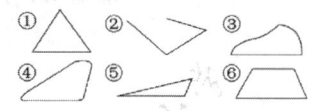

① ② ③
④ ⑤ ⑥

其中,是三角形的图形有（　　　）。

（2）三角形有（　）条边,（　）个角,（　）个顶点,从三角形的一个顶点到对边的（　）线段是三角形的高,这条对边是三角形的（　）。任意一个三角形都有（　）条底,也就有（　）条高。

2. 量出下面每个三角形的底和高各是多少厘米。

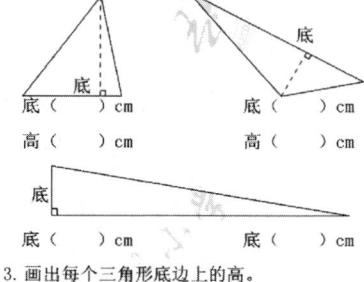

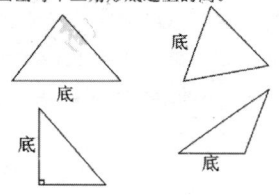

底（　）cm　　　底（　）cm
高（　）cm　　　高（　）cm

底（　）cm　　　底（　）cm

3. 画出每个三角形底边上的高。

综合练习

4. 下面三角形指定底边上的高是（　　　）cm。

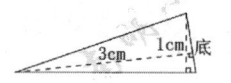

5. 请在下面的点子图上任意找三个点,画出一个底为6,高为4的三角形和一个高为6,底为4的三角形。

6. 判断题。

（1）三角形有三个角,三个顶点和三条边。
（　　）

（2）由三条线段组成的图形叫作三角形。
（　　）

（3）从三角形的顶点到对边的垂直线段叫作三角形的高。
（　　）

（4）三角形只有一条高。（　　）

附录 6

研究 V 参数估计软件 Facets 代码

前测

; 2018 南明小学 前测 数学
Title = 2018 南明小学 前测 数学
Facets = 2 ; facets 1 is students, facets 2 is items
Positive = 1   ; for facet 1, students, higher score = higher measure
Noncenter = 1   ; only facet 1, students, does not have mean measure set to zero
Pt-biserial = Yes   ; report the point-biserial correlation
Vertical=1*,2A   ; show children by distribution, taps by number and name
Missing = m   ; m as missing data
Arrange tables in order = N ;
Convergence = .01, .0001;
Udecimals   = 3   ;
;Model Set
Model = ?,1,D   ; elements of the two facets interact to produce responses
……
Model = ?,19,R3
*   ; end of model set

Labels =
1,Students   ; Students are facet 1
  1310101-1319999 = Students   ;
*   ; end of students labels for facet 1

2,Items
  1, A001
  ……

19, AS1904
*   ; end of items labels for facet 2

Data=
数据略

后测（锚定前）

; 2018 南明小学 后测 数学
Title = 2018 南明小学 后测 数学
Facets = 2 ; facets 1 is students, facets 2 is items
Positive = 1   ; for facet 1, students, higher score = higher measure
Noncenter = 1   ; only facet 1, students, does not have mean measure set to zero
Pt-biserial = Yes   ; report the point-biserial correlation
Vertical=1*,2A   ; show children by distribution , taps by number and name
Missing = m   ; m as missing data
Arrange tables in order = N ;
Convergence = .01, .0001;
Udecimals   = 3   ;
; Model Set
Model = ?,1,D   ; elements of the two facets interact to produce responses
……
Model = ?,16,R3
*   ; end of model set

Labels =
1,Students   ; Students are facet 1
  1310101-1319999 = Students   ;
*   ; end of students labels for facet 1
2,Items
 1, BO01
  ……
16, BS1906
*   ; end of items labels for facet 2

Data=   ;
数据略

图书在版编目(CIP)数据

突破数学障碍:数学障碍儿童工作记忆特点及综合干预研究/何壮著. -- 北京:社会科学文献出版社,2019.6

ISBN 978 - 7 - 5201 - 4908 - 2

Ⅰ.①突… Ⅱ.①何… Ⅲ.①数学课 - 教学研究 - 中小学 Ⅳ.①G633.602

中国版本图书馆CIP数据核字(2019)第102104号

突破数学障碍
——数学障碍儿童工作记忆特点及综合干预研究

著　　者 / 何　壮

出 版 人 / 谢寿光
责任编辑 / 杜文婕
文稿编辑 / 徐　花

出　　版 / 社会科学文献出版社（010）59367143
　　　　　　地址：北京市北三环中路甲29号院华龙大厦　邮编：100029
　　　　　　网址：www.ssap.com.cn
发　　行 / 市场营销中心（010）59367081　59367083
印　　装 / 三河市龙林印务有限公司

规　　格 / 开本：787mm × 1092mm　1/16
　　　　　　印 张：17　字 数：218千字
版　　次 / 2019年6月第1版　2019年6月第1次印刷
书　　号 / ISBN 978 - 7 - 5201 - 4908 - 2
定　　价 / 88.00元

本书如有印装质量问题，请与读者服务中心（010 - 59367028）联系

版权所有 翻印必究